また逢う日まで

JOJO広重

また逢う日まで　目次

第一章　青春

幼少の頃　10
幼稚園　13
テレビ　15
親戚　17
初めての嘘　19
切手の先生　24
うさぎや　27
書籍　31
テレビドラマ　35
不思議な体験　36
プロレスごっこ　39
転校生　43
広場　47
切手収集　50
ヤマシロレコード店　53
村井くんのこと　55
テープレコーダー　58
オトナになった日　60
ハム　61
友情　66
時計屋の息子　69
同人誌　72
中学入学　76
ファンタグレープの思い出　78
初体験　82
ギター　83
世界革命戦争宣言　84
夏の終わり　85
みさちゃんのこと　88
みさちゃんのこと・追記　92
友情が勝った日　94
そして音楽へ　96
鼬の通り道　99
書店　101
つくり話　102
真理ちゃんのこと　103
真理ちゃんのこと・追記　109
おジュン　110
砂丘　115
どらっぐすとぅあ　117

第二章　エッセイ

怪獣博士の落日　122
飼い猫　124
捨て犬「クロ」　126
机　128
老人5人組　131
京一会館　133
かとうくんのこと　135
記憶に残る男　140
目黒駅　142
BOGGYさんのこと　146
スパゲティミートソース　150
笑顔の記憶　153
ダメな人名刺　155
涙　158
閻魔大王の算盤　160
深日港　163
武藤くんのこと　164
あの時の大人たち　170
ハリケーン書店　171
三月の雪　172
Aくんのこと　173
ミスタードーナツ　177

第三章　音楽

歌を超えるノイズ、ノイズを超える歌　182
たった1枚のレコードから広がる世界　189
関西NO WAVE　1977～1979　197
ミチロウさんのこと　205
BiS階段のこと　212
森田童子のこと　-三回忌によせて-　213
スラップ・ハッピー・ハンフリーのこと、もしくは森田童子のカバーについて　216
佐井好子と私　226
山本精一さんのこと、小谷さんのこと　232
蔦木さんのことと、「不備」再発のこと　236
林直人と私　239
頭脳警察、そして頭脳階段　247
非常階段のメンバーたち　257

第四章　本

上を見れば雲下を見れば霧　263
アーサー・マッケン　264
阿佐田哲也　266
ドサ健ばくち地獄　268
スペアーズ　270
火焔つつじ　272
小さい魔女　274
小川未明　277
ピカピカのぎろちょん　279
仮面舞踏会　282
オコナー短編集　283
潜在光景　285
カーテン　286
代書人バートルビー　288
富士に立つ影　290
ジョナサンと宇宙クジラ　292
日本語ということば　294
ひげよ、さらば　296
あの空の下で　298
おべんとうの時間　300
橋ものがたり　301
稲川淳二　302
あなたを想う花　304

第五章　映画

高校教師～もうひとつの繭の物語　309
スターダスト・メモリー（原題：Stardust Memories）　311
博奕打ち・総長賭博　313
チャンス（原題：Being There）　315
まぼろしの市街戦（原題：Le Roi De Coeur）　316
悪魔のいけにえ（原題：Texas Chainsaw Massacre）　318
アメリカの夜（原題：La Nuit americaine）　319
ジョージ・ロイ・ヒル　320
男と女（原題：Un homme et une femme）　322
ブロークン・フラワーズ（原題：Broken Flowers）　323
ビヨンド（原題：The Beyond）　324
恋恋風塵（原題：戀戀風塵）　325
ジョン・カザール　327

ポストマンブルース　328
緑の光線（原題：Le Rayon vert）　329
君の名は。　330
僕のワンダフル・ライフ（原題：A Dog's Purpose）　331

第六章　FUTURE DAYS

易との出会い　336
FUTURE DAYS　338
五黄土星　340
神様は公平かもしれないということ　342
未来　343
喫茶店　344
言葉　346
再度、喫茶店　346
神社とお墓　348
仲良し　349
善　350
死　350
恋愛　352
いい人　353
形のあるものとないもの　354
幸福　355
いいところ　356
たりなかったら　357
しろ　357
いくつ　358
いいこと、わるいこと　359
許すこと　361
本当の嘘　361
せかい　362
自殺　363
否定ではなく　364
また逢う日まで　366

解説　小野島 大　370
解説　高倉 美恵　376

第一章　青春

幼少の頃

私は昭和34年9月9日、京都で生まれた。１９５９年だから、今から思えば終戦から14年しかたっていないことになる。子供の頃の記憶ではさすがに生活圏に防空壕はなかったが、戦争が原因で壊れたような建物も現存していたし、近所では傷痍軍人の姿を見ることもあった。

両親はあまり自分自身の過去については語らなかったが、それでも子供時代や戦争があった頃の逸話もいくつかは話してくれた。

母親は小学生の時は算盤が得意で、将来は算盤の先生になりたかったそうだ。昔はお金だけを持っていても文房具や運動靴は買うことはできず、学校で良い成績をとると引換券がもらえて、その券とお金をお店に持っていってようやく購入できたという。母は勉強ができたので引換券は何枚も持っていたが、家が貧乏だったから買うことができなかった、友人に何枚も券をあげて、自分はいつまでも古い運動靴でがまんした、というエピソードはよく覚えている。

母は4人兄弟の長女で兄と妹、弟がいた。母が11歳の時に両親は亡くなり、4人は散り散りになり、自分は「鬼ばばあ」と呼ばれていた一番怖い遠縁の親戚の家に預けられたのだそうだ。中学には行かせてもらえず12歳から工場で働いたらしい。

私の父は京都市上京区にある商店街の中で洋品店を経営する家族の次男として生まれた。中学卒業後は親の家業であったその婦人服店で働いていたそうだ。長男は病気がちで幼くして亡くなり、実母も病気で亡くなったという。

父が働いていた店舗の前が母の通勤路だったようで、そこで知り合ったらしい。二人は恋に落ち結婚を希望するが、私の祖父に反対されて家を追い出されてしまう。実家の店舗は異母弟が継いだ。私の両親は無一文から別の商店街に洋品店を開店、昭和30年に私の姉が生まれたことを機会に、ようやく祖父から入籍を認められた。

私の両親の洋品店は当初経営は好調だったそうだが、父が従業員の保証人になったことが原因で大きな借金を背負うことになり、金銭面で苦労していた。土砂降りの雨の中、商品の入った大きな風呂敷包みを背負って出かけていく父の姿をよく覚えていると、後年姉が語ってくれたことがある。父は東京方面に出稼ぎに行っていたこともあるらしい。借金返済のために店舗や住まいも手放し、京都市内で知り合いの家に間借りして暮らしていたようだ。その家にはハリーという名の柴犬がいて、その犬と遊ぶのが、姉にとって唯一の楽しみだったという。

やがて私が生まれる昭和34年には洋品店の実店舗を開店する準備があり、まだ幼子を育てる余裕や時間がなかったことから、私は京都市中京区柳馬場通りを四条通りから少し南側に住む元家政婦の家に預けられた。

0歳の弟が家から消えたことは4歳の姉も不思議に思っていたそうで、結局私はその元家政婦の家で1年に渡って育てられた。「大丸のおばちゃん」と私が呼んでいたその女性は親戚ではない他人だったことを知ったのはずいぶん後のことだ。しかし赤子を0歳から1歳まで育てたことから彼女は情が移り、私を自分の子供として育てたいと申し出たそうだが、両親もそこはさすがに断ったようである。

私は1歳になった頃、元家政婦の家から実家に戻った。住まいと店舗を兼ねた建物が完成したからである。土地は借地で建物はローンを組んで建てたのだろう。1階店舗部分は20坪くらいはあり、かなり広かった。その奥に事務所と台所、住み込み店員の部屋があり、2階に家族が就寝する部屋と物干し台があった。

私が小学校入学時に勉強机が購入され、2階の廊下部分に私と姉の机が並べて設置された。家の中には子供部屋はなく、2階の唯一の大部屋が私の遊び場であり、夜には布団が敷かれて家族4人で就寝していた場所だった。昭和の木造建築物だから隙間風も多く、エアコンもなかったから夏は暑く冬は寒かった。扇風機と石油ストーブを利用していたことをよく覚えている。

私が幼少の頃、父は優しかった。私の一番古い記憶は3歳くらいで、毎晩寝る時間になると必ず父がなにかストーリーのある話をしてくれたのである。内容は童話、昔話、神話、戦争時代の話などが多かった。しかし毎晩話しているとだんだんネタ切れになってくる。新しい話をねだる私に父は即興でオリジナルの創作童話を語ってくれた。私がその後、本や映画などに興味を持っていったのは、この時の父の語り話が影響しているのは間違いないと思う。

しかし父が優しかったのは私が幼稚園に通っていた頃までで、その後は姉や私にとっては怖い存在だった。大きな声で怒鳴られることもしばしばあった。

父は親に結婚を反対され、せっかく経営に成功した商売も従業員に裏切られ、お金で苦労したことが原因なのだろうか、どこか誰も信用していない雰囲気があった。父が友人や誰かと遊びに出かける姿は見たことがない。酒も飲まなかった。

両親は週6で店舗営業し、唯一の休日には京都から大阪の繊維問屋まで商品の仕入れに行っていた。休みらしい休みは正月の三が日くらいで、それも3日目になるともう店を開けていたような記憶である。

「自分たちは勉強したくても戦争でできなかった。だからおまえは勉強しろ」「遊んでいるやつ、酒を飲んでいるやつはろくでなしだ」というのが父のいつもの調子で、食事の時間には説教をされることが多かった。洋品店にやってくる顧客に対しては朗らかで冗談を言って笑わせる楽しい姿を見せるが、家族にはきつく当たる。私や姉にはそのギャップが余計にストレスだった。口には出さなかったものの「そんなに商売が大事か。そんなにお金が大事か」と、子供心にすさんだ気持ちになったものだった。

子供の頃に父と遊んだ記憶はほとんどない。母は私をどこかまで引率してくれたことはあったが、毎日洋品店の仕事をする必要があるので、やはり遊んでもらった記憶はあまりない。授業参観や遠足も元家政婦の「大丸のおばちゃん」が代わりに出席してくれていた。4歳年上の姉が私の遊び相手だったが「あんたが女の子だったらもっと楽しく遊べるのに」と言われたこともある。姉にとっても接し方の難しい弟だったのかもしれない。結局私はひとりで遊んでいることが多かった。

幼稚園

実家から徒歩2分ほどの近くにあった幼稚園には4歳の時に入園。2年間通った。仏教系の幼稚園だったようで、園内では4月に「花祭り（灌仏会）」が開催され、お釈迦様に甘茶をかける行事が開催されたのを覚えている。正月には餅つきがあり私も参加した。園内での好きだった遊びは鬼ごっこで〝警察と泥棒〟という呼称だった。逃げ回っているうちにジャングルジムの上から飛び降りて足首を捻挫したこともあった。

最も印象的に記憶している事件は入園2年目の年長クラスの時のことだ。

音楽の授業があり、園児は建物の2階にあった音楽室に集められた。その直後、担任の先生がなにか用事があったのだろう、園児たちをそのままにして教室から出てしまって、子供たちだけが室内に滞留している時間が数分あった。園児たちはじっとはしていない。勝手に遊び出す子供もいて、音楽室にあるピアノに手を出す者もいた。複数の子供たちがピアノをむちゃくちゃに叩く。不協和音が爆音で部屋に響き渡り、大声を上げる子供、室内を走り出す子供、泣き出す子供などもいて、音楽室は大混乱となった。その音を聞いてか、先生が憤怒の表情で教室に飛び込んできた。

「誰がピアノを叩いていたんですか！　名乗りなさい」

しかし誰も名乗り出ない。教室はシーンとしている。

「じゃあ全員に責任をとってもらいます！　この教室で反省してなさい！」

と、園児たちをおいて先生は出て行って教室の出入り口に鍵をかけてしまった。われわれは監禁状態になった。

泣き出す子供も多く、またもや音楽室の中はパニック状態となった。

私は自分自身ではピアノを触っていないのに、いたずらした園児と同じように罪に問われるのは納得出来ない、こんな教室にいるのは嫌だと思った。

音楽教室には大きめの窓があり、鍵は内側から簡単に開いた。私は窓から外に出た。そこは2階から外の道路部分に張り出したテラスのようなスペースになっていた。

しかしそこはベランダの柵のような設備があるわけではなく、コンクリートむき出しの狭い屋根のような状態で、もちろん端を越えれば1階部分に墜落することになる。

私はギリギリまで行って下をのぞきこんだ。飛び降りることができるだろうか、それとも死んでしまうだろうか。

「広重くん、死ぬの？」

「広重くん、本当に飛び降りるの？」

振り返ると窓から数人の友達が心配そうに私を見ている。

私は窓に戻り、音楽室の中に戻った。そのタイミングで教室に先生が戻ってきた。私が窓から出て危険な場所に滞在していたことは先生にはばれていない。

この経験は先生にも親にも話さなかった。あの時どうして飛び降りなかったんだろう。死ぬのが怖かったのだろうか。それともジャングルジムの上から飛び降りた時のように、地面に軟着陸できると思っていたのだろうか。今でもそこの意識は定かではない。しかし子供の頃に実際の〝死〟というものと近いところに達した最初の瞬間であったように思う。

テレビ

物心ついた頃には家にモノクロテレビが1台あった。1階にある住み込みの店員が寝起きする部屋にテレビは設置され、その部屋で夕飯をとったり食後の家族団らんの時間を過ごしたりしていた。

昼間は1階店舗に家族は出ているので、子供の私は2階の就寝する部屋で本を読むか、1階でテレビを見ていた。時折親が私の様子を見に来るが、私は読書やテレビを見ていてそれなりにおとなしくしているので、安心していたようだった。特に本を与えておけば安全と思ったのだろう、絵本や童話、「よいこ」「めばえ」などの幼児向け雑誌、小学館の学年別学習雑誌は買い与えてもらえた。4歳年上の姉向けに購入された少女漫画の雑誌も読んでいた。

姉の記憶では私は「タイツを胸のあたりまでたくし上げて、力道山のまねごとをしていた」そうで、1963年、4歳の私はプロレスをテレビで見ていたようだ。

子供だから当然テレビアニメのトムとジェリー、鉄腕アトムや鉄人28号を経て狼少年ケン、ジャングル大帝などは大ファンになった。時代劇テレビ番組の隠密剣士や丹下左膳も好きだった。しかし1966年に丹下左膳の再放送を見ていて、CMのタイミングにチャンネルをまわしてウルトラQの「SOS富士山」を偶然発見、その後は怪獣の登場するウルトラQに夢中になった。怪獣ブームと相まって私は特撮番組に傾倒していった。カラーテレビはわが家にはまだなく、近所の電気屋さんの店頭まで行ってカラー放送を見ていた記憶がある。

私の記憶では今のようにテレビ番組は長時間放送されていなかった。朝が6時くらいから昼くらいまでと、夕方から深夜12時くらいまでの放送で、午後の昼間の時間には一部のチャンネルでは放送番組がなかったように思う。そんな時代もあったのだろうか。

ウルトラQ、ウルトラマン、ウルトラセブン、帰ってきたウルトラマン、キャプテンウルトラ、怪奇大作戦、マグマ大使、悪魔くん、バンパイヤ、忍者部隊月光、仮面の忍者　赤影、光速エスパー、突撃！ヒューマン、ジャイアントロボ、クレクレタコラといったあたりはリアルタイムでほとんど見逃さずにテレビで見たと思う。怪獣に夢中になり、ソフビを集めるのが楽しみになった。

　小学高学年〜中学生の時代に見た特撮ものはレインボーマン、人造人間キカイダー、キカイダー01、変身忍者嵐、仮面ライダー、仮面ライダーV3くらいで、いわゆる戦隊ものなどはほとんど見る機会はなかった。キカイダーに登場する悪役のダークヒーロー「ハカイダー」が大好きだった。はぐれ者の象徴として〝白いカラス〟と命名したバイクがかっこよかった。大人になったらカワサキのバイクに乗りたいと思っていた。

親戚

　両親には店舗での仕事があり、ほぼ休みなく働いている状態であったので、子供と接する時間もなかったのだろう。私は親戚宅や縁のある家に預けられることが多かった。

　一番接する機会が多かったのは私が「大丸のおばちゃん」と呼んでいた、京都の四条通りと柳馬場通りの交差点からさほど遠くない場所に住居があったおばさんである。夫はいなかったのだろうか、彼女がひとりで住み、自宅で洋裁の仕事をしていたようで、編み機や毛糸の玉がたくさんあったことを覚えている。今もこのあたりは繁華街であるが、京都のデパートといえば四条通り沿いにあった「大丸」「藤井大丸」「高島屋」と京都駅前の「丸物百貨店」だった。どちらも屋上にコインを入れると可動する乗り物やゲーム機があり、大丸のおばちゃんに連れていってもらうのが楽しみであった。

京都市伏見区の鳥羽街道には母の妹家族が住んでいて、1歳年下の従兄弟もいたため、何度も泊まりがけで預けられた。従兄弟はマコトくんという名前から「マコちゃん」と呼ばれていた。マコちゃんは内向的な私とは違って、かなりわんぱくな子供だったように思う。近所の公園や川縁、工場跡の空き地などでよく一緒に遊んだ。カエルやザリガニ、ヘビなども素手でつかんで遊ぶマコちゃんに何度も驚かされた。

マコちゃんの祖母は鬼ばばあを絵に描いたような強烈なおばあさんだった。凄まじい剣幕で怒鳴られたことも一度や二度ではなかった。テレビ時代劇が好きで「三匹の侍」「てなもんや三度笠」は私やマコちゃんも一緒に観ていた。「丹下左膳」もこのおばあさんに教えてもらった。マコちゃんとビニール製の刀で丹下左膳ごっこのチャンバラをして遊んだ記憶がある。

マコちゃんのお父さんは染色の職人だったが酒癖が悪く、叔母さんはずいぶん苦労したようだ。背中に大きな入れ墨もあった。この叔父さんは酒からの癌となり、早く亡くなった。

京都市南区、今の京都市立九条塔南小学校近くには父の姉の家があった。こちらには雅史さんという1歳年上の従兄弟がいて、弟のようにかわいがってもらった。夏休みに箱庭のようなジオラマを紙粘土でふたりで制作したことをよく覚えている。火山の部分からドライアイスを使って煙を出したかったが、当時は簡単に入手できず諦めたことが悔しかった。雅史さんのお父さんは郵便局員だったので、切手収集をしていることを伝えるとコレクションを手伝ってもらえ、私にとって憧れの存在でもあった。

遠方で印象に残っているのは、福井県高浜町に住んでいた母方の親戚の家である。私にとっては「高浜のおばちゃん」で、夏休みになると数週間滞在し、毎日海水浴に連れていってもらった。同じような年代の地元の子供たちとも仲良くなり、花火をしたりスイカを食べたりして、毎年高浜に行くのを楽しみにしていた。幼稚園から小学6年生まで毎年夏をこの海辺の町で過ごした。

大丸のおばちゃんは私が大学生の頃、交通事故で亡くなった。大丸前の信号のない車道を走って渡ろうとしたところを車にはねられたのだという。昔はたいした交通量でもなかったのだろう、その頃の感覚で大通りを越えられると思ったのかもしれない。あっけない最期だった。マコちゃんのおばあさんは自分の息子より長生きして、１００歳で大往生した。高浜のおばちゃんは晩年視力が落ちて盲目となり、娘に預かられて京都市内で過ごし、94歳で亡くなった。

初めての嘘

小学校１年生の思い出はふたつあって、このこと以外の記憶があまりない。

ひとつは夏休みの期間を病院で過ごしたことだ。

小学校１年生になって初めての夏休みは、私の家で住み込みの店員をしていた女性のアミさんに連れられて、福井県高浜町にある彼女の実家で過ごす予定だった。7月下旬、その旅程ですでに私の行動はおかしかった。やたらにトイレに行きたくなるのである。しかしおしっこは出ない。アミさんもなんだかヘンだねと言う程度で、私も熱があるとかおなかが痛いといった症状もないため、笑っていた。

しかし高浜の駅に到着し、駅のトイレに行ったところ、真っ赤な鮮血のような尿が出た。アミさんに報告すると顔色が変わり、高浜の家に到着してすぐに診療所に連れていかれた。膀胱炎だろう、でもかなりの重症のようだ、すぐに大きな病院で診てもらったほうがいいということになり、私は翌日に京都に帰ることになった。京都府立医科大学附属病院で検査を受けて腎盂腎炎と診断され、私はほぼ1ヶ月もの期間入院することになる。

しかし大きな症状は10日ほどで治まり、あとは数値が下がるまで病院のベッドにいるだけの生活で、なにか苦しい思いをした記憶はない。大部屋にいたので周囲の大人たちが交代で6歳の子供である私の相手をしてくれる。中でも20代くらいの入院患者だった若い男性の方が将棋やトランプで遊び相手になってくれたのをよく覚えている。

入院中は親戚たちが何度もお見舞いに来てくれた。差し入れには本が欲しいとリクエストした。持ってきてくれるのは漫画雑誌が大半だったが、そういったものはすぐに読み終えてしまう。私はなかなかすぐには全部が読めない本が欲しくなり、小学生向けの国語辞典をリクエストして買ってもらった。1000ページ以上ある国語辞典は入院中の暇つぶしに最適だった。

結局、病院は8月末に退院したが、夏休み期間中であったために学校は休まなくてすんだし、級友たちにも気づかれなかった。2学期が始まってクラスのみんなに入院していたことを話すと、そんなの嘘だろうと言われたものだった。


もうひとつの出来事は冬休みに入ったばかりの頃のエピソードである。

同じクラスの中では智子さんという女の子が一番かわいかった。目がぱっちりしていておかっぱ頭がよく似合っていた。来ている洋服もおしゃれで高級そうで、いいところのお嬢さんという雰囲気だった。私はちょくちょく話しかけて友達になった。

2学期の最終登校日だった。明日から冬休みという日、私は下校する時に智子さんの後をつけていった。彼女の家が見てみたかったのだ。しかし彼女の家の前で智子さんは私に気がついた。あれ、どうしたの、広重くんの家はこっちじゃないでしょ、うーん、今日はダメだけど明日なら遊びに来ていいわよ、そうね、朝10時くらいなら、じゃあまたね、明日ね。

私は明日の日曜日に彼女の家へ遊びに行く約束を取り付けて、意気揚々と帰宅した。

翌日になり、なんだか女の子の家に遊びに行くということを親に言うのが恥ずかしくなった。朝ご飯を食べた後、母親には「野瀬くんの家に遊びに行く」と言って家を出た。野瀬くんは家から100メートルくらい離れた所に住んでいた男の友人で、1学期の頃から仲がよかったのである。

野瀬くんの家の前を通って、その通りをずっと南方面に歩いていく。約300メートルほど歩くと智子さんの家である。インターホンを押して中に入ると、敷地は広くて手入れのされた立派な庭もあり、家は大きかった。私の訪問は彼女のお母さんにも歓迎され、居間で智子さんとままごとやトランプをして遊んだ。

お昼が近くなった時、「広重くん、お昼を食べていく?」とお母さんから聞かれた。智子さんからも「お母さんの焼いてくれるホットケーキはおいしいから食べて行ったら」と促された。私は食べ物の好き嫌いが多いほうだったが、ホットケーキなら大好物である。「うん、食べます」と返事をした。お母さんからは「広重くんの家にはお昼を食べてくると連絡しなくていいの?」と聞かれたが「大丈夫です」と答えていた。家族にはお昼を食べてくるとは伝えてなかったが、別にかまわないだろうと思ったのだった。

お昼を食べて夕方まで遊んで、じゃあまた遊びに来ますと智子さんとお母さんに別れを告げた。家に帰って店舗の部分を通り抜けようとした時、両親とお店の店員さんにびっくりした顔をして「どこへ行ってたの！」と大声で引き留められた。「野瀬くんの家に遊びに行っていた」と言うと「嘘言うんじゃない！　お昼に野瀬くんの家に迎えに行ったら、あなたは来てないって言われたぞ！　どこへ行ってた！　誘拐されたんじゃないかと警察に届ける寸前だったんだぞ！」と両親から大目玉を食らった。

私が智子さんの家に行っていたと本当のことを告白すると、父親は「本当にそこに行っていたか、確かめてこい！」と母に命令する。私は母を連れて再度、智子さんの家に行くことになった。智子さんの家に行くとお母さんが対応に出てきてくれた。はい、さっきまでいらっしゃいましたよ、お昼も食べて、と証言してくれた。母は私が親に嘘をついて出かけていたことは言わず、息子がお昼ご飯までいただいてたいへんお世話になりましたと失礼をわびた。

帰途、母は家族のみんながどんなに心配していたかをとくとくと話してくれたが、一番心配したのは母自身だったろう。父から母に対しても「おまえがきちんと躾をしなかったからだ」と責められたに違いない。私は帰り道をとぼとぼと歩きながら自然に涙が出た。帰宅すると父がさらに怒っている。「こんなに心配かけて嘘までついて！　みんなにきちんとあやまれ！」と怒鳴られた。私は泣きながら各人にわびた。

しょんぼりして家の中にひとりで入ると、食事をする部屋には私の昼食用に買ってあったタマゴサンドがぽつんとおいてあった。私は泣きながら少しマスタードの入ったマヨネーズ味のタマゴサンドを食べた。おいしかったのか、涙と鼻水でグショグショになってまずかったのか、もう記憶がない。でも今でもタマゴサンドを見ると、あの嘘をついた日の光景を思い出す。

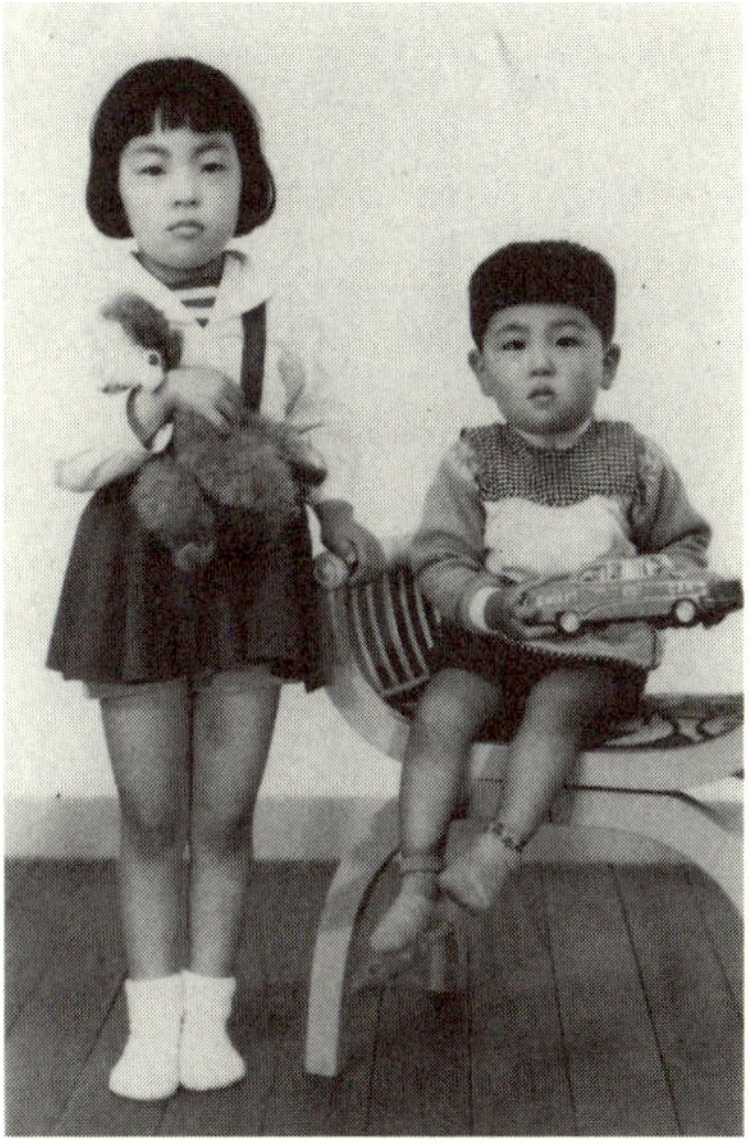

切手の先生

小学1年生の時にウルトラマンの怪獣ソフビ人形を買うために大丸デパートの玩具売り場に寄った際、記念切手を販売しているブースを見かけた。当時は古銭と切手を扱うショップが各地のデパート内に出店していたのだ。カラフルなデザインの切手に魅せられた私はその後切手のコレクションを趣味にしていくことになる。

1970年の大阪万博で大量の記念切手が発行され、切手ブームが巻き起こることになる。私はそのブームの少し前から日本郵趣協会の会員になり、通販も利用してずいぶんたくさんの切手を集めた。切手収集の趣味は中学2年生くらいまで続いた。

小学校4年生の頃、京都の四条通り寺町角にあるデパート・藤井大丸で切手の即売会が開催された。切手や古銭の販売と買い取りをするイベントだったが、切手趣味の世界を紹介した書籍の著者である平岩道夫氏が来場し、子供たちの切手コレクションを見て批評や指導をしてくれるというイベントもあった。当時の子供たちにとっては切手の専門家である平岩先生に会えるとあって、ずいぶん楽しみにして会場に足を運んだ。切手のストックブックを見せ、こういうふうにするといいよと平岩先生にコメントをもらい、ずいぶん嬉しかった。

しかし1972年の沖縄返還を機に「沖縄切手投機ブーム」が起こり、詐欺まがいのような沖縄切手売買が全国のデパートで行われた。自分たちが趣味で集めていた切手が大人たちの金儲けの材料になる展開に、なんとも言えない嫌な気分になった。またそのブームの仕掛け人として、当時唯一の存在だった切手評論家の平岩先生がかつがれ、各地の切手即売会場に出没していることに、やはり子供心にも傷ついていた。自分が尊敬し憧れていた先生が投機ブームの片棒をかついでいる。この事実に困惑し、自分にとっての切手収集の趣味や興味が急速に色あせていった。


しかし。

平岩先生とは30年後に再会している。

私が42歳の時、たまたま大阪のフォトギャラリーで平岩道夫写真展が開催されているのを知って、会場に足を運んだのである。

平岩先生は切手ブームの終焉後、カメラマンとして活動されていたようで、娘さんと二人でアフリカの動物を撮影するツアーを運営されていた。その写真集出版記念のイベントだったようだ。

会場に赴くとすっかり年齢をとられて白髪に長い髭を生やした平岩先生が在廊されていた。いや、私にとってはやっぱり「平岩先生」だ。写真を見ていると平岩先生が話しかけてきた。

「初めてお目にかかりますね？」

私は思わず
「いえ、実は私は平岩先生と30年前に京都の切手即売会でお会いしております」と言った。

平岩先生は数秒考えて
「それは藤井大丸でしょう」

「そうですそうです！」

私は平岩先生の記憶力に驚愕した。私が30年前の平岩先生を覚えていたように、平岩先生も全国を回ったデパートのひとつにすぎない京都・藤井大丸の名前を覚えておられたのだ。私は奇跡だと思った。

ひとしきり写真やアフリカの話、私が先生に切手コレクションを見ていただいたこと、現在の状況などをお話ししたあと、ふと先生が「君は何歳かね?」と訊かれた。

「42歳です」

「そうか、42歳か。なんでもできるね」と、おっしゃったのである。

―42歳か。なんでもできるね。

この平岩先生の言葉は当時の私の心にグサッと刺さった。当時私はトレーディングカードのビジネスがそこそこ時流に乗り、その稼ぎで食っていけていた。アルケミーレコードも運営していたものの、リリース作品も少なく自身の音楽活動も散発的で、なにか目的を失っていた頃だった。もうやることを全部やりきってしまっている、なにも目指すものもなくこのままなんとなく平坦な人生が過ぎていくように感じていたのである。

私はまだなんでもできるのか。

なにか俯きながら歩いていた自分の人生を恥じ、背筋が伸びて前が見えるようになった。本当に身に染みてそのことがわかった平岩先生の一言だった。

東京で開催された平岩先生の写真展はその後数回足を運んだが、来場する私の顔を見てすぐに「藤井大丸で会った人だね」と先生は私のことを記憶されていた。素晴らしい記憶力、素晴らしい人物。やはり平岩先生は私にとって人生の大先輩であった。

うさぎや

小学校の頃、校門のすぐ側に、文房具店があった。確か本当の名前は「木村商店」みたいな普通の名前のお店だったと思うが、われわれは「うさぎや」と呼んでいた。

記憶がさだかではない。

4歳上の姉が、確か以前は店頭でうさぎを飼っていたので、そこから「うさぎや」と呼ぶようになった。そんなエピソードを話してくれていた気がする。

うさぎやは基本文房具店だったが、簡単な日用雑貨も販売していた。

しかし私にとっては〝記念切手〟を販売している一番身近なショップでもあった。

私は小学校1年生の時から記念切手を集めていて、自分のコレクションを増やすのに、うさぎやの店頭で切手の並んだバインダーを見せてもらい、いつも長い間悩んで何枚かの切手を購入していたはずだ。

私は切手を、このうさぎやで買うか、時々母や親戚に連れられて買い物に行ったデパートの「大丸」か「丸物百貨店」の古銭・切手コーナーで購入するしかなかった。

ある日、切手の専門誌が発行された。

確か「スタンプマガジン」という名前の雑誌で、切手収集がブームになってきていたので、それに乗じて発行されたものだった。そこには東京の切手専門店が広告を出しており、そのプライスはうさぎやでの店頭価格と比べると破格なほど安かった。

私はもううさぎやで切手を購入することはなくなった。通販を利用して東京の切手専門店でコレクションを充実させるようになった。


毎日のように切手を買いに来ていた私がパッタリ来なくなったのを、うさぎやのおばさんは不審に思ったに違いない。私が鉛筆かなにかの文房具を購入するためにうさぎやへ入った時、おばさんが「ぼうや、新しい切手が入ったよ。バインダー見ていく?」と声をかけてきた。

私は通販を利用して安値で切手を買っているので、もうそのバインダーを見る必要はなかった。多分私が購入している価格より高額な値段がついているだろう。そう容易に想像できたが、おばさんの顔を見てしまうとそれを断る度胸はなかった。


おばさんはバインダーを見せ、私は手にとった。

パラパラとページをめくっていくと、やはりそこに並んだ記念切手の値段は私が通販で買っている金額よりかなり高かった。

さあなにかを買ってくれる、と信じて待っているうさぎやのおばさん。

もう買う気はないのにバインダーを見ているふりをしている私。

こんなに気まずい時間はなかった。

なにか用事を思い出したのか、ふとおばさんが店の奥に引っ込んだ。

私はその隙に切手のバインダーをカウンターに返してお店を飛び出した。

ああ、もううさぎやには行けないな。

そう思った。


実際、もっと大きな文具店が自宅近くに開店して文具はそちらで購入するようになり、うさぎやには行かなくなった。

うさぎやのおばさんはお店の前でも見かけなくなり、おばさんの妹さんというウワサの新しいおばさんが店頭に立つようになった。もともといたおばさんもたまには見かけたが、ああ今日はいるんだなというくらいの感情しかなかった。


ある日、うさぎやの前に葬式の装飾がされているのを見た。うさぎやのおばさんが亡くなったようだった。

私はあの日、記念切手を買わないでお店を飛び出したことを、なんとも悪いことをしたような気がしたが、誰にもそんな話をすることはなかった。


おばさんの葬式の後、私は学校帰りにうさぎやへ寄った。亡くなったおばさんの妹さんが出てきたので、私は頼んで記念切手の入ったバインダーを見せてもらった。もう切手ブームも終わりに近づいていたし、切手の入ったバインダーも歯抜けのようになっていて、補充がされていないのはあきらかだった。

私はその売れ残りの切手の中から、下北半島国定公園の切手を買った。カラー印刷で、肌色の部分がきれいな記念切手だったが、値段が中途半端に高かったため、なかなかコレクションに加えていなかった1枚だった。

東京の専門店で通販で買ったほうが安いのはわかっていたが、私はなんだか亡くなったうさぎやのおばさんへの罪滅ぼしのような気持ちだったのだろう。お小遣いを出して、その下北半島の切手を買った。


その40年後、私は下北半島で自分のソロアルバムのジャケットに使用する写真を撮ることになった。その場所に降り立った時、あの切手のデザインそのままの風景に感動し、ずいぶん久しぶりにうさぎやのことを思い出した。

実家に帰る機会があり、小学校の前を通った。うさぎやの跡地はまるで面影もなく、いったんそのあたり全面を取り壊したのだろう、新しいマンションが建っていた。

「うさぎや」っていい名前だったな。

私はそう思った。

書籍

子供の頃、両親は商売をしていたので私は家の中でひとりでいることが多かった。本を与えておけばおとなしくいつまでも読んでいるので安心だったのだろう、書籍は家の中に常時何冊もあった。小学校低学年の時に、海外の児童文学集、日本の童話全集、児童文学、子供向けの歴史本がまとめて購入され、これを読むように親から言われた。母も本が好きだった。「次郎物語」を手にして「お母さんはこの小説が好きだった」と解説してくれたことを覚えている。里子に出されて苦労する主人公の生きざまを、自分自身の生い立ちと重ねていたのかもしれない。

繰り返して読んだ記憶があるのは、海外作品では「オズの魔法使い」「青い鳥」「ヘンゼルとグレーテル」「イソップ童話」「きつねの裁判」、国内の作家のものでは「ひろすけ童話」「杜子春」「ごんぎつね」「鶴の恩返し」「日本神話」あたりだろうか。後に影響を受ける作家の小川未明の童話をこの時期に読んでいたら、私はどういった影響を受けていたのだろうと夢想することがある。

この頃一番の愛読書となったのはゲーテの「きつねの裁判」だった。どうもこの小説の日本語翻訳は内田百閒だったようだが、私が読んだ版が内田百閒版だったかどうかはわからない。おそらく残酷な描写は子供向けにかなり省かれていたはずで、内田百閒訳をさらに省略したものだったのではないかと思われる。しかしずる賢いキツネがライオンの裁判をぬけぬけと切り抜けていく様は、子供心に痛快だったようだ。内田百閒版は序文に「この本のお話には、教訓はなんにも含まれておりませんから、皆さんは安心して読んでください」と書いてあるそうだ。

「オズの魔法使い」は幾度読んだかわからないほどの愛読書となった。魔法の数々、弱きものが力を合わせて強いものに挑んでいく展開、意外な顛末と飽きることのないストーリーに魅了された。大学生の時に演劇サークルでこの「オズの魔法使い」をミュージカル仕立ての作品にして公演したことがある。私は出演せず音楽担当だったが、この作品を具現化してくれた当時の演劇サークルメンバーには感謝しかない。


「ひろすけ童話」はもちろん浜田広介の書いた作品集で、「泣いた赤鬼」の話が印象的だった。「泣いた赤鬼」は、友情のための青鬼の自己犠牲的な行為がクライマックスだが、子ども心になんともやりきれない読後感が残ったのを覚えている。

「自分がいないほうがいいのだ」

そう思えることは実は尊い場合もあることを学んだ。


「杜子春」「蜘蛛の糸」は今読んでも得るところがある素晴らしい芥川龍之介の最高傑作だと思う。自分の人生にとっても、幼少期にこの作品に出会ったのは大きい。

「日本神話」は大国主命のエピソードが好きで「八岐大蛇」「因幡の白兎」の話は何度も読んだ。これをアニメ映画化した「わんぱく王子の大蛇退治」は映画館で見た。かつて京都の千本中立売にある西陣京極内にあった西陣東映で鑑賞したはずだ。一緒に観に行った従兄弟のマコちゃんが上映中、映画に夢中になり、主人公のピンチのシーンに「あぶない！」と大声をあげてしまい慌てて口を手で押さえたこともあった。

初めて自分で読んだマンガで気に入ったものは赤塚不二夫の「おそ松くん」だった。アニメのモノクロ版おそ松くんも好きだったが、当時50円～80円程度だった週刊少年サンデーを毎週読んでいたのを覚えている。おそ松くんとオバケのQ太郎が大好きだった。マンガでおなかをかかえるほど笑ったのはおそ松くんが初めてだったし、マンガを読んで泣いたのもおそ松くんが初めてだった。イヤミやチビ太といった、どちらかと言えば嫌われ者、乱暴者、うそつき、孤独な存在の脇役たちの、決して人前では見せない涙や優しさに何度も心をうたれた。通常の連載とは別枠だったように記憶しているが、映画作品をおそ松くん登場のキャラクターでマンガ化したシリーズが印象に残っている。中でもチャップリンの「街の灯」を題材にした「イヤミはひとり風の中」は何度読み返しても、泣いた。チャップリンの「街の灯」は二人が再会してハッピーエンドで終わるが、赤塚版はより悲しく、しかしよりあたたかいエンディングだった。赤塚マンガにはこういった人情ものがいくつかある。チビ太やハタ坊を主人公にしたものもいくつかあったし、モーレツ！ア太郎や天才バカボンにもしんみりするエピソードがあったはずだ。

同じく少年サンデー連載の石ノ森章太郎作品「佐武と市捕物控」にも、盲目の市が手術をすれば目が見えるかもしれないというエピソードがあった。これもその機会を犠牲にし、自分は盲目のままでいいからとして佐武を救うという話だったように思う。

1960年代にこういったマンガを読んだことが今の私にどう影響しているのかは、わからない。大きいようにも思えるし、些細なことのようにも思える。ただ、善良な人間にも悪いやつらにも、幸福者にも不幸の者にも、健常者にも障がい者にも、強き者にも弱き者にも、天才にも馬鹿にも、そこに涙があり優しさがあり人生があり心があることは、一番最初に教わったのは赤塚不二夫のマンガであったことは間違いない。

マンガでコミックスを全巻揃えるほど好きだったのは「巨人の星」「あしたのジョー」「タイガーマスク」といった梶原一騎原作の諸作。

子供の頃、空き地や神社の境内で近所の子供たちと野球をして遊んだ。9人の人数はそろわないので三角ベースと呼ばれていた縮小型の野球ごっこだ。「巨人の星」の消える魔球の秘密はきっとこうだと仲間で想像していたものだ。大リーグボール3号のエピソードが一番好きで、投げるたびに主人公の星飛雄馬の身体がむしばまれていくという悲劇的なストーリーに惹かれた。

思えば「あしたのジョー」も「タイガーマスク」もどこか悲劇的だ。「あしたのジョー」はカーロス・リベラ戦が一番好きだった。陽気で明るいキャラのカーロスが、試合後にパンチドランカーになって廃人になりながらもジョーを応援する姿に泣いた。

テレビアニメ版「タイガーマスク」の最終章で、敵である虎の穴の大ボス／タイガー・ザ・グレートとの死闘でプロレスリング全体が真っ赤な血で染まるシーンには画面に引きつけられた。原作マンガでもタイガーマスクは最後に交通事故であっけなく死ぬ。「デビルマン」「ハレンチ学園」「あばしり一家」などの永井豪の作品もほとんどは最後が悲惨な結末に至る。私はどういうわけか破滅に向かっていくストーリーにはたまらなく心が震えた。

テレビドラマ

ハッピーエンドよりもアンハッピーエンドに魅力を感じたのは、おそらくウルトラマンのジャミラ登場作品「故郷は地球」が最初のきっかけだったと思うが、決定的なのは「怪奇大作戦」だと思う。

「怪奇大作戦」は1968年に放送された特撮テレビドラマで、怪奇な現象を伴う事件が起こるが、それは犯罪者による科学技術によるもので、その謎を科学で解き明かしながら犯人を追い詰めていくストーリーだった。中でも岸田森が演じるマッドサイエンティスト的な存在の牧史郎には心酔した。「青い血の女」「死神の子守唄」「かまいたち」「呪いの壺」「狂鬼人間」「京都買います」は今でも私のバイブル的な作品群である。どの作品も事件は解決して犯人は逮捕されるものの、なにか釈然としない重いものが視聴者に残るエピソードだ。岸田森の絶妙な表情、見る者に厭世観すら感じさせる演技は私を心酔させた。物事には表も裏もあることをこういったテレビドラマから学んだのだ。

その後に心酔するテレビドラマは「木枯し紋次郎」「傷だらけの天使」で、どちらもがオールアンハッピーエンドである。

「木枯し紋次郎」が放送されていた時期、私は小学6年生から中学1年生の時期で、紋次郎の生きざまに強烈に惹かれていた。生きていたくはないが死にたいわけでもない。どうせ死ぬのはかまわないが、つまらぬヤツに殺されたくはない。誰とも関わり合いたくない。こんな厭世的でダークなヒーローは最高にかっこよかった。その後、人生を経ていく中、特に高校時代後半から大学生の頃にはこの思想を体現するほどに自分自身の中に染み込んでいった。

「傷だらけの天使」は1974年10月が放送開始だから私は中学3年生である。キャストの顔ぶれで痺れた。「太陽にほえろ！」のマカロニでありザ・テンプターズやPYGのボーカリストであった萩原健一、「怪奇大作戦」の牧史郎役の岸田森、「ムーミン」の声優であった岸田今日子とあっては、もう私にとってのオールスターである。ホーン・ユキ、緑魔子、蟹江敬三、小松政夫、平田昭彦、田口計、桃井かおり、高橋洋子、関根恵子、天本英世、森本レオなどその後も敬愛する俳優陣にも耽溺した。


さらに記憶にあるテレビドラマは「さよなら・今日は」で、その頃好きだった栗田ひろみがレビュラー出演者であったことも毎回視聴していた理由だった。

「ミステリー・ゾーン」はおそらく再放送を断片的に視聴している。好きなエピソードは「幻の宇宙船」で、自分たちが死んだことを知った船員とそれを認めない船長との対話に深い感銘を受けた作品である。

不思議な体験

私は1967年に自宅で奇妙な経験をしている。今なら心霊体験として理解されるのだろうが、当時は自分でもどう捉えていけばいいのかわからなかったのである。

私は自宅の2階にある部屋で両親と姉、そして私の4人で布団を並べて就寝していた。深夜にふと目を覚ますと、天井に女性の顔が浮かんでいる。そして私のことをじっと見つめている。顔は薄く笑っているような表情、髪はショートで顔の下に外側に跳ねていた。日本人だと思うがよくわからない。そしてその女性の顔の両側に、女性よりは色が薄いイメージで男性の顔が見える。表情は薄暗くてわからないが、男性の顔であることは間違いない。これは夢なのかと目をこすってみたが、その顔はなくならない。自分の両脇では両親と姉がぐっすり眠っている。しかし確かに眠っているのだが、3人とも同じように布団をかぶって顔を真上に向けて寝ている。まるで死人か人形が寝ているようだった。

私は怖くなって目を強く閉じた。すると暗闇の中、私の両側に男の顔がグラデーションのようにずらりと並んでいる気がする。これはどういう現象なのか、さっぱり理解出来ない。また目をあけると先ほどと同じように女性の顔が天井にあり、その両側に男性の顔があって私をじっと見つめている。

ここまでは記憶があるのだが、その後どうしたかははっきりしない。私は眠ってしまったようで、翌朝目が覚めると当然天井には顔がない。母親や姉に昨夜の顛末を話すと「夢を見てたんだろう」とまったく取り合ってくれない。学校に行って友人に話しても同様に夢だと諭される。帰宅後、椅子に上って昨夜顔が登場したあたりを触ってみても、まるっきり普通の板張りの天井でしかない。私は首をかしげた。

石ノ森章太郎のマンガ作品「ブルーゾーン」を1968年に読んだ時、これだと思った。題材に心霊現象やUFOなどオカルト要素が扱われた内容で、石ノ森作品の中では地味であまり有名ではない。しかし漫画に描かれていた不思議な現象が世界各地で起こっているという設定や解説は、なにか自分の体験が肯定された気がして非常に嬉しかったのである。

その後、私はSF作品、オカルト、ホラー映画などに急速に傾倒していくことになる。もっと不思議な話はないのか、もっと奇怪な現象が世界中で実際に起こっているのではないかという興味は拡大していった。

もうひとつ、これは心霊体験ではないけれど、あの世という存在を考えるきっかけになった出来事。

私が小学校の6年間在籍中、3年生と4年生を過ごした2年間は明るい性格が開花した時期だった。もともとは内向的で外で遊ぶよりも家で本を読むのが好きだった子供だったが、この時期は陽気キャラ状態で、クラスでも人気者だった。4年生の時は学級委員を務めていたこともあったのか、私はクラス別演劇大会の主役に抜擢されたのである。

作品のタイトルは失念したが、ストーリーはこうだ。

主人公のケンタくんが木登りをしていて地面に落下、気がついたらあの世の入り口で閻魔大王の前にいたという設定である。閻魔大王の前でケンタくんの生前の行いをチェックされる。まず良い行いをした3例。池で溺れていたアリを助けた、道に迷っていた人を案内してあげた、大きな荷物を持ったおばあさんを手伝ってあげた、と紹介され、それぞれに対してカメラやお菓子や野球のグローブなどの賞品がもらえる。しかしその後に悪いことをした3例、イライラして犬を蹴飛ばした、弟の分までお菓子を食べた、宿題をやらなかったと紹介され、罰としてさっきもらった賞品を全部取り上げられてしまう。結果、良いこと悪いことが同数なのでもう一度やりなおしてこいとこの世に戻される。木の下で目覚めたケンタくんは気絶していただけでその間に見た夢だったのか、それとも一瞬だけあの世をさまよったのか理解出来ない。しかしこれからは良いことをしていくぞと心に決めるというエンディングだった。

後年、どこかにこの話の原作があるか調べたが、ついぞ見かけたことはない。おそらく当時の担任だった先生の創作ではなかったかと思う。そしてこの舞台出演をきっかけに私の神秘的なものへの興味はさらに進んでいくことになる。

プロレスごっこ

小学校3年生になった時、初めてのクラス替えがあった。2年生までのクラスメイトとはほとんど入れ替わり、新しい仲間と2年間を過ごすことになった。その中で玉谷くんという男の子のことが今でも印象に残っている。

玉谷くんは第一印象からして、ガラが悪そうだった。勉強よりは遊び、スポーツは万能、ケンカも強く、すぐにクラスでは〝番長〟というあだ名がついた。悪いことをして先生に怒られることもしばしば、教室の前に立たされることも多かったが、負けず嫌いの玉谷くんは口をへの字にまげて、歯をくいしばっていた。

玉谷くんはなによりケンカが強かったが、誰彼かまわず暴力をふるうわけではなかった。私はケンカなんてめっそうもない、どちらかと言えば内向的な読書好きの生徒だったので玉谷くんとトラブルになるのを避け、ほとんど口をきかず彼のまわりにも近寄らなかったと思う。正直に言えば玉谷くんが恐かったのだ。

玉谷くんには岡崎くんと北尾くんという子分がいた。いつも3人で連れ添って、「女ども！

どけどけ！」などと言って、横柄な態度でクラスをしきっていた。
私は岡崎くんとは家が近く、玉谷くんとは遊ばなかったが岡崎くんとはよく遊んだ。岡崎くんは玉谷くんがいかにケンカが強いかをよく私に自慢していたが、ある日玉谷くんのことを「あいつ、日本人じゃないんだぜ」と、蔑んだような言い方をして私を驚かせた。おそらく玉谷くんは在日韓国人2世だったのだろうが、いつも玉谷くんと仲良くしている岡崎くんがその玉谷くんを馬鹿にしたような発言をしたことに対して、なにか友情というものを信じられない気持ちになり、なんともいえない感情が胸の奥底に染みついた。

当時、1960年代の終わり頃、マンガでは「タイガーマスク」が大人気だった。小学生だったわれわれはもちろん夢中になり、テレビでのプロレス番組、当時人気のジャイアント馬場やアントニオ猪木、大木金太郎などの試合を毎週見ていた。当然クラスの男の子の遊びはプロレスごっこになった。
私は小学生に上がる前からプロレスファンだった。父親は格闘技のテレビ中継が好きで、いっしょにプロレスの試合をよく見ていた。つまりマンガでにわかプロレスファンになったクラスメイトよりは、私は断然プロレス技を多種類知っていたこともあって、お昼休みや放課後に行われるクラスメイトとのプロレスごっこではけっこう強かった。

ある日学校に行くと岡崎くんが手紙を持ってきた。玉谷くんが私にプロレスの試合を申し込むと書いてある。プロレスごっこで勝ち進んでいる私のことが目立ったのだろう。玉谷くんにしてみれば、クラスの番長はオレだ、プロレスで強いヤツがいるならオレが叩きのめしてやる、そんな気持ちだったのだと思う。

もちろん私はビビってしまった。クラスで一番ケンカに強い玉谷くんに私が勝てるわけがない、この試合は断ろうと思った。しかし玉谷くんの子分の岡崎くんや北尾くんは手回しが早かった。私が断る前にクラス中に「玉谷くん対広重くんの試合がある」とふれ回ったのである。

玉谷くんはスポーツマンであったので、女の子にも人気があったが、粗暴なところを嫌う女子も何人かいた。その女の子から「広重くん、玉谷くんをやっつけてね、がんばって」などと言われたものだから、私のほうもひくにひけなくなっていった。

土曜日のお昼だったと思う。

おそらくはクラス全員の見つめる中、教室の後ろの部分の机を移動して広げたスペースで、私と玉谷くんのプロレス試合は始まった。

プロレスの試合では殴り合うことはない。その点は有利だったが、私はベアハッグという胴を手で締め付ける技をかけられると息が詰まり、それだけが弱点だった。その技さえかけられなければ、殴ってはこない玉谷くんなら勝てるかもしれないと思っていた。玉谷くんはもちろん私がベアハッグに弱いという情報は知っているので、なんとか私を捕まえようとする。ずいぶん逃げたが、結局玉谷くんには捕まってしまい、ベアハッグをかけられてしまった。

息が詰まると思った瞬間、私は自分の頭を玉谷くんにぶつけていた。いわゆる頭突きである。何発目かの頭突きの後、玉谷くんは頭を押さえて私から離れた。

私は玉谷くんの頭をヘッドロックし、教室のドアに何度もぶつけていた。すると思わぬことに玉谷くんが「ギブアップ！　ギブアップ！」と言ったのである。私は自分の耳が信じられなかった。「え？」と思っていると、急にまわりのクラスメイトが「やったー！　広重くんが勝った！」と騒ぎ出した。ふと見ると、子分のはずの岡崎くんや北尾くんまでが万歳して喜んでいる。

私はなにがなんだかわからなかった。玉谷くんが頭を押さえて「いたた」と言っている姿を見て、どうやら私が勝ったらしいとは理解できたが、自分でもそれは信じられなかった。

玉谷くんはその後もクラスの番長だった。しかし私には一目おいてくれて、他のクラスメイトは名字の呼び捨てだったが、私には「広重くん」と、かならず〝くん付け〟で話しかけてくれていた。

子分だった岡崎くんと北尾くんは、玉谷くんが私にプロレスに負けてからは、玉谷くんとは距離をおくようになった。玉谷くんはひとりでいることが多かった。

私は相変わらずスポーツは苦手だったが、放課後のプロレスごっこには毎回参加していた。岡崎くんとはプロレスでたくさん遊んだが、玉谷くんと戦うことは二度となかった。

一度だけ、玉谷くんが泣いているのを見たことがある。放課後、先生と玉谷くんが誰もいないクラスで話し合っている姿を、たまたま通りがかりに見てしまったのだ。玉谷くんがボロボロに泣いているのを、先生がなにか励ましているように見えた。おそらく玉谷くんは自分が在日韓国人であることを知らなかったのではないか、それについて（おそらく岡崎くんあたりから）蔑んだ言葉を投げつけられて悔しかったのではないか、そのことを先生は気にするなと励ましていたのではないか。もう記憶は曖昧だが、今でもそう思えてしかたがない。

4年生に進級した時、玉谷くんは転校していった。それ以来、玉谷くんには会っていない。

転校生

小学校4年生の時、増井くんという男の子が転校してきた。

まだまだプロレスごっこに夢中だった私と岡崎くんは、放課後、さっそく増井くんを誘い出し、校庭の砂場でプロレス試合をすることになった。

増井くんは小柄だったが、それなりに力はあったと思う。組み合った時に、お？　意外に力あるな、というのが私の第一印象だった。

しかし、技がない。プロレスは相撲ではないので、押し倒したところで終わりにはならない。私は砂場に足をかけて増井くんを倒し、顔面めがけてニードロップを2発入れたとたん、増井くんが泣き出してしまった。私はこんなくらいで泣くなよ、とも思ったが、転校生に、しかも転校初日に悪いことをしたなあと思った。

泣いてしまってはもう遊びにはならない。岡崎くんは「増井くん、大丈夫？　広重くんは手加減してくれてたんだよ。本気を出したらこんなもんじゃすまないぜ」などと、慰めているのか脅しているのかわからない言葉をかけている。プロレスごっことはいえ顔面ニードロップとは、今にして思えばいじめに近い気もするが、われわれは罪悪感もあったのだろう、そのまま増井くんを家まで送ることになった。

増井くんの家はわれわれの通う小学校の区域の中でも、ちょっとガラの悪い地域にあった。成人映画専門の映画館、居酒屋、スナックなどが立ち並ぶ区域だったと思う。両親からは〝行ってはいけない〟と言われていた地域だった。

増井くんの家は引っ越しの荷物がまだ片づいていないようで、家族なのか兄弟なのかわからなかったが、たくさんの人が出入りしていた。増井くんを家まで送るとお母さんが出てきて、どうぞあがっていらっしゃいと言う。私と岡崎くんは家にあげてもらい、リンゴやお菓子、ジュースなどもごちそうになった。

そこに増井くんのお父さんが帰ってきた。お母さんが級友だとわれわれを紹介したのだろう。お父さんは「君ら、同じクラスなのか。こいつと友達になってやってな。仲良くしたってな」とわれわれの肩をポンポンと叩いた。私はプロレスで増井くんを泣かせた張本人なのに、お父さんにそんな風に声をかけられて、なんとなく気まずい気持ちになったことを覚えている。お父さんは太っていて、なんだか恐い顔をしたおじさんだった。


家に帰り、転校してきた増井くんのこと、増井くんの家での出来事などを話すと、両親の顔が曇った。しばらくして私は母親に呼ばれた。「増井くんは悪くないけどね、あの子とはあんまり遊ばないでおきなさい。増井くんの家はね、ちょっとね」と、嫌なことを言う。

私は「なんで増井くんと遊んだらだめなの?」と問うたが、明確な答えは返ってこなかった。


翌日は土曜日だったと思う（当時は土曜日も学校の授業はあったのだ）。

増井くんは学校を休んでいた。岡崎くんに昨日母親に言われたことを話すと、「なんだ、おまえ、知らなかったのか。増井くんは増井組というヤクザの家の息子だよ。昨日家に行った時、入れ墨のお兄さんがたくさんいたの、おまえはぜんぜん気がつかなかったのか?」と、あきれ顔だった。

私はようやく親の言った言葉の意味が理解できた。でも家がヤクザでも友達は友達じゃないか、という義憤のような気持ちが自分の中に渦巻いていた。

翌週の月曜日、朝一番に教壇で先生が言った。「増井くんはご両親の引っ越しで転校することになりました」

え？

増井くんはニコニコして先生の隣に立っている。

「短い間でしたが、みなさん、一緒に遊んでくれてありがとう！」

その言葉を残して、増井くんは授業も受けず、学校を去っていった。

わずか4日間、私の知る限り、最短の転校生はあっさりとわれわれの目の前から姿を消した。

しかし1年半後、6年生の2学期に増井くんはまたもや私の学校に転校してきたのである。しかも私のクラスにだ。

すっかり背も伸びて太ってしまった増井くんに4年生のころの面影はもうなく、なにか貫禄のようなものすら漂っていた。そうかあ、ヤクザの親分の息子だもんなあと、私は妙に感心していたのを覚えている。

増井くんとはほとんど遊ばなかった。増井くんの新しい家に行った記憶もない。増井くんと会話らしい会話もした記憶がない。

増井くんはあまり勉強はできなかったはずで、塾へ通い私立中学への受験を目指していた私や岡崎くんとは遊ばず、やんちゃな男子の級友と連んでいたはずである。

小学校の卒業式の後、各教室でクラス別のお別れパーティが行われた。

私のクラスでも先生がひとりひとりに声をかけ、卒業を祝ってくれた。

ほとんどの生徒は地元の公立中学に行くのでまた会えるのだが、私を含む10名程度は私立中学に入学が決まっていたため、これでみんなとは会えなくなるというので、特別にさようならを言う機会を設けてもらった。

増井くんはその時に私の前にやってきた。「広重くん、4年生の時に転校してきた時に遊んでくれたよね。あの時は嬉しかったんだ」と、そう言ってくれた。

増井くんが私のことをどう思っていたかはわからない。ただ4年生の時も6年生の時も、顔面にニードロップを入れて泣かしたことを責められた記憶は一度もない。

転校生だからとか家がヤクザだからとか、なにか特別扱いせず普通に遊んでくれたということを増井くんは素直に喜んでくれていたのかもしれない。

しかしたった12歳の小学生である私には、そんな気持ちの奥底まではわかっていなかったと思う。

転校生に、転校初日に顔面ニードロップ。

もう50年以上前の記憶だが、いまだに私には忘れられない光景になっている。

青い空、砂場、涙の増井くん、肩を抱いていた岡崎くん。

こういう思い出は、一生忘れないのかもしれない。

広場

私にとって大きな風景は、小学生の頃に遊んだ広場の景色だ。

京福電車嵐山線、通称「嵐電（らんでん）」の始発駅は北野白梅町だが、その駅は昔は今の西大路今出川ではなくもう少し東、北野天満宮の少し南の位置にあったようだ。

ようだ、というのは、私が物心ついた時にはもう駅は現在の位置に移転していたからであって、私が記憶しているのはその駅の跡地の方である。

その跡地の荒れた広場に、無造作に線路や駅のホームが残っている光景だ。

その広場は柵などもなく、誰でも自由に出入りできる場所だったわけである。

その広場で、毎日遊んだ。

天気の良い日は、そこから大きな夕日も見えた。日が暮れるまで遊び、母親が迎えにきてくれていたような気がする。

自転車に初めて乗る練習をしたのもその場所だったし、夏のラジオ体操をする場所もその広場だった。

その広場で近所の子供や年寄り連中と、ラジオ体操をした。

広場には大きな木があり、夏にはあぶら蝉がジージー鳴き、その下でキャッチボールをした。

冬には枝からみの虫がぶらさがっていた。

その木の下でマンガ「巨人の星」〝消える魔球〟がどうして消えるのか、友人たちと話したことも覚えている。


駅のホームの残骸は、ゴムで飛ばす模型飛行機の滑走路にもなったし、メンコで戦う場所でもあったし、凧揚げをするのに走るコースであったし、ベーゴマ回しのステージでもあった。

その場所で銀ダマ鉄砲で撃ち合ったり、泥棒と警察という鬼ごっこもした。

おそらくは許可を得ないで建てられた、今でいうホームレスの家もあった。そこに貧しい家族が住んでいたのは短い期間ですぐに空き家になったが、子供にとっては格好の秘密基地となった。

捨て猫を拾い、その小屋で育てようとしたりしたこともある。


昔は野犬もいた。

保健所の役人が犬を捕まえにきて、その時は犬に同情して逃がしてやったこともあった。

広場の角地にはアイボリー色の電話ボックスがあり、そこにあるHな落書きにドキドキもした。


その広場は、いったいなんだったのか、当時も京福電車の持ち物だったのか、京都市が保有していたのか、よくわからない。

その広大な場所は、おそらく数百坪はあったと思うが、自分が子供だったから広く見えたただけで、そんなには広くはなかったのだろうか。

それにしても、誰でも入れて、なんの制限もなかったのはかなり不思議である。

1972年、ある日そこで遊んでいる時に友人が迎えにきた。

その日は友人や自分が受験した私立中学の合格発表の日だったのである。

友人たちはそれなりに正装していたが、私は粗末な長ズボンとサンダル履きのまま彼らと合格発表会場まで路面電車に乗って見に行き、自分の受験番号が合格しているのを確認したことを覚えている。

しばらくして、その広場は工事現場となり、立ち入りができなくなった。1972年の秋に完成したのは、ある宗教法人のビルだった。

その建物は、実は今もある。

その広場にあった大きな木は伐採されることもなく、そのまま活かされて、宗教法人の建物の玄関前に残された。

その木は、今もある。

角にあった公衆電話ボックスは、さすがに不透明のアイボリーのボックスではなくなり、透明の電話ボックスに変わった。この公衆電話ボックスはずいぶん長く存在したが、21世紀になりさすがに撤去された。

もうこの場所が嵐電の駅だったことを覚えている人も少ないのかもしれない。
その場所は、今も年に数回は前を通る。
そして木を見るたびに、その木の下で遊んだことを、思い出す。
大人になると同時に、広場ではなくなっていった、その場所。
原風景。
私を育ててくれた広場と、大きな木。

切手収集

私の小学生時代は1965年〜1972年で、とにかく興味がないものなんてなかった。続々新しいものが作られていく時代だったから、なにかに飽きて一日することがないなんて日はなかった。忙しかった。お小遣いには限界があるから、友人をつかえるものはつかい、友人の親までつかい、たかれる奴からはたかり、共同でやればなんとかなるものはみんなでなんとかした。現在でも私は多趣味多芸だが、小学生の頃、すでに多趣味だった。

一番熱中したのは切手収集だったが、すぐにたいがいの安い記念切手は集めきってしまい、通常切手（普通切手）や消印、鉄郵印、風景印、ＦＤＣ、ベトナム切手、万博切手、絵画切手などを収集していた。さらにコイン、日本酒の瓶のフタ、怪獣のソフビなども集めていた。ゲームも大好きで、野球盤、タカラのアメリカンゲーム、バンカース、パズル、トランプ、花ふだも遊んだ。もちろんメンコ、地球独楽、銀玉鉄砲、鬼ごっこ、戦争ごっこ、プラモデルなどなんでもやった。自分の知らない遊びを他の友達がやっていると「それなに⁉　おしえて！」と、とにかく好奇心満載の子供だったと思う。

切手を集める趣味を「郵趣」という。切手はもちろん郵便に関するアイテムや情報を収集する趣味のことだが、世間では記念切手を集めることがこの趣味のことだと思っている人が多い。しかし趣味が進んでくると、記念切手は実はイレギュラーな存在で、マニアは通常切手を集めるようになる。つまりなにかの記念に発行されるような限定版の切手ではなく、通常の郵便物に貼られるような切手を集めるということである。

なぜかというと通常切手は同じ図柄で何年も発行され続けるのだが、印刷時期によって微妙な色の濃淡やトリミング、非常に細かいデザインの差異があり、そこを楽しむのが通なのである。また記念切手は保存している人が多いが、通常切手は未使用で保存している人が少なく、後年になるとある時期の普通切手の未使用のものは入手が難しくなってしまう。

私が集めていた時期は葉書7円、封書15円の時期で、キクの図案の15円切手をずいぶん集めていた。コイル切手や、ある時期の15円切手は当時でも値段が高く、未使用のものはなかなか手に入らなかった記憶がある。

使用済み切手1キロ入りの大袋を買ってもらい、タライで水はがしをして、その大量の切手の中から珍しい15円切手が見つかるととても嬉しかった。

だいたい切手収集は通常切手か消印に至るのがコレクターの行き先だった気がする。

私は当時日本切手（記念切手、通常切手）とＦＤＣ、万博切手、絵画切手、ベトナム切手を集めていた。

ＦＤＣとは切手の発売日に、その発売を記念したその日だけの消印が作られるので、封書にその新切手を貼って特別な消印を押してもらってコレクションにするものだ。

万博切手は１９７０年の日本万国博博覧会を記念して世界中の国から記念切手が発行されたもので、いいかげんな日本のイメージを使用した切手が大量に発行され、とてもおもしろかった。三波春夫の切手とか、昭和天皇の切手も発行されたが、天皇の切手は日本からクレームがついて（天皇の肖像に消印を押すというのはけしからんという理由だったと思う）発行中止になった。

絵画切手は小学生の間でモナリザの切手が流行ったり、女性のヌードを絵画で描いた切手が発行されたりして、話題になったから集めていたのだろう。ミロのヴィーナスの切手は男の友人から「見せてくれ！」とよく頼まれた記憶がある。

個人的に一番マニアックだったなと思うのがベトナム切手である。

ベトナム切手は非常に地味な切手で、ほとんどが単色印刷。ベトナムの農村を描いたものがほとんどで、今見ても日本の小学生がなぜこんなものを集めていたのか、自分でも不思議である。おそらく海外切手の配布会に入会したが、お小遣いに限りがあり、毎月の新発行切手で買えるのがベトナムの切手だったのだろう。

しかし集めてみると地味な切手にも愛着がわき、ずいぶん多くのベトナム切手を集めていた。もっと古い年度のベトナム切手がどんな図案か興味がわき、しかし日本でベトナム切手カタログなど発行されるわけもなく、まして周囲にベトナム切手のコレクターなどいるわけもなく、小学生の私はずいぶん頭をひねった。

そんな時に目についたのが「世界切手カタログ」である。

今も発行されていると思うが、当時はイギリスのスタンレー・ギボンズ社と、アメリカのスコット社の切手カタログが有名だった。

全世界の発行された切手がすべて掲載されているとあって、辞典のような大きな版型の本だったが、お年玉をはたいてギボンズ社のカタログを買った。残念ながらカタログに掲載されていた写真はモノクロだったが、この本によって私はベトナム切手のほぼ全容はつかむことができた。しかしいかに安価なベトナム切手とはいえ、発行初期の切手には高額の値段がついており、子供心に「全部の切手を集めるのは無理だなぁ」と、軽く絶望感をいだいたのを覚えている。

今にして思えば、ベトナム切手を発行された時期から現在に至るまで全部集めるなんてとうてい無理な話で、しかも集めたところでなんになる、というしろものだが、当時はたぶんいろいろなことを考えていたのだろう。

しかし1970年、京都でスタンレー・ギボンズ社の世界切手カタログのベトナムのページを広げ、ためいきをついていた小学生は私一人だったと思う。そんなことは何の自慢にもならないが。

ヤマシロレコード店

私が最初にレコードを買ったのは、小学4年生だった。当時の私はプラモデル、特に巡洋艦や戦艦のプラモデルにはまっていた。一番好きだったのは巡洋艦〝最上〟だったことも覚えている。子供に人気のあったのは戦艦〝大和〟だったが、細身のデザインだった巡洋艦のほうがスタイリッシュに感じたのである。

やがてプラモ好きからミリタリーに興味を持ち、雑誌「丸」なども読み、ファシズムにも興味を持った。特に「人間魚雷」とか「神風特攻隊」など、自分の命をかけて攻撃するというスタイルには最も興奮したと思う。絶望的な戦況に隊員が命を捨てて突っ込んでいくという捨て身の体当たり攻撃に、わずか10歳の子供がなにを感じたのか今となっては思い出せないが、たまらなく魅力的だった。

その延長線上であったのだろう。特攻隊のことを歌った軍歌があるという。それならそれを聴きたい。私は京都の円町という交差点の北東角にあったレコードショップ「ヤマシロ」に足を運び、軍歌の4曲入りEPを購入した。これが私が人生で最初に買ったレコード盤となった。収録されていた「同期の桜」と「ラバウル小唄」は私の愛唱歌となった。

その後このヤマシロに足を運ぶのは中学生になってからである。中学1年生の時にロックに興味を持ち、グラムロックブームもそろそろ終わろうかという時期にデビューしたシルヴァーヘッド。彼らのセカンドアルバム「凶暴の美学~16才で犯されて」の日本盤LPをこの店で購入したのだ。このレコードを買うのは度胸がいった。〝16才で犯されて〟とレコードの帯部分に大きく書かれているのが恥ずかしかったのだ。まるでエッチなオトナの本を買うような気持ちだったに違いない。

さらに後年、プログレッシブロックに興味を持って、イエスの「こわれもの」、キング・クリムゾンの「レッド」。ピンク・フロイドも「狂気」をこのヤマシロで購入した。高校生の頃には安い中古盤や輸入盤を購入する機会が多くなり、ヤマシロでレコードを買うことはほとんどなくなった。私が大学を卒業した後、１９９０年代初頭くらいまではヤマシロは存在したたはずだが、いつの間にか閉店していた。

でもいまだにこの小さなレコード屋の入り口や店内のディスプレイ、カウンターの位置などは明確に記憶している。どこにでもありそうな普通のレコード店だった。

なんでもないレコード店。

けれども、記憶に残っているお店。

村井くんのこと

小学校5年生の頃、村井くんという男の子と仲がよかった。

私が一番仲がよかったのは藤井くんだったが、村井くんはちょっと別の遊びをする友人だった。彼は顔が2枚目で、言動もあか抜けていたのである。もしかしたら東京かどこか都会からの転校生だったのかもしれないが、そのあたりは記憶があいまいだ。

私もずいぶんませていたが、村井くんもかなりのおませだった。他の友人の前では口にはしなかったが、私とふたりの時はクラスメイトのあの女の子はボインだとか、あの子はこの間スカートめくりをしたらパンツがピンクだったとか、けっこうHな話をして遊んでいたのである。トイレにいたずらで猥褻な言葉の落書きをしていたのも、実は村井くんだった。私はもちろん先生たちには内緒にしていた。

村井くんは同じクラスの純子ちゃんが好きだった。ぽっちゃりしていて性格はやや勝ち気な純子ちゃんは男子の中では人気があり、私もひそかに憧れていた。ある日村井くんと「クラスの女の子で誰が好きか」をお互いに言い合う機会があり、私も実は純子ちゃんが好きだということを彼に正直に告白した。その時彼は「そうか。しかしお互いライバルだが出し抜くことなく純子ちゃんのファンでいよう」と友情を示してくれた。

しかしそれは口だけだった。明らかに翌日から村井くんの純子ちゃんに対する態度が違う。休み時間にふたりで話をしたり、本を貸し借りしたりと、私に負けるものかという態度で純子ちゃんにアタックしている。私も純子ちゃんの家に遊びに行ったり、話しかけたりする回数を増やしていったが、なんせ顔は村井くんの方が2枚目である。ちょっと村井くんにはかなわないかなと感じていた。

特別の授業で女子がいない時間帯があった。おそらく初潮について教える女子だけの授業だったのだろう。

クラスでは男子ばかりの自習の時間、当然おとなしくしているわけがなく、騒いだり、仲間で話をしたりして時間をつぶすことになる。村井くんと私を含む数名の男子は黒板で遊んでいた。村井くんはＷＸＹと大きく縦に書き、何かのＨな替え歌を歌いながら女性の裸体をもじった落書きをして、私を含むませた男子はそれを見て腹をかかえて笑っていた。

そこに担任教師が女子生徒を連れてクラスに戻ってきた。「なにやってるの！　あなたたち！」と大声で怒鳴られる。教壇の周りにいた私や村井くんを含む数名の生徒は特に間が悪かった。女性の裸体を描いた黒板の落書きも残っている。

「これを描いたのは誰ですか⁉」

担任の女性教師が顔を真っ赤にして怒っている。その質問に村井くんは「犯人は広重くんです！」と私を指さしたのである。

私はびっくりした。その絵を描いたのは村井くんではないか、どうして描いてもいない私のせいにするのか、てんでわからなかった。私の頭は混乱し、気がついたら大声で泣き出していた。

おそらく村井くんの友人としての裏切りに驚き、先生に対する弁解に窮し、後ろで見ているだろう女子生徒、たぶん大好きだった純子ちゃんもこのことを見ているという恥辱に耐えられなかったのだろう。ずいぶん長い時間、泣きじゃくっていたと思う。

けがの功名か担任教師には「あんた、こんなことで泣くの？」とあきれられ、この事件は私の号泣ですべてがチャラになり、その後は通常の学級生活に戻ったと思う。純子ちゃんにもその後この落書き事件のことを言われた記憶もないし、私の評価が下がり、純子ちゃんと村井くんが仲良くなったという記憶もない。

村井くんに対する不信感は少し残った。裏切り者め。確かにそんな気持ちではいたものの、じゃあ絶交したかというとそうでもなく、時間がたつとまた一緒に遊んでいた。子供時代に誰にでもあるような、小さな裏切り。その程度だったと思う。

しかししばらくの後、ご家族の都合で村井くんは急に転校していったのである。不思議な気持ちだった。でも村井くんとは離れても友だちでいよう、そういう別れ方をしたと思う。

その次の正月に、私に村井くんから年賀状が届いた。そこには「純子ちゃんによろしくお伝えください」と記されていた。

私はその言葉を読み、「勝った！」と心の中で叫んだ。

なぜなら私はその冬休みに純子ちゃんの家に遊びに行き、お餅を食べ、他の女の子の友だちとも一緒にスゴロクをして遊んでいたからである。コタツに入って純子ちゃんの持っていたマンガ雑誌「りぼん」を読んだこと、そこに一条ゆかりの作品が掲載されていたことは、今でも覚えている素敵な思い出である。

テープレコーダー

私には4歳年上の姉がいることから、同年代よりも年長の世代が受ける文化や世相を間接的に享受している。姉はグループサウンズの影響をまともに受けた世代である。ポータブルのレコードプレイヤーがわが家に導入され、ブルー・コメッツ、ザ・タイガース、ザ・テンプターズなどの音楽を毎日聴かされることになった。姉は明星、平凡などの芸能誌も購入し、私が理解しているかどうかは関係なく、ジュリーやショーケンの魅力を語り続ける。小学校の高学年から中学時代はコンサート会場にも行っていた。後年聞いた話では両親には内緒でドラムも叩いていたようで、姉の音楽狂は絶好調であった。

私はザ・タイガースのトッポこと加橋かつみがボーカルをとったヒット曲「花の首飾り」は子供心に綺麗な歌だと感動していたが、そもそも音楽そのものにはたいして興味がなかった。圧倒的にドラマやストーリー、小説や文章への興味が前に出ていて、楽曲はそのＢＧＭとしてしか興味がなかった。明治のチョコレートの包み紙を送るともらえるザ・タイガースのソノシートには天地創造のドラマが収録されているものがあり、楽曲のレコード盤よりはこちらを何度も繰り返して聴いた記憶がある。

姉が中学生になった機会にカセットテープレコーダーを購入してもらっていた。英会話の勉強のために購入したものだが、当然小学生の私には垂涎の電気製品である。当時はカセットテープ自体も高額で、そうそう簡単に買えるものでもなかったため、録音しては上書きするなどして遊んでいたようで、初期のテープは残っていない。

当時はビデオデッキもなかったので、テレビドラマの音声のみの録音をして楽しんでいた。家庭用テレビのスピーカー前にテープレコーダーを設置してお気に入りの番組を私も姉も無言で番組を視聴、後で録音テープを楽しむという趣向だった。なんともアナログなレコーディングだったが、けっこう鮮明に音声が記録されていておもしろかった。一番よく記憶しているのはテレビドラマ「謎の円盤ＵＦＯ」23話「フォスター大佐、死刑！」の録音だった。ＵＦＯの出てこない人間関係ドラマという珍しいエピソードだが、何度も繰り返して聴いていたため、今でも少し台詞を覚えている。

ウルトラＱの28話「あけてくれ！」とウルトラセブンの43話「第四惑星の悪夢」も怪獣が出演しない特撮ドラマだが、再放送をカセットテープで録音して愛聴していた。しかし当時のテープはもうほとんど残っていない。姉がこのテープレコーダーで英語の勉強をしていたかどうか、その記憶もさだかでない。

このテープレコーダーはその後10年以上も活躍し、個人のソロやウルトラビデ、非常階段の録音にも使用されている。

オトナになった日

福井県高浜の親戚の家に夏休みに預けられることは、小学生の頃、毎年楽しみにしていた行事だった。両親も店の経営があり、子供の私をどこかに遊びに連れていくことはできなかったから好都合だったのだと思う。

たいがいは母親に連れられて高浜に行き、私をおいて母親だけがいったん京都に戻り、数週間後に私を迎えに来るという流れだった。私はそのままひとりで親戚の家に滞在していたことが多かった気がする。親戚のおばさんも孫が遊びに来たように思ってくれていたのだろう。

暑い夏、当時はエアコンもなく、昼間はランニングシャツとパンツ1枚で過ごしていた。昼間は海で泳いでいたが、家の裏に空き地があり、夕方はそこで近所の子供たちと遊んだり、ひとりでなにかをして遊んでいたことも多かった。

小学5年生の時だったと思う。

いつものようにランニングとパンツで、スコップを持って雑草を掘り返して遊んでいた時、女子高生がそばを通りかかり、こちらを見た。

その時、下着しかつけていない自分がむしょうに恥ずかしくなったのを覚えている。スコップをふりまわし、背の高い雑草を切り倒してまわり、照れ隠しをしていた。

それから外にでる時にはズボンをはくようになった。

親戚のおばさんには「暑いのに、なんでズボンはくの？　パンツでいいじゃない」と言われたが、何もいわずにいた。

女性を意識したのか、下着のままで遊んでいる自分を恥じたのか、それはわからない。おそらく両方だったろう。

そして、その時に子供からオトナになったのだと思う。あの日の福井県高浜での夕方の景色は、妙に覚えている。

ハム

藤井くんという友人は小学校を一緒に過ごした友人で、一番よく遊んだ友だちだったと思う。藤井くんが小学校6年生の時のある日、私を呼びだしてこう言った。

「おい広重くん、ハムをやってみないか」

ハム？　ハムってなに？　ハムって食べるものでしょ？というと藤井くんは「そういうと思ったよ！　ちがうよ、アマチュア無線だよ」という。

そして見せてくれたのが「ハムになる本」という、アマチュア無線の入門本だった。〝ハム〟とはアマチュア無線愛好家の俗称だったのである。

当時はもちろんインターネットもパソコンも携帯電話もない時代。電話だって一家に1台はなかった。

そんな時代に無線機を使って日本中、いや世界中のアマチュア無線家と会話ができるなんて、もうそれは夢のようにすごい世界だった。

「え？　ぼくらみたいな子供でもできるの？」

と訊くと、藤井くんは最近は免許をとって無線をしている小学生が続出しているという。

もちろん私は藤井くんとハムをやろう！ということになった。

京福電車の北野白梅町駅近くにあったオーム社という書店に飛び込み、藤井くんが持っていたのと同じ「ハムになる本」を購入、また同行した藤井くんにそそのかされて、アマチュア無線の専門雑誌「ＣＱハムラジオ」の最新号も購入した。

アマチュア無線をするには国家試験を受けて免許を取得する必要がある。おお！　これだけでもう〝かっこいい！〟と思った。

入門者が最初に取得するのは「電話級アマチュア無線技士免許」というものらしく、「ハムになる本」というのはその電話級の試験を受けるためのマニュアル＆テキスト本だったのである。

この本を読め、そして勉強して年に数回行われる電話級アマチュア無線の免許を取れ、ということだ。

当時は関西では6月と12月の2回、アマチュア無線電話級国家試験が開催されていた。しかも会場は大阪である。京都に住んでいた小学生にはなんともハードルが高く感じられた。しかしやるしかない。

その日から「ハムになる本」は私のバイブルとなった。寝る時も枕元におき、ボロボロになるまで読んだと思う。「CQハムラジオ」も毎月購入していたが、藤井くんは並行して「無線と実験」という雑誌も購入、お互いライバル心を燃やしていた。

当時、私の親戚のおじさんは京都の舞鶴市で電気店を経営していた。交信するための電波を発する無線機はもちろん免許がないと使用できないが、受信機を使って無線を傍受するだけなら誰にでもできたことから、おじさんを説得して手伝ってもらい、私はパーツを集めて受信専用の無線機を作成しはじめた。

これで藤井くんを出し抜けるぞと思っていたが、あとトランジスタ数個が入手できればというところで気がついた。

「アンテナがないと受信できないじゃないか！」

「CQハムラジオ」で余計な知識をたんまり頭に入れた小学生にとって、〝八木アンテナ〟は神も同然である。

雑誌には自分の家の庭に10メートル以上ものタワーアンテナをたてて海外と毎日交信している無線家の写真が載っている。本当にうらやましかった。

私の家は商店街にあり、屋根の上に無線用の高いアンテナをたてるのは大がかりな工事が必要で、自分の部屋すらなかった私には夢の夢だった。


近所の山田コロッケ店の向かいにある家の人が無線をやっているのはすぐにわかった。表札の横に「ＪＡ３ＸＸＸ」というコールサインの札がかかっていたのと、屋根の上には憧れの八木アンテナがそびえていたからである。

私はその家におじゃまして無線の実際を見せてほしいと思っていた。きっとＤＸ（遠距離通信）で海外の人ともラグチュー（雑談）して、たくさんのＱＳＬカード（交信をした相手と記念に交わす絵葉書状のカード）のコレクションもあるんだろうなと夢想していたが、ついに見知らぬ家のドアホンを押す勇気は私にはなかった。藤井くんと一緒に「ＪＡ３」という初期の番号のコールサインを憧れて見上げていたのを覚えている。〝Ａ〟の部分はコールサインが不足してくると他のアルファベットに変わってしまうため、レアなのだ。


むろん必死に勉強したが、小学校６年生の12月に受けた電話級アマチュア無線技師の国家試験には私は合格しなかった。不合格通知が来た時、ものすごく落胆したのを覚えている。

藤井くんは合格した。確かお祝いに両親から無線機を買ってもらったはずだが、彼のコールサインも知らなければ、彼が交信しているところを横で見ていた記憶もない。きっと私はくやしかったのだろう。

私は私立中学に、藤井くんは公立中学に入学したため、少しずつお互いは疎遠になっていった。「CQハムラジオ」はその後も毎月買っていたが、やがて興味が薄れ、買わなくなった。次の試験を受けるモチベーションはもうなかった。アマチュア無線のことはすっかり忘れてしまった。作りかけの受信用無線機も捨ててしまった。

1991年、卒業20周年だったか、小学校6年生のクラスの同窓会があり、私は藤井くんと十数年ぶりに会場で再会した。

藤井くんはあの後アマチュア無線の趣味から工業高校に進学し電気メーカーに就職、その後無線技士として海上保安庁に勤務しているという。なんと、ハムが彼のその後の人生を決定づけたのであった。趣味の素晴らしさを痛感した友との再会であった。

同窓会の翌日、私は大型書店に行き、無線工学のコーナーに向かっていた。「ハムになる本」という入門者向けの書籍はもうなかったが、アマチュア無線入門用のテキスト本はあった。もう電話級、電信級ではなく第四級、第三級という呼称になっていることも初めて知った。私はもう一度「ハムになる本」で勉強したかったが、似たような参考書を買い、しこたま勉強した。30歳を過ぎて無線の勉強をするとは、と思いながらも、夢中で無線のことや電波や電気の法則を片っ端から覚えた。

1992年、私は大阪天王寺の受験会場で第四級アマチュア無線技師の国家試験を受験し、合格した。20年前に試験に落ちた悔しさも、もう懐かしい思い出になっていたことに気がついた。免許証取得後、私は無線機も購入していないし、開局もしていない。もちろんコールサインもない。時代はパソコン通信からインターネットの時代、携帯電話の時代へと向かっていたからだ。でも免許証は、いまでも私の思い出と誇りのために、手元においてある。

友情

藤井くんについてはまだ思い出がある。

藤井くんとは小学校の6年間通してクラスが一緒だったように思っているが、実際はどうだったかもう記憶がさだかではない。もしかしたら転校生だったかもしれないが、なんにしても小学生時代に一番の仲良しだったのは藤井くんだ。

藤井くんはひょろっとしていて背が高く、かけっこが得意だった。足が速くて、私がどんなにがんばっても藤井くんにはかなわなかった。

藤井くんとはたいがい趣味が一緒だった。お互いに切手を集めていたし、アマチュア無線の勉強を一緒にして試験を受けに行ったりもした。マンガを読み、模型を作り、メンコやたこ揚げをしたり、鬼ごっこ、警察と泥棒、ひまな時はナゾナゾやにらめっこもした。

藤井くんのお父さんは盲目で、あんま師だった。お母さんと3人暮らしで、小学校の6年間で数回引っ越しをしていたはずだ。理由はわからない。

わりと長く住んでいた、長屋のような家（おそらく借家だったのだろう）の押入にキノコが生えたといって、藤井くんが喜んでいたのを覚えている。ちょうどマンガ「男おいどん」が流行していた時期で、「オレの家にサルマタケが生えた」と藤井くんがはしゃいでいた。「真っ白で気持ちわるかったぞ」という彼の言葉を聞いたものの、なんだかうらやましく思ったものだった。

小学校6年生の修学旅行は三重県の伊勢だった。伊勢神宮を参拝し、二見浦の近くの旅館に泊まる、1泊2日の旅行だった。

修学旅行から帰って少したった頃、藤井くんがわが家にやってきた。なにかモジモジしている。「これ、おみやげ！」と私に包みを差し出し、ピューっと帰っていった。

なんだ、おかしなヤツだなと思ってその包みを開けると、それは「友情」と書かれた小さな楯（たて）だった。

もう今は姿を消したが、昭和30〜40年代は観光地に行くと必ず楯が販売されていた。その土地の名前、観光名所の名前、俳句や名言、そして「友情」「誠」「愛」などと文字が書かれたもの、などなど。

ペナントが一時期流行ったように、この楯も一時期の流行だったのだろう。友人の家に行くとひとつやふたつは必ずあったものだった。実は私も「愛」と書かれた楯が欲しかったが、なんせ小学生、「愛」なんて書かれた楯を買おうものなら「愛だって！　いやらしい〜」などと間違いなくひやかされるに決まっている。だから結局は買わなかったのである。

藤井くんは伊勢に修学旅行に行った時、この「友情」と書かれた楯を買ったのだろう。そしてそれを私に渡したかったのだ。まさに、友情のしるしに。

しかし照れながらくれたものだから、私も照れてしまった。部屋に飾ろうものなら母や姉から「それ誰からもらったの？　藤井くん？　へー、いいじゃない〜」などと冷やかされるのはわかっていたので、なかなか部屋に飾れなかった。箱に入れたまま、時々出して見ていたのではなかったかな。

中学生になれば、友情なんて言葉はもっと照れくさい。もう箱から出されることはなく、どこかにしまわれ、そして紛失してしまった。

いや、実家に帰ればどこかにあるのかもしれない。そんなものをくれたのは、後にも先にも藤井くんだけである。きっと大切にしてあるに決まっている。大阪万博のスタンプ帳、通信簿、二見浦の前で撮ったクラスメイトの写真などと一緒に、実家の2階の押入においてあればいいな。

約40年後、車で伊勢神宮と二見浦に行ってみた。伊勢神宮・内宮の鳥居をくぐって少し行った先、御手洗場でもある五十鈴川に降りられる石畳を見た時、この場所に藤井くんと来たことを鮮明に思い出した。

この「友情」の楯のことも思い出したのである。

二見浦のおみやげ屋にも寄ってみたが、もうペナントも楯も売っていなかった。何年もたっているものね。

そうね。

時計屋の息子

小学校3、4年の時にクラスメイトだった岡崎くんは時計屋の息子だった。

今でこそ時計屋は流行らない職業かもしれないが、1960年代の時計屋は宝石屋もかねていたこともあり、花形の商売だった。そもそも腕時計というもの自体が高級品で、おいそれと誰もが持っているものではなかったのである。ショーケースに並んだ高額な腕時計を子供も大人もあこがれのまなざしで見ていた、そんな時代だった。

当然、時計屋のせがれである岡崎くんは〝ぼんぼん〟である。つまりはお金持ちの子供なわけで、同じクラスメイトの中でもいいものを持っているガキ、ということになる。

子供ははしっこいから、そういった金持ちの子供には群がる。自分たちが買えないような玩具やゲームを持っているからで、本人よりもそっちが目当てで友達になるケースも多かった。

岡崎くんの家が私の家と近いこともあり、よく遊んだ。ゲーム、プラモデル、野球、プロレス、戦争ごっこ、モデルガン、なんでもござれ。親に内緒で持ち出したマッチでプラモデルに火をつけて遊び、見つかって大目玉をくらったこともある。神社の境内で捨て猫をみんなで飼ったこともあった。

岡崎くんとは小学校5年生でクラスが別れた。それからはあまり一緒に遊ばなくなった。

5年生になってから私は進学塾に行くようになり、京都市内の私立中学を受験することになった。しかしまじめな受験生であるわけもなく、さぼって図書館で漫画を読んでいたり、デパートで遊んでいるところを親戚の叔母さんに見つかったりして怒られていたので、親はさぞかし不安に思っていたのではないかと思う。

6年生になっても塾の成績もあまり良くなく、志望の中学は合格ラインスレスレといったところだった。

塾の仲間から前年度の入試問題と解答を掲載した本が発行されていることを知らされ、河原町三条にあった駸々堂書店に買いに行った。すると前年度の問題集と一緒に、おそらく売れ残りであったのだろう、1冊だけ前々年度の入試問題集が売られていたのである。私は「学校もまさか前の年に出した問題をそのまま今年も出すことはないだろう。しかし前々年度の問題を数値などを変えて出すことはあるのではないか」と思った。そしてその1冊だけ残っていた古い問題集を購入し、それを中心に勉強したのである。

試験当日、私の勘は当たっていた。ほとんどの問題が前々年度の出題の数値や角度を変えたものだったのである。私は試験回答を書き込む時間があまってしまい、絵をかいて時間つぶしをしていたほどであった。

試験の帰り道、母親に連れられて受験に来ていた岡崎くんを見かけた。岡崎くんも私に気がつき「広重が……」と唖然としていたのを覚えている。私は一人で受験に来ていたこともあり、親同伴だった岡崎くんを「やっぱりぼんぼんだなあ」と思って見ていた。

私は入試に合格した。

塾の連中もあきれていた。塾の算数の試験で0点を取ったりしていたヤツがそこそこの私立中学の入試を突破したことは、たいへんな驚きだったようだ。

合格祝いに父が腕時計を買ってくれる、ということになった。当時の合格祝いといえば万年筆と腕時計が定番だった。

岡崎くんの家にＳＥＩＫＯの腕時計を父と一緒に買いに行くと、岡崎くんのお父さんが接客してくれた。

合格祝いですか、どこの中学に。え？

お父さんは息子である岡崎くんを呼び出した。

「広重くん、受かったらしいよ」

岡崎くんは暗い顔をして「ふーん」と言ったまま、立ち尽くしている。岡崎くんは受験に落ちていたのである。

合格した私。合格祝いの時計を買いに来た私と父。同じ学校を受験して落ちた岡崎くん。その岡崎くんの父親が私に時計を売るということ。

誰も悪くはないが、こんなに気まずい空気もほかにはなかった。

すまん、岡崎くん、オレは努力したわけではなく、たまたま具合の良い問題集を丸暗記しただけなのだ、とは、けっして言えなかった。

岡崎くんの実家の時計屋は、まだある。

岡崎くんが後を継いだかどうかは、知らない。

同人誌

最初に興味を持ったのは小学校3年生の時の「壁新聞」だと思う。クラスの生徒が書いた意見やエッセイのようなものを担任がピックアップして、大きな模造紙にその原稿やイラストなどを掲載、それを教室の後ろの壁に貼りだしたのだ。まるで新聞のように読むことができるこの出来事はわれわれをワクワクさせた。文章を書いて先生に提出する、それが掲載されるかどうかは先生の裁量だから必ず掲載されるとは限らない。毎月1回更新される壁新聞に自分の名前や書いた原稿がないか、楽しみにしていた。

結局私の書いた文章は学級壁新聞には掲載されなかった。そして4年生になったのを機会に壁新聞は制作されないことになった。それならばと私は自分でノートに書いた小説をクラスの皆に回し読みしてもらうことを思いついた。

今でも内容はかすかに覚えている。登場するのは蜘蛛、コウモリ、狼。彼らは人間に嫌われて迫害されている。この嫌われ者が集まって力を合わせて人間どもに復讐を企てる。まず蜘蛛が人間にかみついて毒を送り込む。そこにコウモリが吸血してさらに弱らせる。最後は狼が襲いかかり殺してしまうという作戦だ。決行前夜、人の住まない屋敷に集まったところで些細なことからケンカが始まる。蜘蛛は狼に踏み潰され、コウモリに吸血された狼はフラフラになりながらも反撃してかみ殺してしまう。しかし足もとのおぼつかない狼も崖から落ちて死んでしまう、というストーリーだった。

私はクラスのみんなから読後に称賛のコメントが来ると思っていたが、結果は不評だった。内容が暗い、残酷すぎる、何が言いたいのかわからない、といったものだ。そこで私は小説を書くことを諦めて、ギャグ漫画を描くことにした。「アタックＮｏ．51」というタイトルで、主人公が送る破天荒な日常をギャグで描いたものだ。クラスメイトも擬人化して登場させた。これも無地のノートに描いたものをクラス内で回し読みしてもらった。今度は絶賛の声が多く届いた。おもしろい、クラスのメンバーが登場しているのがいい、ぼくも漫画に登場させてくれ、などと私が思っていた以上にウケが良かった。私はこの漫画をノート51冊分描くぞと意気込み、小学校6年生の頃まで連載は続いたが、さすがにネタ切れになり二十数冊で頓挫してしまった。ストーリーの最後は第3次世界大戦が勃発、人類が滅亡した後に幽霊が地球を闊歩する話だった気がする。

小説もダメ、漫画もダメとなって腐っていたところに、一番仲の良かった級友の藤井くんが切手を題材にした「渦潮」という同人誌をどこかから仕入れてきた。ミニコミと呼べるほどのボリュームではなく、淡路島の大学生がガリ版印刷で作った小冊子で、ニュースや批評、エッセイが掲載されていた、ちょっと大人な感じ。でも素朴で庶民的な作りで、内容は知りたい切手の情報が満載されており、なんだかとてもかっこよく思えた。

当然藤井くん、私、友人の小泉くんの3人で同じような同人誌を作ろうとしたが、印刷する機械がない。コピー機などまだ存在しないし、青焼コピーですら高額、そもそも学校の印刷物だって全部藁半紙にガリ版印刷だった時代である。小学6年生が3人集まったところで出てくる知恵は「全部手書きで作る」なんていうとんでもない発想くらいだった(これは実際に取りかかったが、途中で挫折してしまった)。

そんなある日、藤井くんが私と小泉くんを呼び出した。

「昨日の夜お父さんが酔っぱらってて、お小遣い1万円もらった! これでガリ版印刷機を買おう!」と藤井くんは言う。

ガリ版用紙、鉄筆、ローラー、インキ、網目の印刷版などが揃い、藤井くんのおかげでみごとガリ版印刷のミニコミは創刊できたのである。藤井くんのお父さんはお小遣いをあげたことを忘れていて、金がなくなったとぼやいていたそうだが、もちろん藤井くんは知らんぷりだった。

男子小学生3人が執筆と編集したガリ版刷りの同人誌は「西陣」と名付けた。他誌を真似て、会員制で年会費を切手代用で支払えば毎月送られてくる仕様にした。切手専門誌の「スタンプマガジン」に切手の趣味誌を創刊したという内容を読者欄に掲載してもらい、全国から数十人の入会希望があった。

切手収集ブームもあったのだろう、当時は全国に少しずつこういったガリ版刷り同人誌の世界が出来上がりつつあったようだ。前出の淡路島の「渦潮」はかなりの会員数だったが、さらに多くの会員数を持つ発行者もいた。発行者同士は自分の作った同人誌を郵送すれば先方のものがもらえた。こういったやりとりは交換誌と呼ばれ、交流が深まっていく経緯にもなった。

われわれの「西陣」は最大でも会員は50名には届かなかった。やがて小泉くんも藤井くんも同人誌制作には飽きてしまい、私が一人で内容企画、執筆、印刷、発送業務をしなくてはいけなくなった。毎日のように交換誌や入会申し込みや、仲良くなった地方在住の趣味仲間との文通による郵便物が届く。両親にも「なにをやっているんだ」と不審がられる始末だったが、私は毎日手紙の返信を書き、この地方の同好の仲間とのやりとりを楽しんでいた。

中学生になるとさすがの私ももう切手収集などどうでもよくなってきたが、年会費を受け取っている以上、同人誌「西陣」の発行は続けなくてはいけない。郵趣についての記事やエッセイはだんだんおざなりになり、音楽や文学、学校での出来事などの原稿が増えていった。読者も同じように年齢をとるからさほど違和感はなかったようで、ガチの切手コレクターは離れていったが、こういったコミュニケーションを楽しむメンバーは残っていった。

中学1年生のある日、徳島から1冊の同人誌が届いた。その名は「ラブリー」。まだガリ版刷りが全盛の時代にこの「ラブリー」は青焼コピーだった。玩具メーカーの任天堂が格安で販売していた家庭用湿式青焼コピー機「コピラス」で制作された同人誌を初めて見た時は驚愕した。また発行人の大浦さんはイラストも上手なうえに文字もかわいい丸文字で、なにもかも汚い当方の「西陣」とは雲泥の差であった。

この大浦さんは当時は美術部に所属し、後年には東京芸大を受験するほどの人物なので、こういった印刷物が優れているのは当然だったが、私もこの「ラブリー」に魅了された。やがて内容は初期の切手収集の記事から俗なものに変遷していく。特にこの大浦さんは洋楽に造詣が深く、私が当時心酔していた頭脳警察のアルバムをカセットテープに収録して送ると、大浦さんから「頭脳警察もいいけどピンク・フロイドもいいよ」と当時発売になったばかりの「おせっかい」をカセットテープに入れて送ってくれた。これまた私は驚愕した。なんなんだこの音楽は！　すごい！　これはプログレッシブロックというのか、これはすごい！と感動してしまった。今でもピンク・フロイドの名曲「エコーズ」を聴くとあの時のことを思い出す。私が中学1年生の最後の時期からプログレッシブロックに傾倒していくのは紛れもなく徳島の大浦さんの影響である。

中学入学

1972年に私は私立の同志社中学校を受験、合格して4月から烏丸今出川にある校舎に通うようになった。まず入学して驚いたのは級友の知的レベルと授業内容の質の高さである。私は運だけで入学したような12歳だったが、同級生は難関の受験を乗り越えてやってきているわけで、話している言葉がもう別次元だった。え、それなんのこと？　なに、おまえそんなことも知らないの？の連続である。授業もいきなりトップギアで発進するような先生ばかりで、まるでついていけずちんぷんかんぷんである。しかしどんな学校でも生徒のカーストはあるもので、私と同レベルの学力しかない級友、つまり〝あほ〟を探すのにそう苦労はしなかった。
蒲生くんは私の前の席に座っていた子で、まあいいかげんな男だった。私と同じくらい〝あほ〟だった。お互い授業についていけないことからすぐに仲良くなり、ふたりで復習や勉強をする機会は増えた。

蒲生くんが4月のある日「おい、もうクラブ活動はなにするか決めたかい?」と訊いてきた。授業ですらおぼつかない私がクラブを決めるまでたどり着いていなかったことをいいことに、蒲生くんは私を誘って2人で硬式テニス部に入部することにした。なぜテニス部だったのかは覚えていないが、おそらく「テニス部の女の子はかわいいぞ」といった蒲生くんの言葉に乗せられたのだろう。

しかし私立中学とはいえ運動部である。入部早々に基礎体力作りをたたき込まれた。長距離走、ウサギ跳び、腕立て伏せ、空気椅子などいきなりのハードワークである。そもそも小学生の頃にろくにスポーツなどしていない私には地獄のような訓練であった。蒲生くんは3日間だけクラブ活動に参加して早々に退部。私はその後1週間はテニス部に所属したが、ついにラケットを手にすることもなく、基礎体力作りの段階で挫折してしまった。

誘っておきながら3日でテニス部から脱走した蒲生くんをちょっと恨んだが、なんせクラスでの彼の席は私の真ん前である。彼が私の席を振り返りながら「おい、演劇部に入らないか?」と言う。テニス部の一件で懲りているにもかかわらず、蒲生くんの言いなりになって演劇部に入部したのは言うまでもない。蒲生くんが演劇部を選んだのは「男子部員より女子部員のほうが多いぞ」といった理由だったと思う。

テニス部を経て演劇部に入部したので、最初から演劇部に入った同学年の部員からは出遅れているし、上級生の部員からも「なんでこいつらは後から入ってきたんだ」と訝しがられた。当然私や蒲生くんに対する当たりもきつかったが、運動部ではないので基礎練習も耐えられる。発声練習や標準語のレッスン、腹式呼吸などを教えてもらっているうちに、なんとなく馴染んできた。蒲生くんはいいかげんな態度でクラブ活動へ来たり来なかったりだったが、私はせっせと授業の後の部室には足を運んでいた。

この演劇部で知り合った大倉くんの家に遊びに行って、またもやカルチャーショックを受ける。中学1年生なのに部屋の書棚には安部公房のハードカバーが並んでいる。え、安部公房ってなに？　え、おまえは安部公房も知らないの？というわけで、そもそも文学とはというレクチャーをわずか12歳の演劇部員からしてもらうことになった。もう速攻帰宅後に大きな書店に直行し、新潮文庫から出ていた安部公房「他人の顔」を購入し、その内容に驚愕することになる。私にとって安部公房は最も尊敬する作家となり、１９７４年の「緑色のストッキング」以降は新刊を発売日に購入するようになった。

私は中学1年生の秋には役をもらって演劇発表会の舞台に立っていた。海外のＳＦ小説を戯曲化したものだったと思うがタイトルは覚えていない。

ファンタグレープの思い出

中学に入学してすぐのころ、クラスの隣の席にいた美由記さんに恋をした。入学した学校がキリスト教系列だったこともあり、朝の礼拝の時間の聖歌隊にも美由記さんは参加したりしていて、声もきれいで知的な彼女にクラスの他の男の子何人かもあこがれていたと思う。

美由記さんは学校から電車で40～50分離れた京都府宇治市に住んでいたが、たまたま美由記さんと話をしていると、彼女の住んでいる町は私の従兄弟が住む親戚の家の近くだということがわかった。小学生の頃、その親戚が家を新築したので遊びに行ったことがあり、彼女の家の位置がなんとなくわかった気がした。

「へー、広重くんが家の近くまできてたなんて」と、彼女も私が話すその町の風景の印象が一致していることに、なんとなく嬉しそうにしていた。

すぐに席替えがあり、美由記さんの席は私の隣ではなくなったが、休み時間になると彼女に話しかけに行く私の姿は、すぐに悪友の蒲生くんと森下くんの目にとまるところとなった。

「おまえ、美由記さんのこと、好きなんだろ」

そんなふうにはやされ、照れてしまい、蒲生くんと森下くんに見られているクラス内では美由記さんにはちょっと話しかけづらくなってしまった。

初夏、6月のことだったと思う。ある日曜日、バスと私鉄電車を乗り継いで、私は美由記さんの住む町にくりだした。なんとなく記憶があるものの、実際には親戚の家の場所も正確には覚えておらず、美由記さんから聞いた情報を元に駅の周辺を歩いた。

私は美由記さんの家を探すつもりだったのだが、もしかして駅周辺を歩いていれば美由記さんに道でバッタリ会うのではないか、そんな期待もしていたのだと思う。

小一時間も歩いたろうか、私鉄沿線で踏切の近くという美由記さんから聞いた情報をもとに家の表札を見て歩くも、いっこうに彼女の家は見つからない。

もうあきらめかけたころ、畑をつぶして住宅地にしようとしている一角に比較的新しい家を見つけた。表札を見ると……美由記さんの家だ！　ついに彼女の実家を見つけたのである。

「ここかぁ」

という、なんともいえない甘ったるい気持ちとともに、しかしドアホンを押す度胸のない自分にすぐに気がついた。

もう午後も遅くなり、そろそろ帰らないといけない時間帯である。どうすることもできず、少し離れたところから美由記さんの家を見上げていた。

すると突然2階のベランダの戸が開き、美由記さんが顔を出した。「あっ」と思ったが、少しして美由記さんもこちらに気がついた。「え？」という驚いた顔。私だと気がついたようだった。

彼女はベランダから家の中に入ったので、ああこれは玄関に降りてくるなと思い私も玄関前に移動した。こちらがドキドキしているまもなく玄関のドアが開き、美由記さんが登場。

「広重くん！　どうしたの？」

私はとっさにこの町の親戚の家に来たのだけれど、そういえば美由記さんの家はこの近くだったなあと思って、と、偶然をよそおった。

「ふーん……あ、ちょっと待って！」と、美由記さんはパタパタと走って家の中に。そしてすぐに戻ってきた彼女の右手にはファンタグレープの瓶が握られていた。

「広重くん、飲む?」

飲まいでか。

初夏の少し暑い季節、初恋の人の家を探して小一時間歩いた、その私の喉をうるおすよく冷えたファンタグレープ。

おそらく、いや間違いなく生涯で一番おいしかった飲み物といえば、あの時に飲んだファンタグレープだろう。あの味以上の飲み物を、いまだに飲んだことはないと断言できる。

瓶を返し、ありがとう、じゃあと、玄関を後にした。家に上がることもなく。

少し歩いて振り返ると、手を振ってくれている彼女がいた。

美由記さんとはその後つきあうこともなく、クラスで特に仲の良い友人になることもなく、私の初恋は終わった。

どうしてなのかわからないが、あの日、あの時、家を見つめていたら美由記さんが出てきてくれたこと、そしてジュースをもらったことで、なにかが完結したのではないか。その後、男女としてつきあって欲しいと申し出なかったことを後悔しないことはなかったと言えばウソになるが、むしろ特別な思い出になったことで十分だと思えたのだ。

好きな人を思って見上げていたら、窓が開いて本人が出てきてくれることもあるのだと。

それはひとつの真実を見つけたことと等しい。

それ以上を彼女に望むことは、私にはどうしてもできなかったのである。

その後、もちろん何度となくファンタグレープを飲むことはあったが、どうしてもあの時の味にはならない。
しかしファンタグレープを目にすると、今でも少しあの日のことを思い出してしまう。

初体験

中学1年生の秋、同じ学校に通う1歳年上の女生徒・まゆみさんが演劇部に入部してきた。過去に演劇部に在籍していたがなにか理由があって辞めた経緯のある女性のようで、他の女子部員は彼女の入部を歓迎していなかったようだ。入部してきた初日、まゆみさんから私はラブレターをもらうことになる。生涯において女子からラブレターをもらうなんて最初で最後、私は驚くやら嬉しいやらで困惑していたが、断る理由もない。秋に行われた演劇部の舞台での私を見ての一目惚れとのことだった。すぐに付き合うことになり、放課後は一緒に過ごすことが多かった。演劇部も部員が少なかったことから彼女もすぐに役をもらうようになり、キャストとして一緒に舞台に出たこともあった。

同志社中学はプロテスタント系キリスト教の学校だったこともあり、12月24日のクリスマスイブの夜には学校のチャペルで聖歌隊による合唱コンサートが行われた。確か「キャンドルサービス」という名称のイベントで、照明はロウソクの灯火のみという幻想的な空間演出がされていた。希望すれば在学生徒は無料で参加できる。まゆみさんに誘われ二人で夜のコンサートというデートには最高の時間だった。

終演後、トイレに行きたいというまゆみさんに言われるままに校舎に移動する。暗い学校のトイレの手洗い場でいきなりまゆみさんにキスをされた。口づけの初体験。これが中学生か、オトナの恋愛なのかと私は呆然としていたはずだ。

その後、幽霊部員だった蒲生くんもいつしか部活動に積極的に顔を出すようになった。何のことはない、彼も年上の女子部員と付き合いだしたようで、私と蒲生くんはお互いが在籍する演劇部に彼女がいることになった。

しかしおそらく飽きたのだろう、男女の関係は半年も続かず、私も蒲生くんも女性側からふられていた。12歳と13歳の中学生の恋はあっという間に終わった。まゆみさんは演劇部も去って行った。

ギター

つきあっていた女性はいなくなったが、私は演劇部に残った。中学2年生の時に念願の安部公房作品「こじきの歌」を、また木下順二の「夕鶴」を演目に選び、上演した。当時の演劇部顧問の先生はこの内容に「うちの部は（他校に比べて）レベルが高い」と喜んでいた。確かに13、4歳の中学生が安部公房の前衛劇を上演するのはかなりませていたかもしれない。

私はこの「こじきの歌」で主人公のこじきを演ずることになった。こじきは舞台上でギターを弾きながら歌いまくって近所迷惑をかけるという役どころである。そのためにはギターが弾けないといけないし、楽曲も制作しなくてはならない。

その当時ロックやポップスにも興味を持っていた私は同級生の妹尾くんに相談した。妹尾くんは長髪で吉田拓郎の大ファンだった。彼に「ぼくもギターを弾けるようになるかな？」と訊くと「弾ける弾ける！　教えてあげるよ」と気軽に言う。私は質屋の店頭にあった白いフォークギターを購入し、妹尾くんの家に幾度となく通った。

妹尾くんは吉田拓郎だけでなく泉谷しげる、井上陽水など当時流行したフォークシンガーのレコードをたくさん所有していた。私は少しずつギターが弾けるようになり、彼とギターデュオで音楽の授業で共演したこともある。

「こじきの歌」の楽曲は妹尾くんが作曲してくれた。私はステージでギターをかきむしり、「クレー！　クレー！」「バンバン！　バババーン」と安部公房の原作通りのシュールな歌を歌いまくった。

世界革命戦争宣言

中学2年生の頃は聴いていた頭脳警察の音楽からの影響で、学生運動や社会の問題に興味を持つようになった時期でもあった。演劇部と同時進行で文芸部、社会問題研究部にも所属した。文芸部では学生運動家が警察に追い詰められていくオリジナルの小説「世界革命戦争宣言」「銃をとれ」を書いた。頭脳警察の曲名でもあるこの2作は文芸部顧問の目にとまり、教員室に呼び出された。「君はどういった経緯でこういう思想に至ったのかね」と怪訝な顔で教師に詰問されたことをよく覚えている。この小説は没収され、文芸部の会報に掲載されることはなかった。

当時いくつか書いた小説で覚えているのは

・100％の自由を求めていく思想を持った主人公が、社会の不自由さに勝てずに絶望して死に至るさまを描いた話。
・同じ夢を何度も見ているうちに、夢を見ている自分と夢の中の自分が入れ替わっていく話。
・神様は長い間寝ていたのだが、目覚めた。人間は進化し悪いこともするようになった。今までは見過ごされていたちょっとした悪いことでももう神様は見過ごすことはなくなる。生き物を殺したり花を摘むだけでもう許されなくなり、次々と人が死んでいくという話。

こんな話を書いたと思うが、もう原稿は残っていない。

夏の終わり

8月末。
このあたりになるといつも思い出す光景がある。そう、1974年の8月30日の出来事だった。

1974年、私は中学3年生だった。演劇部で最上級生になり、副部長かなにかだったと思う。

その年の4月に入学したばかりの中学1年生数名が、演劇部に入ってきた。その中のメンバーのひとり、女の子のリカちゃんは、どういうわけか私をお兄さんのように慕ってくれていた。実際「お兄ちゃん！」とちょくちょく呼ばれていたように思う。


過去の出来事もあって、クラブ内で恋愛関係は禁物という暗黙のルールがあった。私情が入っては活動や練習がやりにくくなる。そしてもしふたりが不仲になった時にはますます具合が悪い。リカちゃんとは恋愛関係にはならない。私はそう決めていた。


同年7月に公開されたホラー映画「エクソシスト」は社会現象のように大ブームとなっていた。

私は公開されてすぐにひとりで映画館で見ていたが、演劇部の中でもこの映画はずいぶん話題になっていた。

リカちゃんは「私も見てみたい。でもひとりで行くのはこわい」などとかわいらしいことを言う。


で、リカちゃんと私は映画「エクソシスト」をふたりで見に行くことになった。

私は2回目の「エクソシスト」鑑賞。

デートと言えばデート。

でも同じクラブの先輩と後輩の関係、である。

恋仲にはならないと決めている。

ただただ、14歳と12歳の、男と女。

映画の中で主人公のリンダ・ブレアの顔が醜くゆがむシーンでは、お約束のようにリカちゃんは私の右手にしがみついてきた。

１９７０年代の、絵にかいたような映画デート。

中学生。そう、ふたりは中学生。

映画を見たあと、ふたりで植物園に行った。夕方まで、ベンチに座って、ふたりきりで長い時間話をした。

普段のクラブ活動中では話さない、リカちゃんのこと、彼女の家庭のこと、こんな夢を持っている、こうしていきたい……など、など。夏の終わり、気温は高いながらもカラッとしていて、不思議に汗をかいた記憶はない。リカちゃんの12歳にしてはやや大人びた笑顔と、公園の緑の輝きはしっかり記憶に残っている。

夜になって帰宅すると、ニュースは昼間の丸の内三菱重工爆破事件で大騒ぎ。

そしてテレビドラマ「太陽にほえろ！」では松田優作扮するジーパン刑事が殉職する放送回だった。

この2点で、この日の記憶はさらに鮮明になり、忘れられないのだと思う。

１９７４年の8月30日。

私14歳、リカちゃん12歳。

いまだに覚えている、植物園の緑豊かな芝生の光景。
翌年私は高校に進んだ。
リカちゃんと再会するのは彼女が同じ高校に進学してくる、2年後である。

みさちゃんのこと

中学3年生の最後の頃、クラスでとなりの席だった女子生徒の晴子さんに、彼女の親友であるみさちゃんを紹介してもらった。みさちゃんは晴子さんと小学校は同じクラスで友人同士だったが、みさちゃんは別の公立学校に進学したため、晴子さんや私とは同じ中学校ではなかったのである。どういう経緯でそうなったのかは忘れたが、晴子さんがみさちゃんのことを私に話し、「広重くんならみさちゃんにピッタリだわ」と、現在彼氏のいない親友にこの人ならどうかと私を薦めたのであった。

みさちゃんとの初対面&初デートは、京都・北山にある植物園だった。クラブでバレーボールをやっていたというみさちゃんは、スポーティな雰囲気の清楚な女性だった。お互いぎこちなく自己紹介し、園内を散歩し、植物園の前にあった喫茶店でお茶を飲んだ。その時に店内が混んできたのか、後からやってきたおじさん連中と相席にさせられたのを覚えている。イスに座っている彼女は小さくなって、ちょっと恥ずかしそうにしていた。

みさちゃんと私は同じ京都市民ではあったが、住んでいるところは離れていた。私は京都の上京区、彼女は伏見区で、距離にすれば10キロ以上離れていただろうか。電話や手紙を交換したり、月に2、3回会うようなペースでデートを重ねていたと思う。

当時私はプログレッシブロックやハードロックに傾倒しており、自分で選曲したカセットテープを彼女にいつもプレゼントしていた。彼女と一緒に、キング・クリムゾン「レッド」、ピーター・ハミル「イン・カメラ」、クイーン「シアー・ハート・アタック」をよく聴いた。彼女はのちにバークレイ・ジェイムス・ハーベストの大ファンになり、ファンクラブにも入っていた。彼らの「妖精王」というアルバムを、彼女の家で何度も繰り返して聴いていたことを覚えている。

1975年当時の京都の若者にとっては、市内を流れる鴨川の川沿いを手をつないで歩くのがデートの定番であり、あこがれでもあった。高校生にはちょっと早いような、そんなデートスポットである。みさちゃんとは学校帰りに京阪三条駅で落ち合い、鴨川沿いをよく二人で歩いた。初キッスも鴨川だったと思う。夕暮れの鴨川、木陰で唇を重ねた。通行するおばさんに「最近の若い人は……」と小声で囁された記憶がある。おまえらにはわれわれの気持ちなんてわからない、そんなふうに思っていた。

ただ、二人は最後まで、体の関係には至らなかった。まるで1970年代の漫画に出てきそうな、そんな純な恋愛だった。

高校2年になった頃、彼女のお母さんが入院した。一人っ子だった彼女が学校帰りにお見舞いに行くことが多くなり、ふたりのデートの時間は減っていく。お母さんの病気は、末期の癌だった。

一度だけ、私もお母さんのお見舞いに病院に行ったことがある。ベッドの上のお母さんはニコニコして私たちを眺め、看護師さんに「若い人はいいわねえ」とおきまりのセリフで離されて頬を染めたのも覚えている。お母さんの検診の時間、みさちゃんと私は病院の屋上に出た。真っ白なシーツやタオルが大量に干され、それらがパタパタと風にそよいでいる。真っ青な空がだんだんと夕焼けに染まっていく……。彼女と手をつないで、眼下に広がる街の風景をいつまでもいつまでも見つめていた。この時が止まればいいと、心底思った。

結局、その年の夏の終わりに、彼女のお母さんは亡くなった。みさちゃんは泣きながら私に電話をくれた。その夜、少しでも励まそうと、私は電車を乗り継いで彼女の家を訪問した。お母さんは白い布を顔にかけられて、ただでさえ小さかったのに布団の下ではもっと小さく見えた。横にはお父さんが座っておられ、「このことは知ってらっしゃるの?」と私に気遣ってくださった。

2階にあがり、彼女の部屋で泣くみさちゃん。私はその震える肩を抱くことしかできなかった。やがて親戚が続々集まりだし、私は彼女に送られて玄関を出た。その時の彼女の悲しそうな、さみしそうな顔を、私は忘れることができない。

葬儀が終わってしばらくしたころ、おそらくはお母さんが亡くなったことで不安になったのだろう、みさちゃんは私に「結婚して欲しい」と口にした。もちろんお互い17歳なのですぐには結婚できないが、学校を卒業したら、という程度だったと思う。ただ、私はその要望に驚き、とっさに「結婚を約束することはできない」と、答えてしまっていた。

どうしてそう答えたのか、今でもわからない。なにか束縛されるような、〝お母さんが亡くなったのはかわいそうだけれど、それとこれは違う〟といった、そんな気持ちになり、それを正直に口にしてしまったのだ。彼女は当然約束してもらえるとも思っていたのだろう。泣き崩れた。


この一件以来、みさちゃんと私の間は、なんだか気まずくなってしまった。会うことは極端に少なくなった。随分久しぶりに会った時は、京都の南、彼女の実家近くの宇治川の土手を夕方に、二人ともに空しい気持ちで散歩したのを覚えている。手もつながなかったのではなかったか。

数日後彼女から電話があり、結婚を約束しなくてもいいからつきあって欲しい、と言われたが、私の気持ちはずいぶん冷めてしまっていた。その年の末まで関係が続くことなく、お互い失意のうちに別れた。


母親と死別して気をおとしているみさちゃんをふってしまったという自分。もっともっと彼女を励ますべきではなかったのか。亡くなる前にお母さんの前で誓った愛はなんだったのか。何度も何度も自己嫌悪していたのは間違いないだろう。彼女を紹介してくれた晴子さんにも合わす顔はなかった。

しかしみさちゃんとは学校が違ったこともあり、その後会うことはなかった。そして時間が経つにしたがって、彼女への想いや罪悪感も薄れていったのも正直なところの事実である。実際、私は高校3年生になった時、年下の女の子に恋をしていた。

みさちゃんと別れて7年後、大学を卒業して数年後だったか、中学3年生の時のメンバーによる同窓会に私は出席した。晴子さんも出席していて、私を見つけると真っ先に駆け寄ってきた。

晴子さんは、みさちゃんがその後学生時代は彼氏はできなかったものの、就職し、そこで素敵な人と出会い、ついこの間結婚した、ということを話してくれた。「同窓会に来たら、広重くんにこのことを真っ先に伝えたくて！」と、紅潮した顔で語る晴子さんを、私は正視できなかった。心の中で晴子さんに詫び、みさちゃんに詫び、このことを伝えてくれた晴子さんに心底感謝した。

彼女には悪いことをした。今でもそう、思っている。

喫茶店でおじさんと相席になって苦笑いしていたみさちゃん、お母さんの小さな体を横たえた布団、ふたりで聴いた音楽の数々、ふたりで屋上で見た風景。

たぶん死ぬまで忘れることはないだろう、光景。

みさちゃんのこと・追記

歯医者で診療の椅子に座らされ、横になったとたんに思い出したことがある。

みさちゃんのことだ。

みさちゃんとつきあっていた頃、彼女が近所の歯医者に行って、治療中に眠ってしまったことがあるというエピソードを話してくれたことがある。

治療が終わっても起きないので、担当のお医者さんは「つかれているんだな、起こさないでおこう」と配慮されたので、しばらくの時間眠っていたのだそうだ。

目が覚めてずいぶん恥ずかしい思いをしたという話を、照れながら語ってくれた。

こんな些細なことを、どうしてかわからないが今でも覚えている。

もうひとつ、みさちゃんにピーター・ハミルのアルバム「ザ・サイレント・コーナー・アンド・ジ・エンプティ・ステージ」をカセットテープに録音してプレゼントした時、収録曲名に邦題をつけて渡したことがある。当時はこのアルバムは日本盤が出ていなかったので、内容を解説するつもりもあったのだろう、私はイメージを喚起する日本語題を考えて曲名をつけていたのだ。どういう判断でそうなったのかは忘れたが、「Louse Is Not a Home」という曲に〝家庭〟という邦題をつけた。そのタイトルを見たみさちゃんが「ピーター・ハミルも俗っぽい歌を歌うんやねえ」とちょっとあきれていたのを見て、心の中で「失敗した……」と後悔していた。

たぶん〝Louse〟という単語を辞書で引いたら〝シラミ〟と書いてあり、こんな汚いイメージの言葉をみさちゃんに見せるわけにはいかないと、気をつかったのかもしれない。

こんな些細なことを今でも覚えている。

友情が勝った日

高校2年生の終わり頃、クラスにちょっとかわいい裕子さんがいた。彼女は頭が良く、英語が大好きな普通の高校生だった。同級生の刀禰くんも彼女のファンで、ふたりして裕子さんのことを想っていたのではあるが、実際にはふたりとも告白するまでには至らなかった。私はみさちゃんのことを引きずっていたし、刀禰くんは単にシャイだったのであるが。

ある土曜日、裕子さんは風邪で学校を休んだ。その日は英語の授業があり、英語の好きな彼女はとても残念だったろうな、と思った。私はその日の英語の授業を丹念にノートにとり、レポート用紙に克明に授業内容を書き移して、裕子さんの机の引き出しにいれておいた。もちろん私が書いたということはわからない。彼女が休んだ英語の授業分を、そのレポート用紙で少しでも取り戻せれば、という程度の気持ちだった。

月曜日に登校してきた裕子さんは、もちろんそのレポートを見つける。私は遠いところからその様子を見て楽しみ、刀禰くんにそのことを話して喜んでいた。

しかし裕子さんはその英語の授業を記録したレポートに感激したらしく、誰がこれを机に入れてくれたのか探し始めたのである。もちろん男の書き文字であるからクラスの男子の誰かだということはわかるが、裕子さんにはさっぱり見当がつかない。そこで彼女は、クラスで最もガチャガチャした性格の女子の友人に、このレポートを書いたのは誰か、捜索を頼んだようだった。「このクラスに裕子さんに想いをよせている男子がいる、その男子は裕子さんの休んだ日に、英語の授業を記録して机にこっそりいれておいたらしい」という甘酸っぱいウワサがあっという間に女子の間に広がった。つまりは、たいへんなことになったのである。

当然私は名乗り出ることはしなかった。また刀禰くんにも、このことは口外しないよう釘をさした。するとらちが明かない裕子さんは、自分なりに推測しだした。〝彼女になにか借りのあるような男子はいないか？〟というわけである。実はその数日前、刀禰くんは裕子さんから筆記用具を借りていたことがあった。そこで裕子さんは、あの時のお礼に刀禰くんがレポートを書いてくれたのだ、と、ひとり納得してそう信じてしまった。

翌日の午後だったと思う。刀禰くんが私のところにやってきて「おい、広重、大ショック発言！オレ、裕子さんにつきあってくれ、って、申し込まれた！」と話す。当然私もショックだったが、「いいじゃないか、おまえも裕子さんのことが好きだったから、つきあいなよ」と話すと、刀禰くんは「いや、裕子さんはあの英語のレポートをオレが書いたと思っている。オレは自分じゃないと否定したのだが、彼女は信じてくれないんだ。あれを書いたのはおまえだから、本当はおまえがつきあうのが筋だ。オレは裕子さんとはつきあわない」と言ってくれた。おまえがつきあえ、いやおまえが名乗り出ろ、と押し問答になったが、結局裕子さんは刀禰くんとつきあうこともなく、私も名乗り出ることもなく、高校2年生の3学期は、終わった。

後日、私に「あの時は、愛に友情が勝ったなあ」と笑顔で話す刀禰くんに、私は照れくさくも、なんだか最高に嬉しかった。

そして音楽へ

高校2年生の時に付き合っていたみさちゃんと悲しい別れをしてしまったこと。なにより自分のとった態度や言動に対して自責の念に駆られて、急速に私の性格は内省的になっていった。暗い小説、暗い音楽、暗い映画を見ていると落ち着いた。安部公房、横溝正史、江戸川乱歩の文庫を毎日読んでいた。ジャーマンロックの暗黒のようなサウンドに耽溺した。テレビドラマ「傷だらけの天使」の再放送を食い入るように見た。学友だった石田くんの家には当時廃盤だったジャックスや早川義夫、三上寛のレコードがあり、貸してもらってテープに録音した。石田くんには山下洋輔トリオや海外のフリージャズも教えてもらった。グシャグシャなフリーインプロヴィゼーションはたまらなく身に染みた。中学1年生の頃に聴いた「頭脳警察3」に収録の「前衛劇団〝モーター・プール〟」のフリーになる部分のみを拡大したようなフリージャズに心底感動した。もっとグシャグシャな音楽はないのか、もっとヘンな音楽はないのか、探求するようになる。大阪の輸入レコード店まで足を運び、当時まだ自主出版だった「ロッキングオン」、大阪発の音楽誌「ロックマガジン」を読みふけった。「ロックマガジン」3号付録の「プログレッシブロック・カタログ」は私のバイブルになった。ここに掲載されている私の聴いたことのない音楽をたっぷり聴いてみたい。今のようにYouTubeやサブスクなどない時代、聴いたことのない音楽はロック喫茶やジャズ喫茶で聴くしかなかった。

当時の京都にはジャズ喫茶がたくさんあった。

私が一番回数多く通った1970年代のジャズ喫茶は「しぁんくれーる」でも「ZABO」で

もなく、「52番街」というお店だった。寺町通りを今出川から少し北に上がったところに「アオイアン」という喫茶店があり、その斜め向かいに1階が「サンマルコ」というイタリアンレストランが入っていたビルがあって、そこの2階だったと思う。

もちろんSwing Streetとしてのニューヨークの52番街から店の名前をつけたのだと思うが、セロニアス・モンクの定番曲も含めてのことだったかもしれない。

どちらかというとフリージャズはこの「52番街」の近くにあったジャズ喫茶「SMスポット」でよく聴いた気がする。「52番街」ではもっぱらスタンダードなジャズやスウィングをよく聴いた。トミー・ドーシーがお気に入りで、仲間からはけっこう軟弱呼ばわりされた思い出がある。マスターに顔を覚えてもらって、いわゆる〝常連〟を目指したが、実際はどうだったろうか。

河原町では「ビッグボーイ」という、ジャズ喫茶にしては比較的大きな店によく顔を出した。もしかしたら生演奏もあったかもしれないが、自分は見た記憶がない。

「ZABO」では1979年にヘンリー・カイザーの初来日公演を頭士奈生樹くんや石橋くんと見に行ったことを覚えている。チャージはいくらだったろうか。

河原町では、ジャズ喫茶ではないが、「コニーアイランド」という喫茶店によく行った。おじいちゃんとおばあちゃんが店番をしていて、ミルクコーヒーやミックスジュースが定番のお店だったと思う。ひとりで窓際の席に座って、何時間も滞在し、本をよく読んだ。河原町らしからぬ、古い木造の店内が窓の外の喧噪と対比的にひたすら静かに感じられた「コニーアイランド」は、今思い出しても至福の空間だった気がする。

ロック喫茶は「ニコニコ亭」がお気に入りだった。とにかく爆音でハードロックが聴ける。常時店内に爆音が鳴り響いているので、友人と行ってもすぐ隣にいるのに言葉が聞こえないので話もできない。鼓膜よ破れろとばかりにスピーカーの真ん前の席でコーヒー1杯で何時間も粘った。「赤ずきん」もロック喫茶だったが年上の常連に睨まれた。ディープ・パープルなんかをリクエストすると「ガキの聴く音楽!」と軽蔑された。なので訪問回数はさほど多くない。百万遍交差点近くにあった「彷徨館」はプログレッシブロックが中心のロック喫茶で足繁く通った。友人と行って話をしていると店員から「静かにしてください」と紙がまわってくる。この店でファウスト、グルグル、カン、クラウス・シュルツなどのジャーマンロックの大半を学習した。また邦楽も若干店内でかかることがあり、裸のラリーズはこの店で初めて知った。私の音楽人生を決定づけるロック喫茶「どらっぐすとぅあ」もこの頃に訪問している。廃盤で聴けない音楽を聴けることは当時の私にとっては最高の瞬間だった。この店で聴いたアモン・デュールのファースト、ラ・モンテ・ヤングは衝撃だった。

17歳の誕生日に、やはり寺町通りにある「小泉楽器」でエレキベースを購入した。安物で軽い音しか出なかったが、ホークウインドのレミーに憧れて頑張って弾いていた気がする。石田くんと刀禰くんの3人でバンド「SLOTH」を結成したが、石田くんは山下洋輔トリオの「グガン」を演奏したいと言うし、刀禰くんはレッド・ツェッペリンを、私はホークウインドの曲を演奏したがった。結局各自の希望曲を演奏してカセットデッキで録音したが、石田くんは即興演奏のパートのみを残して残りは消去したそうだ。

私も簡単なミキサー機能を装備したアイワのカセットデッキを購入し、宅録を楽しんだ。スコーピオンズとディープ・パープルとジミ・ヘンドリックスの一番クライマックスな部分、つまりノイジーな部分だけを何度もオーバーダビングしてノイズ作品を制作し、ヘッドホンで爆音で聴くような実験をくりかえしていた。この頃にノイズへの憧憬のようなものが芽生えていたのだと思う。

鼬の通り道

私の生家では部屋数が足りず、私が中学3年生、姉が大学生の時にようやく姉の部屋ができた。それは屋根の上の物干し台を取り壊して、そこにプレハブのような部屋を増設したものだった。屋根の上に小さな部屋が乗っかっているような感じで、今思うとよく台風などで飛ばされなかったものだと思う。

私が高校3年生の時、姉のその部屋を譲り受けた。姉はたしか近所のマンションに部屋を借りたはずだ。

姉が部屋を空にし、私に譲り渡す日、「この部屋ね、夜中のある時間になると揺れるけれど、揺れるだけだから、気にしないように」と言われた。

その部屋に寝るようになった最初の晩、確か深夜の12時過ぎだったと思う。

どこかからなにかが駆けてくるような物音がしたかと思うと、自分の寝ている部屋の真下をなにかが猛スピードで駆け抜ける音がして、部屋が「ゆっさ」と1回揺れた。

これか！と思ったが、それがなになのかは全然わからない。

動物が駆け抜けるような感じなので、鼬かなにかが駆け抜けているのかとも思うのだが、いつも同じ時間に、というのがヘンである。

また、なにかの動物が駆け抜けたところで物音はするにしても、部屋が揺れるのはどう考えてもおかしい。

それでも怖がることもなく、その一瞬の「ゴッ！」という物音と部屋の揺れも気にならなくなった。

神様なのか、天狗か妖怪かなにかわからないが、私の屋根の上が彼の通り道なのだろう。そこに部屋を作ってしまったため、その下を通らざるをえなくなったのだ、と思っている。

私が大学を卒業してその部屋をあけるまで、その物音と部屋の揺れは続いた。

その後はその部屋で寝泊まりしていないので、今でも夜中に部屋が揺れているのかどうかはわからない。でも、きっと今でも毎晩のように「ゴッ！」という物音と部屋の下をなにかが駆け抜けること、そのことによって部屋が揺れている事象は継続している気がする。

その正体を、私は見たことがない。

書店は寺町通りにあった「三月書房」が私にとっての聖地だった。別役実、高橋和巳、埴谷雄高、夢野久作、小川未明、セリーヌ、色川武大、岡田史子、林静一などはこの書店で教えてもらった。

もう1軒、おもしろいお店が寺町通りの四条通りと五条通りの間にあった。品揃えがユニークな書店だったが名前は失念した。ここは成人漫画やアダルト雑誌、官能小説、ゲイ関連の書籍が多かったから、いわゆるアダルトショップだったのかもしれない。この書店で購入した山上たつひこの「喜劇新思想大系」は死ぬほど笑った一冊である。

「きりん館」は大好きな本屋さんだった。たしか私が高校時代、1976~77年くらいにオープンした児童書専門店で、学校帰りに自転車でよく通った。日本の作家のものはもちろん、海外作家の児童文学も幅広く品揃えされ、絵本もたくさんあった。知育玩具、児童教育者のための専門書、保育の専門書もあり、お店に行くとたいがい子供連れのお母さんの姿をみかけた。店内には聞こえるか聞こえないかのボリュームで、アンビエントな環境音楽がかけられていた。おそらくはお店の経営者は元児童教育者の方だったように思う。大学の頃も、また京都を離れてからも、京都に戻って時間のある時にはきりん館に寄って児童書をチェックするのが楽しかった。このきりん館は私の理想のようなお店だった。シェル・シルヴァスタインの「大きな木」や今井誉次郎の「たぬき学校」を買ったこと、新美南吉の本をここでたくさん買った

書店

ことなどを思い出す。

これらのお店はすべて閉店している。個人営業の書店は存続が難しい時代になった。

つくり話

私は高校時代、自分でも小説を書いて、仲間で小説の同人誌を発行した。当然お金のない時期、本を発行するには広告を集めないといけないということになり、嫌々ながらも、当時洋品店を経営していた父にお店の広告を出してくれないかと打診したことがある。

父はどんな本なんだというので、自分の作品の掲載された同人誌を見せた。父はさらっと読んだあとで、こういった。「これは、つくり話やな」。

父は商売人でもあり、現実派でもある。空想の世界である小説に価値など見出さない。やがて父は、自分は苦労した末に商売を成功させた事業家を何人も知っている、そういった人物を取材してノンフィクションものを書け、小説など絵空事だと語り、こちらがげんなりするような小言を延々と語られた記憶がある。

もちろんノンフィクションのおもしろさは知っている。小説のすべてがいいとは思わない。ただ、あの時に父に「小説などつくり話」というさげすんだような見解を告げられたことが、その後の私の読書の傾向を決定づけたことは間違いないように思う。

真理ちゃんのこと

高校3年生になり、演劇部に新しく1年生部員が入ってきた。中学生の頃デートしたリカちゃん、その友人の美少女・ジュンの2名。私と仲の良かった中学演劇部後輩のリカちゃんとジュンは友人だったようだ。

ジュンはリカちゃんには「おジュン」と呼ばれていた。クールなまなざし、神秘的な雰囲気は独特の輝きを放っていたが、どこか不健康そうで、暗い。当時は根暗と呼ばれていたかもしれないし、今なら陰キャとかメンヘラというジャンルの女子だったかもしれない。

当時の高校は京都の岩倉という地域にあり、通学には自転車かバス、京福電車を利用するのが定番だった。私は普段は自転車通学していたが、天候がよくない時は電車を利用していた。ある雨の日、京福電車で下校しようとするとホームでジュンと出会った。こっちが演劇部の先輩であることは認識していたようで、軽く会釈された。横に座り、少し話をすると体調が良くないという。彼女の帰宅する電車とバスは私の帰路と同じ路線だったことから、なんとなく話をするようになった。また別の日にも駅で出会う。クラブ活動が終わると一緒に帰るようになった。少しずつお互いのことを話す仲になっていった。

しかしそれ以上の関係にはすぐにはならなかった。当時は私は同じ学校の女子校との合同演劇発表会の準備があり、その経緯で知り合った女の子とつきあうことになったからである。

真理ちゃんは私が高校3年生の時に3カ月だけおつきあいをさせてもらった女の子だった。

私は17歳、彼女は16歳だったと思う。

私と彼女の通う学校は同系列ではあったが別々の高校で、毎年催されている演劇部の合同発表会の打ち合わせで出会った。私は共学高校の演劇部・副部長、彼女は女子校の演劇部・副部長だった。

打ち合わせは彼女の通う女子校の部室で行われた。女子校に入るのは初めてで緊張したが、後日話を聞くと彼女の方も女子校に男の子がやってくるというシチュエーションに部員全員がきゃあきゃあ言っていたようで、なんのことはない、青春もののドラマにでもありそうな、当たり前の学校生活の一場面だったわけである、

どうやってつきあい始めたかは記憶がないが、たぶん2度目の打ち合わせはお互いの部長が出席せず、副部長同士でなにか話をしたのだろう。そしてお互いからひかれていったのだったと思う。

真理ちゃんとはずいぶんたくさん話をした。17歳と16歳。当時思うことは本当にたくさんあったろう。自分のこと、家庭のこと、読んでいる本のこと、聴いている音楽のこと、夢や愛について、当時思っていたことはお互いに全部包み隠さず話したかもしれない。

どれだけ話すことがあったのだろう、毎日のように放課後に会っていたにもかかわらず、彼女とは交換日記をしていた。

日記を持ち帰るのは私。朝、学校に行く時に、7時20分に京都・河原町今出川のマクドナル

ドの前にあった公衆電話ボックスの、電話帳の下に日記ノートを置く。真理ちゃんはその交差点を7時45分に通るので、日記を回収。そして学校にいる時間に返事を書き、また放課後に私にその日記帳を手渡す、というスタイルだった。

なんとも甘酸っぱい記憶で、彼女と別れた後に、その演劇部の部長と会った時「広重さんと真理ちゃんの交換日記はクラブのみんな知っていたのですよ」と言われ、ずいぶん赤面した。

女子高生なんて今も昔も変わらないのかもしれないが、背伸びしたことを口にしながらも、それは相手を試しているだけなのかもしれない。

真理ちゃんは大阪でアパートを経営する大家さんの娘だった。彼女が言うには、自分は家にいる時にはパンツ1枚にノーブラ＋Tシャツ1枚でいる、そんな時にアパートの住人で若い独身の男が家賃を払いに来たら、そのままの格好でお金を受け取りに行くのだという。その時に男の人が目線のやり場にこまってドギマギしているのを見て笑っているのだ、という話をしてくれたのをよく覚えている。

じゃあ私とも男女の進んだ恋をしたのかというとまるでそんなことはなく、ずいぶんプラトニックな関係だった。せいぜい手をつなぐ程度で、性的な関係がないからこそ信じあえるのだという錯覚のようなものがふたりの間にあったのかもしれない。それにしては真理ちゃんからは「今日、私、ノーブラなんですよ」とか、ずいぶんセクシーなネタで何度もからかわれたが。

真理ちゃんが教えてくれた漫画に、倉多江美のものがあった。お気に入りの倉多作品は「ジョジョの詩」で、その作品に登場する主人公に私が似ているらしいことから、私のニックネームは「ジョジョ」になった。その後、生涯に於いてジョジョを名乗ることになるとは、当時は夢にも思っていなかった。

私はプログレッシブロックやフリージャズに傾倒していたから、彼女を連れてロック喫茶やジャズ喫茶によく行った。最初はこちらのペースにあわせてくれていたが、どうもこういった音楽は好きではない模様。よく話を聞くと、カントリーが好きだという。私が持っていた数少ないカントリーロックのアルバムを貸すと、ずいぶん気に入ってくれていた。最終的に真理ちゃんのフェイバリットになったのはアタウアルパ・ユパンキで、フォルクローレの素晴らしさは私も認めるものの、彼女との趣味の違い、温度差を感じるきっかけとなった。

ユパンキの話から、私が聴いていたロックという音楽がレベルが低いという話に私がカチンときたのかもしれない。もしくは彼女が落ち込んでいる時に、私が発言した不用意な言葉が真理ちゃんの気持ちを傷つけたのかもしれない。6月からつきあい始めたふたりは、8月にはもう別れていた。3カ月たらずの短い恋だった。

1年後、私は大学生となった。その頃に一度だけ、交換日記をしていた電話ボックスの近くで偶然真理ちゃんと出会ったことがある。彼女は高校3年生だったと思う。少し大人びた雰囲気になっていた真理ちゃんは私を見て顔をこわばらせた。

早川義夫の歌「サルビアの花」の〝ほほをこわばらせ／僕をチラッと見た〟※という歌詞を聴くたびに、あの時の真理ちゃんの表情を思い出す。

彼女とは言葉をかわすこともなく、会釈だけをしてそのまま別れた。真理ちゃんとはそれ以

※
早川義夫「サルビアの花」
〝かっこいいことは
なんてかっこ悪いんだろう〟
URC／URC／1969

来会っていない。

その1年後、真理ちゃんが副部長だった時の演劇部部長とは、大学の演劇サークルで再会した。「真理ちゃんのこと、知ってます？」とニヤニヤして私の顔を見る。何？と聞くと、真理ちゃんは大学1年生になった夏、知り合ったサーファーの男の子とつきあって妊娠した、子供を産むといって大学も辞めたのだという。

そうですか、となにげない顔を私はしたと思うが、実際はどんな心境だったのだろう。今となっては思い出せないが、そうかいおめでとう、という気持ちではなかったと思う。

さらに数年後、真理ちゃんがサーフショップを開店して夫と経営しているという話をきいた。たぶん部長から聞いたのだろう。彼女は真理ちゃんとその後も親交があったのかもしれない。

その15年後？　いや、17年後かな。１９９０年代。

私が大阪のスタジオで想い出波止場やエンジェリン・ヘヴィ・シロップのレコーディングをしていた頃。小谷さんが経営していた大阪のスタジオにはよく足を運んだ。何度も足を運んだ。何度も。駅からスタジオまでは5分ほど歩く。コンビニに寄って飲み物を買って、さてスタジオへ。

おや、喫茶店の横にサーフショップがありますね。

え。

え。

真理ちゃんのことを久しぶりに思い出す。

彼女の住んでいたのは確かこの駅だ。

彼女の家はアパートを経営していたよな。

わりと大型のアパートの棟の一角にそのサーフショップはあるよ。

え。。。


この長いエピソードのエンディングはこのサーフショップの閉店で、終わる。

そのアパートはもちろん真理ちゃんの実家だったし、サーフショップはたぶん真理ちゃんとそのご主人のお店だったのだろう。何度も前を通ったが、いつも誰もいないかアルバイト風の女の子がいるだけで、真理ちゃんにも、真理ちゃんの夫らしき人にも出会うことはなかった。

でも、なんだか、とても嬉しい気持ちになったことを覚えている。

正直に言えば、1度くらいは真理ちゃんの顔を見たかったたな。今度は顔をこわばらせなかったかもしれないから。

そのサーフショップもやがて閉店し、貸店舗の札がかかるようになった。

時を同じくして、小谷さんのスタジオも移転し、私もその駅で降りることはなくなった。


「とびらを開けて出てきた君は／偽りの花嫁／ほほをこわばらせ／僕をチラッと見た……」※

※
早川義夫「サルビアの花」

〝かっこいいことはなんてかっこ悪いんだろう〟

URC／URC／1969

真理ちゃんのこと・追記

真理ちゃんとは交換日記をしていたが、そこで一番話題になったのは、私が将来経営したいと思っていたロック喫茶のことだった。

私はレコードが大好きだったから、将来は今購入しているレコードを店内でかける喫茶店を経営したいと思っていた。ただ、当時京都に数多くあった爆音でハードロックをかけている様式ではなく、基本は普通の喫茶店でちょっと変わった音楽、プログレッシブロックなんかを小音量で流しているようなスタイルを目指していた。

お店の名前は何にしよう、メニューはどうしよう、こんなデザインで、こんなテーブル配置で、スタッフのユニフォームは……。

真理ちゃんとの交換日記では、もうすぐにでもふたりで夢のロック喫茶をスタートするかのような話題で盛り上がっていた。

真理ちゃんがつけたお店の名前が「キャロットハウス」だった。にんじんとウサギを配置したお店のロゴも作ってくれた。いかにも女の子が考えそうなお店の名前。私は野菜嫌いでにんじんもあまり好きではないが、お店の名前はそんな感じでもいいかなと思っていた。

京都の今出川通り、寺町筋から少し西のあたりに「Ｈａｌｆ」というジーンズショップがあり、そこの2階に「FUBAIKAN」という喫茶店があった。真理ちゃんとは何度もそこでデートをした。この「FUBAIKAN」こそが、ふたりで夢描いていたキャロットハウスの原型でもあったのだろう。このお店はいつも女子大生でにぎわい、お店の看板メニューだったスパゲティはおいしく、焙煎のコーヒーもおいしかった。

もちろん真理ちゃんとはひと夏の儚い恋に終わったため、キャロットハウスも幻と化した。ロック喫茶、いや喫茶店という形態すら世の中からは消滅しつつあり、私も大人になってからいくつかのお店を開いたりもしたが、喫茶店を開店するようなパワーはもうなかった。これからもないだろう。

でもキャロットハウスという名前は今でも覚えている。

実は真理ちゃんの写真は一枚も残っていないため、彼女の顔形も記憶はあいまいになりつつある。彼女とたくさん話したいろいろなこと、彼女と聴いた音楽の数々、彼女との甘く切ない思い出だけが今も残っている。

おジュン

真理ちゃんとの関係は夏に終わりになり、9月から高校3年生の2学期が始まった。またクラブ活動や帰途でジュンと同じ時間を過ごすことが多くなり、なんとなくつきあっているような空気が流れる。

ジュンは暗い女の子だった。痩せていて、蒼い顔をしている。いつもセデスという薬を携帯していたから頭痛と生理痛に悩まされていたのだろう。体調不良で学校を早退したり、保健室で横になっていることも多い。友人も少なかった。唯一の友人らしいリカちゃんは演劇部を辞めていた。

何度も会っているうちに、個人的なことも話すようになる。

ジュンは自分が女性であることの不安感、子供という存在を製造する子宮に対する恐怖をよく語っていた。学校に通っていても軽薄な級友にうんざりしている。15歳なりの生きづらさを感じていた。明るい世の中の出来事は嫌悪していた。酒を飲んでみたが胃が痛くなり飲めない。夜は眠れない。タバコを吸って煙を見つめている。死にたいが、死ねない。その自分が疎ましい。その反対に自分が自分自身でいたいとも思う。他の何ものにも影響されない唯一の存在でいたい。私は私でありたい。ジュンはいつもこういう答えの出ない問いとあいまいな解答の狭間を右往左往していた。

私の聴いている音楽にジュンが興味を持ち、レコードを貸してあげたことがきっかけとなり、二人の共通項として音楽が浸透していくことになった。クラウス・シュルツ「ミラージュ」、ピンク・フロイド「おせっかい」「狂気」は彼女の愛聴盤となり、アルバム収録の「エコーズ」「虚空のスキャット」は彼女にとってのマスターピースになった。

ダークでアブストラクトな音の洪水をベースにミニマルなサウンドが交錯する雲海のような電子音楽。そこにメンタルをシンクロさせ身をゆだねるような恍惚感。ジュンと私の間で完全に一致した至福感がこういったプログレッシブロックの名盤たちにあった。私は何枚もレコードをジュンに渡した。

ジュンが私に貸してくれたレコード、それが佐井好子の「密航」であった。これは私にとって生涯のマスターピースとなる音楽として受け止めることになる。衝撃だった。中山ラビ、りりィのレコードも彼女から借りて聴いたが、この佐井好子のインパクトを超えるものではなかった。フォーク、ニューミュージックといった当時流行の女性シンガーではなく、私にとってはプログレッシブロックでしかなかった。ほどなく佐井好子のサードアルバムにして大傑作の「胎児の夢」がリリースされ、発売日に購入してジュンと一緒に聴いた。

自分が大好きな音楽を同じように感じてくれる女性がいる。このことが私にとって最も重要なシンパシーだったのだと思う。私は急速にジュンに惹かれていくことになる。高校1年生から続けていた自転車通学をやめて、ジュンと下校の時間を共有すべく電車通学に変えた。彼女と音楽の話をするのが生きがいだった。彼女は今出川通りにある喫茶店「ほんやら洞」を放課後の根城にしていた。マスターの甲斐さんとは仲が良かったはずだ。私のフェイバリットだったロック喫茶の「どらっぐすとぅあ」にも訪れ、紫の絨毯で包まれた薄暗い店内で二人でタバコを吸った。私はもともとはタバコを吸う習慣はなかったが、喫茶店で堂々とタバコを吸うジュンに流されていた。

しかし。

二人の間では男女としてつきあっているという印象はタブーだった。お互い厭世観で共感しており、生きていることのダルさ、死への憧憬、未来への絶望感で一致している以上、恋愛感情を持つ関係でいることは禁忌の筆頭だったのである。われわれは生きている価値のない存在、ただ自堕落に生きているだけ、男女としてつきあうことは生産性の始まりなのだからオミットするべき行為なのだ、と、陰気で若い二人にはこういったロジックが重要性を持っていたのである。

しかし。

でも実際は二人はつきあっていたのだ。互いの家にも行き来し、私は彼女の勉強の指導もし、演劇部で安部公房の前衛劇で共演し、一緒に映画も見に行っていた。共通の友人であるリカちゃんからも「おジュンのことをよろしく」と言われ、軟派な女子の級友からは「広重くん、最近かわいい彼女連れてるじゃない」などと冷やかされていた。私は厭世的な生き方を貫きながらも、どこか心地よさが浸食していることに気がついていた気がする。

1978年3月。

私は高校を卒業した。もうジュンとは同じキャンパスに通うことはなくなる。春休みに入り、ジュンと「どらっぐすとぅあ」で待ち合わせた。なにか家庭で落ち込むことがあったのか、もしくは私が高校を卒業してもう来月から学校で会うことがないからなのか、もう今となっては理由はわからない。絨毯敷きで薄暗い「どらっぐすとぅあ」の店内に二人並んで座り、タバコを吸いながら音楽に耽溺していた時、ジュンは私の肩に頭を乗せてきた。私は彼女の肩を抱いた。口づけした。

生涯に於いて、あの時のような甘美な口づけは二度となかった。とろけるようなキッスとはこのことなのだと思った。至福が私に充満した。

3月末、ジュンとは今出川寺町角にあったフォーク喫茶「空」で会う予定になっていたが、待ちぼうけをくらった。彼女は来なかった。長い時間店内にいたが、客は私一人で、店長がチラチラ私のことを見ながら心配そうにしていたことを今でも覚えている。店内BGMでかかっていた森田童子がとてつもなく切なかった。

帰宅後、ジュンの家に電話をする。体調が悪くて行けなかった、ごめんなさいと言う。いいよ、じゃあ次はいつなら会えるの？と訊くと、しばらくの沈黙の後、もう会えないと言う。え、なんで？

その後の言葉はもう明確には記憶していないが、かろうじて内容は覚えている。

ジュンは私に依存している自分に気がついてしまった、ジュンは自分自身でいたいのに常に私のことが心の中をしめてしまっている、そのことがジュンは許せないのだと言う。

私はジュンを愛していた。どんなに自分を厭世的な理屈で押さえ込もうとしてもその気持ちが勝った。しかしジュンはその愛情を依存として認識し、自分の中にその気持ちが芽生えたことを許せなかったのだ。「私は私でありたい」、そうジュンは語った。私といると自分以外の人間が自分の中に存在してしまう。ジュンはそれが耐えられなかったのだ。

1回の口づけが二人を永遠に引き離した。

追いすがる言葉を吐く私に対して、ジュンは一方的に電話を切った。厨二病の塊のような18歳と16歳の半年ほどの恋愛もどきは、あっさりと終わった。

砂丘

1978年、4月。

私は中高大とそのまま進学できる私立の学校に通っていたため、無試験で大学に進学した。直前に終了した高校時代の恋愛が尾を引いて、なにもやる気が起きなかった。

なんのことはない。おまえがみさちゃんにしたことを、形をかえてジュンからされただけのことだ。因果応報ではないか。人を傷つけたから人から傷つけられただけのこと。そうなのだ。そうなのだ。そうわかっていても、落ち込む。魂がぬけてしまったように感じていた。


ただ生きているだけ。

　ただ生きているだけ。

　　ただ生きているだけ。

　　　ただ生きているだけ。。。


茫漠とした気持ちを自分自身でどうすることも出来ない。

大学に行くとサーフブームとやらで校内はにぎやかで騒がしい。サーフィンルックの男女が明るく髪を染め、軽快にキャンパスを闊歩している。フュージョン音楽が全盛期で街全体に高揚感があふれている。
ますます、いじけてしまう。

なけなしの金を使って、鳥取に旅に出た。

砂漠が見たかった。

小学校の遠足で鳥取砂丘には行ったことがあった。あの広大な砂の山を見たかった。とらえどころのない今の気持ちをどうにかしたかった。

当時は国鉄の古びた電車を乗り継いで鳥取に着くまで、カセットテープにはクラウトロックの「ノイ!」が入ったテープを繰り返し聴いた。無意味なまでの反復が心地よかった。

鳥取砂丘。天気は雨で陰鬱な雲が空を埋めているのも、どこか自分自身の気持ちに合っていた。大きな砂丘は私の想像を超えて、広かった。海を見つめる。つげ義春の「海辺の叙景」が脳裏に浮かぶ。雨天のせいか観光客はほとんどいない。広がる砂の山に棒きれを使って「NEU!」と描いた。

通りすがりの喫茶店に入ると、客は私だけなのでマスターが声をかけてくれた。小さな演奏ステージもあり、時にはアーティストが生演奏する時もあるという。私も音楽が好きでと話すと、どういう音楽がと訊かれた。プログレッシブロックの話をしても通じまいと思い、森田童子さんとか、と話すと、ああ以前に森田童子さんがここで演奏したこともあるんですよとマスターが言った。

たまたま入った喫茶店、ここに森田童子が来たのかという郷愁と共に、すさんだ気持ちで旅に出ても自分自身になにかが寄り添っているような気がした。人はひとりで生きているようでいて、ひとりではないのかもしれない。そう思った。

鳥取の宿は国民宿舎だった。夕飯をとって部屋にひとりでいると、広重さん電話ですよと管理人から呼び出された。電話に出ると相手は父だった。おそらく暗い顔をして一人旅に出た私を心配したのだろう。元気にしているよ、夕飯も食べたよ、明日帰るよと話すと安心したようで、電話は終わった。後にも先にもこういった私を心配した電話を父からもらったのはこの1回きりである。

自殺を考えて鳥取に向かったわけではない。でも自分の人生で自殺という考えに最も近かったのはこの時期だったのも間違いない。
鳥取の砂丘、海、雨、喫茶店での森田童子についての会話、父からの電話。
往路ではノイ!の「ネガティブランド」が心地よかったが、帰路はおなじノイ!でも「ヒーロー」「アフターエイト」ばかり聴いていた。この旅行で自分の心の向きが少しだけ変わった。

どらっぐすとぅあ

1978年4月中旬には私は「どらっぐすとぅあ」の運営スタッフとなった。正直に言うとどらっぐすとぅあしか自分の心を置く場所がなかったのだ。大好きな音楽の話をいくらでもできる場所はここしかなかった。どらっぐすとぅあで第五列の面々に出会い、高山〝イディオット〟謙一、T・美川、林直人、渡邉浩一郎、BIDEなどその後の自分の音楽生活に影響を与えることになる多くの人物と出会った。

4月23日にどらっぐすとぅあの仲間と京大西部講堂で開催されたデレク・ベイリー来日公演に行った。この日の音楽体験は目の前にあった音楽への概念がガラガラと音をたてて崩れるような凄まじい衝撃だった。主催者で司会の間章、サックスの阿部薫もこの日初めて見たが、デレク・ベイリーの音が凄すぎてほとんど他の共演者の記憶がない。音楽の影響は中学生時代からたくさんあったが、演奏者としてスイッチが入ったのは間違いなくこの日のコンサートが影響していると断言できる。

やがてどらっぐすとぅあで知り合ったBIDEと「BIDE & JOJO」を結成、そのユニットは渡邉浩一郎と富家大器を加えて「ウルトラビデ」となり、1979年には頭士奈生樹とのデュオの「非常階段」を結成することになる。

その後の非常階段が大人数になってパフォーマンスを含むノイズバンドとなっていく様は、2010年にK&Bパブリッシャーズから発売された書籍「非常階段 -A STORY OF THE KING OF NOISE-」に詳しい。

第二章　エッセイ

怪獣博士の落日

最も「怪獣」や「怪物」「妖怪」に興味を持っていたのは小学校1年生の時だったと思う。怪獣のことならなんでも知っており、テレビに登場した怪獣の名前などは全部そらで言えた。クラスでは怪獣博士と呼ばれていた。

自分でも絵やマンガをかきだしており、怪獣を創作したりしていた。

自分で考えた「幽霊怪獣・ゴースラー」（ゴーストとラーを組み合わせた名前）などは、のちに同じ名前の怪獣がキャプテンウルトラに登場し、ずいぶん驚いた記憶がある。

自分で創作した怪獣で好きだったのは「ヤマゴン」。私が当時住んでいた京都は盆地で、まわりが山で囲まれていることからイメージしたのだろう。山がそのまま怪獣だったら、という想像で、ある日山が動き出し、まわりの住人が驚く、実は山は「ヤマゴン」という怪獣が何万年も眠っていたのだ、という設定だった。マンガにしたか、絵をかいただけで終わったのかは、記憶がない。

ウルトラQに出てくるケムール人は本当に怖かった。翌日からは水たまりを踏んで歩くことができなかった。

ウルトラマン「故郷は地球」に登場のジャミラのエピソードは本当に悲しかった。ウルトラマンにジャミラを殺さないでくれと、テレビを見て祈ったことを覚えている。ガヴァドンやシーボーズは殺されずに宇宙に返された。このエンディングにはとてもあたたかい気持ちになったことも覚えている。

ウルトラQからウルトラマンの途中くらいまで、怪獣が着ぐるみで中に人が入っているとは思っていなかった。変身したウルトラマンはさすがに中に人が入っているとわかっていたが、怪獣はああいう形の生き物がいたり、もしくは爬虫類や昆虫を接写して、画面に合成してテレビに映されているのだと思っていた。ビルが壊れたり、火災が起きるのもミニチュアではなく、本物の建物を壊しているのだと思っていた。

ある月曜日、学校で昨夜のウルトラマンのことをクラスメイトと話している時に事件は起きた。

私が「でもさあ、あれ、よくみんなケガしないね。上からコンクリートとか落ちてきて」と、話すとみんながキョトンとした目で私を見ている。

「いやあの怪獣、トカゲとかをあんなふうに火の中にほうりこんだりしてさあ」と話すと、ますます話が通じない。

「広重くん、怪獣って中に人が入っているんだよ」

「え」

そして私は大赤面。壊れるビルが特撮で、怪獣は着ぐるみでそこに人が入っているとは夢にも思っていなかったのだ。

友人から背中にファスナーがあってそこから人が入っているのだと聞かされ、翌週のウルトラマンを目をこらすようにして、見た。

テレスドンの背中にファスナーを発見。「本当だ」と思った。

怪獣博士の私の名誉が地に落ちたのは言うまでもない。

小学1年生、7歳の12月だった。

飼い猫

子供の頃、実家で猫を飼っていたことがある。

最初は「シロ」という猫だった。

実家では私が生まれる前は犬を飼っていたことがあるらしいが、自分の記憶にはない。私が小学生の低学年だったころ、家の向かいにあった呉服屋さんから「シロ」をもらった。真っ白な猫で、背中に茶色と黒のドングリのような模様があった。


シロは何度か子供を産んだが、当然そんなにたくさんの猫を家で飼えるわけもなく、子猫はシロの隙をみては父によって処分されていた。私は子供だったから「かわいそうだから飼おうよ」とねだったと思うが、叶わなかった。子供がいなくなったことに気がついたシロが、あちらこちらを探しながら悲しそうに鳴く声を聞くのがつらかった思い出がある。

確か小学4年生くらいの頃だったと思う。生まれた子猫のうちの1匹をどうしても飼うと私は言い張った。我が家に2匹の猫が住むようになった。茶色と白のその猫は「ミィ」と名をつけられて何年か生きたが、ある時に歯肉口内炎の病気になった。母が獣医に見せに行く時にカバンから逃げ出し、それから戻ってこなくなった。私は泣いて母を責めた。行方不明になったあたりを私と母でずいぶん捜索したが、ついに見つからなかった。

シロはもう1度子供を産んだ。その時の三毛猫は「チビ」と名付けられて、また2匹の猫がいる生活が続いた。

シロが老衰で亡くなった時、私はそばで臨終を見届けた。体温が冷えてくるとシロの身体に巣くっていたノミがシロから離れていく。

「死んだから出て行くのか。おまえたち。薄情だな」

私はそんな悔しい気持ちになり、ノミを捕まえては潰していたのを覚えている。当時はペットの葬儀屋などもなく、シロは保健所に引き取られていった。

チビは親猫のシロが死んだ後も長生きし、私が大学を卒業し東京に引っ越しする時も家にいた。やがて老衰で死んだ。私は東京に住んでいてチビの死に目には会えなかった。

人のペットへの思いは特別のものがある。

犬には犬への思いがあり、猫には猫への思いがある。それは同じではないけれど、どっちがいいとか、素晴らしいとか、そういうものはないと思う。

動物は時には人間よりも身近にいたり、心のささえになることもあるはずだ。不思議だが、そうなのだ。

捨て犬「クロ」

私は猫は飼ったことがあるが、犬を飼ったことがない。

今もマンション暮らしで、犬は飼えない。

残りの人生の中で、一度は犬を飼ってみたい。

できるなら、柴犬。

もしくは、こんな犬なら、真っ黒な犬でも、いい。


　真っ黒な雌の子犬が、ハバロフスクの収容所にいた。名前は「クロ」。日本人抑留者たちが飼っていた。

　シベリアでの抑留生活も10年を過ぎたころ、野外の作業所に捨てられていたのを、だれかが拾ってきたらしい。抑留者たちはわずかな食事を少しずつ分け与えてかわいがった。

　当時は抑留者の処遇も徐々に改善され、日本から小包も届いた。井上平夫さん（84）（鳥取県八頭町）も、菓子などを与えては、クロの頭をなでた。

「日本人にはなつくのに、ソ連兵を見るとけたたましくほえてね。まったく私らの心情をわかった、賢い犬だった」

（中略）

クロが球拾いをする野球大会は「クロ野球」と呼ばれ、抑留者の大きな楽しみだった。深夜、収容所の火事をクロが見つけ、事なきを得たという手柄話も残っている。先の見えない抑留生活の中で、井上さんにとっても、クロは心の支えだった。昼間の作業を終え、くたくたになって帰ると、クロがしっぽを振って迎えてくれた。疲れが和らいだ。

56年10月の日ソ共同宣言調印を機に、すべての抑留者の帰国が決まった。クロとの別れでもあった。

「クロだ！　クロがいるぞ」。抑留者の一人が、岸壁を指さして叫んだ。

56年12月24日朝。井上さんを含め、最後までシベリアにとどめ置かれた1025人の抑留者が、帰還船「興安丸」でナホトカの港を出航した。その直後、クロが氷の海に飛び込んだ。

ハバロフスクからナホトカまで、約800キロ。だれかがこっそりクロを帰国列車に乗せたのか—。真相は分からないが、とにかく、クロはナホトカまで来ていた。

「戻れクロ、死んでしまうぞ！」「岸に帰るんだ！」。抑留者たちは甲板で叫んだが、クロは割れた氷を渡り歩いて追ってくる。氷の間から海に落ちた。抑留者たちの悲鳴が上がった。

何度も帰還船の航海をこなし、〝引き揚げ者の父〟と呼ばれた玉有勇船長が船を止めた。縄ばしごで下りた船員が、クロを抱き上げた。甲板に響く歓声。クロはぶるっと体を震わせて、全身の氷を振り払い、しっぽをうれしそうに振った。みんな涙が止まらなかった。

そのままクロも舞鶴港（京都府）に「帰還」した。近くの住民に引き取られ、数年後に生まれたクロの子は、玉有船長の家に贈られた。船長は73年5月に66歳で亡くなったが、長男の正明さん（70）は「抑留者とクロの交流に父も心を打たれたのでしょう。もらった子犬はクロと同じく真っ黒で、おとなしい犬でした」と振り返る。

11年間に及んだ過酷な抑留体験だったが、井上さんは、クロの話をする時だけは、目を細めた。「自分を救ってくれた日本人のことを、クロは命がけで追ってきた。互いに苦しかったからこそ、心が結びついた。つらく長かった日々の中で、そこだけが今も輝いているようです」

「読売新聞　２００５年9月25日付　朝刊」

机

「どんなものでも30年使えば魂が宿る」ということをおしえてくれたのは、高校時代の宗教学の教授だったと思う。

私の通学していた私立高校はプロテスタントのキリスト教系の学校だったため、毎朝、チャペルに集合して礼拝を行う習慣があった。賛美歌の合唱、聖書の一部の朗読、教師や招かれた識者による壇上での30分程度の講話。

よほど面白い話ならともかく、高校生ともなると仲間との会話に夢中で、壇上の話など聞いていない。外から招かれたゲストによる話の時はまだ気をつかって神妙に聞いているが、同じ学校の教師の話など、ほとんど耳をかさない。

その日の宗教学の教授の話は、ほとんど誰も聞いていなかったと思う。私も友人と音楽の話かなにかをしていたはずだ。

しかし、ふとその教授の話が耳に入り、先ほどの「どんなものでも30年使った道具には命が宿る」という言葉に興味がわき、周囲の雑音をシャットアウトしてその後の話を聞くことになった。

もう大体は忘れてしまったが、その教授（その時点で60歳を超えていたと思う）が、学生時代に自分の兄から譲り受けた机の話だった。兄とは年齢が離れていて、譲り受けた時点でその机はすでに年代もののように、黒光りしていたという。

その机は当然おさがりなわけで、まだ若かった教授はこんな古い机よりも新しいのが欲しいなと思ったそうだ。

しかしその机を使うと、なんとも気分がいい。机にむかって勉強すると、なにかに包まれているような気分がする。

その机で勉強し、手紙を書き、食事をし、普段から雑巾で磨いていたそうだ。

その机で勉強して受けた学校に入学し、その机で書いた恋文の相手と結婚したという。

戦争が始まり、出兵することになった。もちろん家族との別れも悲しかったが、どうしてもその机のことが気になってしかたがなかったそうだ。

教授は藁半紙の紙に「必ず帰る」と書き、その机の裏側に糊で貼り付けたという。

戦争が終わり、帰国した。

家族が言うには家は空襲で焼けていたが、奇跡的に机は焼けることなく、焼け跡から取り出せたそうだ。

その後、机は教授の子供が使い、今は孫が使っているという。

こういうエピソードには、実は時々出会う。例えばこのように大切に使っていた家具を、ぜんぜん事情を知らない家族が乱暴に扱ったところ大けがをしたとか、危険な目にあった時に仏壇に守られた話などもあった。近年では東日本大震災の時に出先で津波に襲われたが、流れてきた自分の家の屋根にしがみついて助かったという話もきいた。

老人5人組

思えば高校2年生の後半から大学1年生の頃が最も暗い性格だった時期だ。とにかく前向きになれない。なんのために生きているのかまるでわからない。自分を肯定することができないで、ただイジイジと毎日を送っている。生きながら死んでいるような状態だった。今ならうつ病と診断されていたのではないかと思う。京都という中途半端な都会にいて、なんとなく新しい情報も入手できたことも、適度に腐る要因のひとつだったように思う。完全にはあきらめきれないなにかがあったのだ。だから余計に自分自身が中途半端だった。

同級生にもカーストがあって、大きくわけると青春を謳歌している陽気キャラ、中間層、オタクな陰気キャラの3ランクあり、私は最下層にいたと思う。しかし陰気な仲間でも孤立している者とそれなりに連む者があって、私は後者だった。特にヘンな音楽に傾倒していたので、同好の趣味で会話ができるメンツはうれしかった。またサブカル的な文学や映画でつながる者もいた。

当時はまだ京都市内には路面電車が走っていた。この電車に乗って下校している時、私以上に人生を捨てたようなシニカルな友人の山田くんが「なあ、オトナになったらさあ、この路面電車の運転手になろうと思ってるんだ。だってラクそうだろ?」とつぶやく。低速で決まった路面を線路に沿って電車を動かし、ギアのオンオフとブレーキくらいしかない運転技術は非常に楽そうに見えたのだろう。そのつぶやきを運転手が聞いたようで「君らはまだ若いんだから、もっといい仕事につきなさい。こんな電車はもうすぐ無くなるから」とやや自嘲気味に話してくれたことを覚えている。

即興演奏のバンドＳＬＯＴＨを結成する石田くん、刀禰くん、そして私の3人に加え、われわれと行動を共にしながらももう少し高いポジションにいた樋口くん、超がつくほどの変わり者だった高崎くんの5人はクラスの面々から「老人5人組」と呼ばれていた。若さがない、ハキハキしない、いつもダルそうに生きている、言動もひねくれていて世をすねたような態度を揶揄したものだろう。われわれもその呼称がふさわしいと感じていた。前出の山田くんはクラスが違っていたからこのメンバーには入っていなかったが、彼は孤高の存在だったから結局この5人とは連まなかったのかもしれない。


高崎くんはわれわれの中でも最も世捨て人のような存在だった。

「未来になんの希望もない」

「早く老人になりたい」

「〝寝たきり〟になればずっと寝てられる。ラクじゃん」

彼はこんな後ろ向きな発言ばかりだったが、態度や表情がどこか飄々としていたこともあって、私たちはむしろ彼の存在を面白がっていた気がする。

高崎くんとは大学生になってからなにかの一件でケンカしてしまい、その後は音信不通になった。

刀禰くんは彼が大学生の時に大きな交通事故にあって、病院に見舞いに行った時に会ったのが最後になった。高校時代はひょうきんな面もあった刀禰くんは包帯だらけでベッドに横たわっていて、声のトーンも暗かった。

「なあ広重くん、俺たち高校の時に〝寝たきり〟になったらラクとか言ってたよなあ。俺もこのまま歩けなくなったりするのかなあ。きっとあの時の罰が当たったんだろうなあ」と、彼は空虚な目で天井を見ながらつぶやいていた。

京一会館

映画館。

京都市内でもだんだん小ぶりな映画館は姿を消し、シネコンスタイルが中心になってきている。私が学生時代に映画を見た美松劇場も東宝公楽も京極東宝ももうない。西陣大映なんて誰も覚えていないかな？　千本日活はまだある？　それはすごい！

私の学生時代はロードショーも見たけれど、古い映画は名画座と呼ばれる二番館の映画館で見た。５００円くらいで1日見ていたって文句は言われない。今のようにビデオなどなかった時代、映画は映画館かテレビでしか見ることができなかった。

名画座は京都は2軒、祇園にあった「祇園会館」と京都市左京区一乗寺にあった「京一会館」である。洋画の3本立てなんていうのは祇園会館で見た。ビートルズ映画4本一挙上映なんて豪華な企画をしてくれたのは祇園会館だ。キューブリックもジョージ・ロイ・ヒルもウディ・

アレンもここで鑑賞した。

京一会館は日本映画の複数本立てが多かった。小津、寺山、若松、マキノ雅弘、藤田敏八、日活アクション系など、もうむちゃくちゃなブッキングで、とうてい飽きることはなかった。ピンク映画も複数本立てで上映しており、まさに学生のための映画館だった気がする。

私は大学生のころ、つきあっていた女子大生とピンク映画を見に行ったことがある。ピンクと言っても若松孝二監督の「胎児が密漁する時」「性賊」「天使の恍惚」という3本立てだったので、どちらかと言えば反体制的な映画を期待していたのだと思うが、ピンクはピンクである。彼女もずいぶんませていたので、二人の間で話題になった映画作品をぜひ見てみたいという。そこで一緒に京一会館に向かった。

しかし彼女は連れて歩くと周囲の目をひくほど可愛かった。顔つきも幼く見えたのだろう、入場券を買う時にチケットのおばさんに「あんた年いくつ?」と、学生証の提示を求められた。大学生で18才以上なので入場は断れない。おばさんは私をにらみながら彼女に「あんた、映画の内容わかってるの?」と諭すように話しかけるが、そもそも彼女がピンク映画を見てみたいという理由からこの映画館に来ているわけで、彼女も映画を見るといってひかない。

実際は「天使の恍惚」に出演の山下洋輔トリオの演奏がお目当てだったこともあり、この作品だけを見て映画館を出た。するとチケットブースからおばちゃんが出てきて「そこの女の子! もう来たらあかんで! こんな映画、みんなウソやからね! 信じたらあかんで! もう来んときや!」と大声で声をかけてくれた。

私も彼女も顔を赤くして、そして苦笑しながら京一会館を後にしたが、今にして思えばなんていいおばちゃんだったんだろう、なんていい映画館だったんだろうと思う。

そしてなんていい時代だったんだろうと。

京一会館の最後の方は、ビートクレージーがライブコンサートも行ったはずで、しのやんやランコさんやイディオットは出演しているはずだ。私は出演はしていない。

映画館としては1988年に閉館しているようで、今は跡形もなく別の建物になっている模様である。

かとうくんのこと

私は小学生から大学卒業まで、京都で過ごしている。

かとうくんという男の子とクラスが一緒になったのは小学校3年生の時だった。

細くてやや色黒、あごの尖った顔つきながら、目元がやさしく、実際に性格も優しい男の子だった。

私は藤井くん、伊藤くん、そしてこのかとうくんとよく遊んだ。

かとうくんとは6年生までの4年間、同じクラスだった。

彼のことでよく覚えているのは、彼の家の近くに鎮守の森のような場所があり、小さな祠があったこと。

夏にはそこにあった木にセミが宿り、ミンミンと大きな声で鳴いていたこと。

彼の家で「週刊少年ジャンプ」の創刊号を読んだこと。

シャツの下に新聞紙を丸めたニセのおっぱいをいれて、かとうくんと抱き合って男女の抱擁のようなマネをしてクラスの女子にバカにされたこと。

彼が誰かとケンカのようなことになると、必ずかとうくんの方から先に謝って仲直りしていたこと。

その時のかとうくんの、うつむきがちなちょっと淋しい目元のこと。


私は中学校を私立校に進学したため、小学校を卒業してからはかとうくんとは会わなくなった。

中学、高校は演劇部に所属し、ロックと出会い、クラブ活動やバンドをして成長していった。


かとうくんと再会したのは私が大学生になり、もう私がウルトラビデや非常階段を始めていた頃だと思う。

たぶん1979年だ。かとうくんがいきなり私の自宅に電話をしてきたのである。

もちろん懐かしい彼のことはよく覚えている。卒業後、一度くらいは同窓会かなにかで会っているかもしれないが、ほとんど会っていないに等しい。やあやあ懐かしいなあ、などと話していると、かとうくんが私に一度会いたいという。

結局、彼が何の目的で私に会いたいのかは不明のまま、数日後に寺町今出川にある「ほんやら洞」というフォーク喫茶店で会うことになった。

再会したかとうくんはずいぶん大人びていた。もちろん小学校卒業後約7年間会っていないので、お互いがその変貌に驚いたことだろう。かとうくんは大学に進まず、浪人生の立場でいて、自分の将来を模索しているのだそうだ。で、何?と彼に話を向けると、今、広重くんがどんなふうに思って毎日を生きているのかを聞きたいのだという。

彼は「高石ともやって知っているか?」と言う。うんうん、ナターシャセブンの人だろう、京都の宵々山コンサートにも行ったことがあるから知っていると話すと、ひょんなことからかとうくんは高石ともやと知り合い、当時ホノルルマラソンにも参加していた高石さんの活動や考え方にずいぶん共鳴したのだという。で、高石さんに「昔の友達に会ってこい」と言われたようだった。かつての友人に再会し、変わってしまったことや、友人がどういった生き方をしているのか、どういう風に考えているかを聞いて、自分の将来への参考にしたらいいと助言されたのだろう。

私はずいぶんがっかりした。1979年、私はバンド活動のまっただ中にいて、聴いていた音楽もフリージャズ、ノイズ、パンク、プログレッシブなどの最もキツイ音楽を突き詰めていたところである。おそらくは自分の演奏していた過度な音、聴いていたエクストリームな音楽に誇りを持ち、ともすれば平和なポップスや軟弱な歌謡曲のような音楽は嫌悪すらしていた時代だった。そんな時に高石ともやのファミリーフォークのような音楽は、最も対極にあった音楽だったろう。

私は自分の音楽観、当時の、おそらくは厭世的な人生観を語りだしたが、話の途中で高石ともやのような音楽はなにも生み出さないなどと見下した言葉を吐き出した。かとうくんは当然反論する。生きることの意味、これからの未来のなにかを見つけようとしている彼にとって、高石さんとの出会いはきっと素晴らしいインスピレーションとの遭遇だったのだろう。学生運動の時代をフォークソングで駆け抜け、音楽だけではだめなんだと感じたに違いない高石さんの生き方に、かとうくんは自分に欠けているなにかを見つけようとしていたのだ。

しかし当時19歳の私にはそのようには思えなかった。私にとって単純に「高石ともや」イコール「くだらない音楽」だった。気がつけば軽蔑したような言葉を連発していた。かとうくんとの久しぶりの、せっかくの面談はとても気まずいものになった。

途中で私は言い過ぎたことに気がつき、ごめんなさいと詫びを入れたと思う。その時にかとうくんが「いや、気にしなくていいよ」と小声で話し、小学校の同級生時代に彼がケンカをした時に見せた、あのうつむきがちの淋しそうな目をした時、私は取り返しのつかないことをしてしまったことをようやく理解したのである。

お互い失意のうちにほんやら洞を出て、そして店の前で別れた。

かとうくんはその後、1、2度、私の家に電話してきたらしい。らしいというのは、私はその電話をとらなかったからである。意識的にとらなかったのか、かかってきた時に偶然不在だったのかは、もう記憶がない。もう一度会おう、ということだったのだろう。あんな気まずい雰囲気でかつての友人と別れたままでいたくないというかかとうくんの気持ちは、きっと電話をとらなくてもわかっていたのだと思う。

ただ、そういう話を私はかとうくんとしたくなかったのだ。


今、かとうくんと再会したら、あの日のほんやら洞のことを私は詫びるだろうか。

かとうくんはそんな私を見たくないと思うだろうか。

それとも、そういった私を含めて、かとうくんは私を許してくれるだろうか。


かとうくんの淋しそうな目を、今でも私は忘れることが出来ないでいる。

かとうくんとはそれから、会っていない。


と、ブログに書いた数年後、私は同窓会でかとうくんと再会している。

かとうくんは私のブログも読んでいた。

ブログの原稿を掲載した文庫版「みさちゃんのこと」を渡し、当時のことを詫びた。かとうくんはもちろんあの日の一件を覚えていて、後日私に電話をしたことはないよと修正も入れてくれた。書籍に「どうせなら、サインを入れてよ」と言われて、私は照れながらサインを入れた。


この日は携帯でかとうくんとのツーショットの写真を撮った。

その写真のかとうくんの顔は、笑っていた。

記憶に残る男

1983年だったと思う。

その頃、友人と起こした会社ごっこがなんとか波にのり、そろそろ本格的に法人にしようということになった。

そこで事務所を渋谷にかまえることになり、不動産屋に行くことになった。

たまたま通りがかった新宿三丁目の伊勢丹の近くのビルの2階にあった不動産屋に入ったのだが、ここの社長が変わった男だった。


彼は不動産は適当な物件を紹介してくれるのだが、その他の雑談の方が長い。

例えばこんな話だ。

実は自分は国鉄（現在のJR）の駅構内にあるKIOSKに商品を入れる権利を持っている。KIOSKという売り場は非常に計算されており、なんでも商品がおけるわけではない。メーカーもなんとか自社商品をおいてもらいたいと思っているが、簡単にはおけないような仕組みになっている。今ひとつ空きがあり、なにか売れそうな商品を探しているのだが、君たちなにか知らないかね。

こんな話題をたまたま店に入ってきた20代前半の若者の客に聞くのはもう尋常ではない。

またこの不動産のお店をやるようになった経緯、この新宿の一等地に店を出せるようになった神がかったような流れ、不動産の免許の看板の読み方など、もう不動産契約以外の話が延々と止まらない。

もうひとつ驚いたことがあった。

われわれの会社の事務所の他に、友人が引っ越しをして同じビルに部屋をかりることになった。彼の親が保証人にならなくてはいけないのだが、彼は父親と折り合いが悪い。父親の免許証の番号を契約書に掲載する件で、不動産会社の電話をかりて会話している間に父親とケンカになってしまった。情けないことになったと謝るその友人に対してその不動産屋の社長は「ああ、大丈夫、かまいませんよ」と、警察に知り合いがいると言ってその場で電話をして、彼の父親の免許証の番号を電話一本で確認してしまったのである。

今のような個人情報の管理にそんなに厳しい時代ではなかったという事情もあるが、その時は「いやあ、隠したって、なんでもわかっちゃうんですよ」と涼しい顔をして契約書を作成してしまうこの社長がなんだかとんでもない男に見えた。

数年後、その不動産屋があった場所は、まったく違う業種のお店になっていた。あの名物社長が今どこで何をやっているのかは、知る由もない。

目黒駅

京都の大学を卒業した年、私は東京に引っ越した。
友人と会社のようなものを立ち上げることになり、ろくな目論見もないまま新生活をスタートした。友人との会社ごっこはうまくいったり、いかなかったりをくりかえしていた。大学時代に好きだった女の子とは遠距離となってしまい、やがて別れてしまった。

翌年、友人との会社はひょんなことから事業が軌道に乗り、そこそこの売上げをあげ、そこそこの給料をもらえるようになった。私は東京に移ってから知り合った、美大に通う学生の女の子と門前仲町のマンションで半同棲のような生活を送っていた。そこはワンルームでせまかったこともあり、まとまったお金もあったことから目黒の駅前に近いアパートに引っ越した。

その頃私の仕事場は渋谷にあり、目黒からはＪＲで通えるので便利だった。彼女は目黒からだと大学に通学するには1時間ほどかかったはずだが、文句も言わず、学校が終わると私の住むこのアパートに帰ってきていた。ふたりでマルイの家具館でダイニングテーブル、食器棚、ベッド、鏡台などを買いそろえ、23歳と21歳の同棲生活が始まった。

目黒にある大きな結婚式場の裏手に建っていたそのアパートは、やや高台にある形になっていて、天気がいい日は西側の窓をあけると遠くに富士山が見えた。間取りの都合から室内に洗濯機を設置するスペースがなく、ベランダに洗濯機をおいていたのを覚えている。

秋だったろうか。いや、コートを着ていたので冬だったと思う。

私は仕事から少し早い時間に帰宅していた。大学に通う彼女が帰宅するにはまだ少し時間がある。普段なら家でテレビでも見てゴロゴロしているのだが、その日はなんだか彼女のことを駅まで迎えにいこうと思った。理由は思い出せない。いや、きっと理由などなかった。彼女のご機嫌をとろうとか、喜ばせようとか、そういう意識すらなかったように思う。

その頃のJR目黒駅の改札は2カ所だったが、家に近いほうの改札から彼女が出てくるだろうと思っていた。夜の7時頃、会社帰りのサラリーマンや学生などがどんどん改札から吐き出されてくる。流れる人混みをずっと見つめていた。

彼女を探して30分くらい待っただろうか。黒いポンチョのような形のコートを着た彼女が改札から出てきた。彼女は私が待っているとは思っていないので、そのまま家路の方向に進もうとするその一瞬、人混みの中の私を見つけた。

「あれえ!?　どうしたの?」

「いやあ、もうそろそろ帰ってくる頃かなあと思って、待ってたんだ」

彼女の顔がパーっと笑顔になった。

駅から自宅まで、150mくらいだろうか。

歩いているうちに彼女は珍しく私の腕に手をまわしてきた。

ニコニコして私の身体に自分の体をぴったりと寄せてくる。彼女の気分が高揚しているのが、その体温を通して伝わってくる。

本当に嬉しそうな彼女のその顔は、実際は夜道が暗くてよくは見えなかったはずだけれど、どういうわけか今でも鮮明に覚えている。


彼女は普段はサバサバしていて、そもそもそんなにベタベタするほうではない女性だった。だからというわけでもないが、普段から彼女に腕に手をまわしてもらって歩いた記憶はほとんどない。

もしかしたら、つきあっている時間の中で、あの目黒の夜の1回だけの出来事だったのかもしれない。


もうあれから40年の歳月がたった。

ここ何年かの記憶をたどっても、やっぱり腕に手をまわしてもらった記憶はない。

ただ、彼女は今でも私の妻である。

BOGGYさんのこと

私のパソコン歴は古く、1985年には1200ボーのモデムを電話線につないで、パソコン通信をしていた。

たしかJ&Pが運営していたプロパイダーを利用していた。まだニフティも規模は小さく、NECのPC-VAN（のちのBIGLOBE）もまだ立ち上がっていなかったと思う。

パソコン通信なのでもちろんテキストの文章だけ。いまのインターネットや携帯に慣れた世代には想像もつかないだろうが、文字だけの世界もそれなりに楽しかった。

J&Pには文字だけのSNSがあった。音楽の会議室もあったが、音楽ファンの会議室に「○○の音楽は」などと私が発言するのは抵抗があり、もっぱら映画の会議室に出入りしていた。そこにはハンドル名がBOGGYという、かなりの映画通の方が常駐していた。シビアで辛口の映画評を書いていた人で、映画はできるだけロードショーで見る、過去の映画もかなりの本数を見ているタイプの、かなり濃厚な映画ファンだった。

軽薄な視点の映画評を書こうものなら、きつい突っ込みがBOGGYさんからされるので、早々に会議室を退散した人も数多くいた。

でも嫌われ者というわけではなく、ちゃんとした真面目な映画通の人ではあったから、多くの映画を紹介しながら、映画の楽しみをみんなに伝えようとする気持ちが伝わる文章だった。

私もなにか書き込みをした時、少し揚げ足をとられたりしたが、BOGGYさんはホラー映画は苦手だったようで、私はそのあたりの映画評などを書いていたから、ＢＯＧＧＹさんも突っ込みようがなかったのかもしれない。

その映画の会議室のオフ会があり、実際のＢＯＧＧＹさんに会った。たしか人が集まらず、渋谷の喫茶店でＢＯＧＧＹさんとふたりで会った気がする。どうしてそういうシチュエーションになったのかは忘れたが、なんだか文章から受ける印象よりは気弱な感じの、私より少し年上の方だった。

第一印象はなんだか昔のタイプの大学生のような人だな、という感じだった。バツイチ、男の子の子供ひとりありで、子供は自分が育てている、まだ小学生なので、子供が帰る時間には家に帰らなくてはならない、とＢＯＧＧＹさんは話していた。そんな年齢でありながら、まるで大学生のような、どこかが甘いような印象があのパソコン通信の会議室上での攻撃的な書き込みと、どうもイメージが一致しなかったことを覚えている。

ＢＯＧＧＹさんとは一緒に銀座の映画館に行ったことがある。たしか微妙なホモセクシャルを扱った欧州のつまらない映画だったが、映画館はそこそこの入りで、「やっぱり今でも映画は娯楽の王様だなぁ」などと、彼は映画館に人が入っていることにはしゃいでいた。私はＢＯＧＧＹさんに対して、またなにかのひ弱さを感じていた。

パソコン通信の会議室に、ある女の子（大学生）の書き込みが頻繁にされるようになった。その頃はホラー以外ならオールマイティなＢＯＧＧＹさん、ホラーやカルトものなら私、といった2本柱がその映画の会議室を取り仕切っており、なかなか他の書き手が育たなかった時期に女性の映画ファンらしい書き込みは華があり、ＢＯＧＧＹさんも歓迎していた。
１９８６年末、私は東京から京都に引っ越し、京都から書き込みを続けていた。そして１９８７年の春、その会議室のオフ会を京都でやることになった。
私が参加できなかった東京のオフ会でその女の子とＢＯＧＧＹさんは会って仲良くなったこと、その女の子が大学の卒業旅行かなにかで京都へ来ることになったこと、そしてＢＯＧＧＹさんが子供を連れて京都に来ることになった経緯があって、京都オフ会が実現したようだった。

当時の私は勘がにぶくて気がつかなかったが、ＢＯＧＧＹさんはその大学生の女の子に恋をしていたのだ。そして子供をおいてひとり旅行に出るわけにもいかず、息子に京都を見せたいという理由をつくって彼女に会いたかったのだろう。

女の子と、ＢＯＧＧＹさんと息子、そして私で、京都の三条河原町の喫茶店でオフ会をした。しかしそのオフ会の冒頭から、なにか空気が重い。なんとなくだが、ＢＯＧＧＹさんとその女の子がしっくりいっていない感じが伝わってくる。ＢＯＧＧＹさんはまだ一生懸命気をひこうとしているが、女の子は取り合わないでいる、そんな感じだった。
大人の集まる喫茶店に慣れていないＢＯＧＧＹさんの息子も落ち着かない感じだった。女の子と息子の両方の機嫌をとろうとしているＢＯＧＧＹさんの姿が、会議室で強気の映画評を書いていたＢＯＧＧＹさんらしくなく、なんだかがっかりした記憶がある。

その時に話していたＢＯＧＧＹさんの、「子供はまだ小さいから、『風の谷のナウシカ』のビデオも、最初の部分だけを見せているんだ」という言葉を覚えている。
ＢＯＧＧＹさん、あんた、優しすぎるよ。
私はそうは思っていても、口にはできなかった。

京都のオフ会が終わってから、Ｊ＆Ｐのいつもの映画の会議室には、あの女の子はもう書き込みをしなくなった。ＢＯＧＧＹさんと女の子の淡い恋が終わったことを、その時にようやく知った。

パソコン通信のＪ＆Ｐはどんどん会員が減少していった。会議室によるＳＮＳコミュニケーションはニフティが主流となっていった。女の子が去り、ＢＯＧＧＹさんも「仕事が忙しくなった」という口実でほとんど書き込みをしなくなったＪ＆Ｐの映画の会議室は、私も書き込む機会が減っていった。

私はニフティに移行し、そこでも映画の会議室をちょくちょくのぞいていた。
１度だけＢＯＧＧＹさんがニフティの映画の会議室に書き込みをしたことがあった。それに対して私は「お久しぶりです！」とｒｅｓをつけたが、ＢＯＧＧＹさんからその返答はなかった。ＢＯＧＧＹさんは私には見つかりたくなかったのかもしれない。

その後、ＢＯＧＧＹさんとは会っていない。
聞いたはずのＢＯＧＧＹさんの本名も忘れてしまった。

ＢＯＧＧＹさんはいまでも映画を見ているだろうか。
お子さんは大きくなったはずだ。
再婚はしただろうか。

そんなことを、時折、思う。

「風の谷のナウシカ」の最初の部分だけを子供に見せていた、ＢＯＧＧＹさんの優しさを今は素敵だなと思う。

そう思える。

スパゲティミートソース

東京・明大前のレコード店「モダーンミュージック」に私が最初に訪れたのは１９８２年、非常階段のレコード「蔵六の奇病」の委託販売のために納品に行った時だったと思う。

当時モダーンミュージックは開店2年目くらいだったはずで、生悦住店長と後にエジソンに転職するヌメロ上野くんが店にいたはずだ。非常階段のＬＰは東京はモダーンミュージックと池袋のレコード店・五番街、そして後にフジヤマをオープンする渡辺さんが店長をしていた下北沢・五番街に納品した。

モダーンミュージックはビルの2階にあり、1階部分は「とうほう」という喫茶店だった。喫茶店でありながらスパゲティが売りのお店で、お昼時にはサラリーマンや学生でにぎわっていた。スパゲティにはA、B、C、Zという4段階の大盛りがあって、大食漢の学生はZサイズを頼んでいたようだ。

モダーンミュージックに納品や集金に行くと、いつも生悦住さんは「お茶飲みに行きましょう」と、1階の「とうほう」に連れていってくれ、コーヒーやスパゲティをおごってくれた。アンバランスレコード時代の林くん、美川くんなども一緒だったこともある。後年はPSFのミーティング場所になり、灰野さんや三上さんなどと同席することなどもあった。

店内のテーブルはやがて一部がテレビゲーム台のついたテーブルになり、まじめな話をしている灰野さんの前に麻雀ゲームが点滅している光景はなんともおかしかった。また脱ぎ麻雀のゲーム台が入った時、真ん中の画像に登場する絵柄に実写の沢口みきちゃんが登場した時も驚いた。

モダーンミュージックの店員は西村くん（後にラウドマシーンを結成）、松谷くん（後にキャプテントリップを設立）、石原くん（後にホワイトヘブン、スターズを結成、ゆらゆら帝国のプロデューサーとなる）など、そうそうたる面々に変化していくが、店員の彼らと「とうほう」に行った記憶はまるでない。

渡辺さんがいたころの五番街下北沢店に納品に行った時も、渡辺さんによく同じフロアの喫茶店に連れていってもらった。さすがにスパゲティは注文しなかったが、アイスコーヒーをおごってもらい、よく飲んだ。銅色の金属製グラスのことをよく覚えている。

やがて私は明大前にカードショップを開店し、明大前に住むことになった。そうなると生悦住さんと「とうほう」に行くこともなくなってしまった。そのうちに喫茶店の経営もあやしくなり、「とうほう」の閉店を経てビルの立て替えもあり、1階は不動産屋になってしまった。

モダーンミュージックがこの「とうほう」と同じ会社の系列経営だったという話を後年聞いたことがあるが、真偽は不明だ。だとすればスパゲティ屋が「愛欲人民十時劇場」や「蔵六の奇病」や「不失者」を販売していたわけで、それはそれで痛快な気がする。

やがて時は流れモダーンミュージックは閉店、店長だった生悦住さんも亡くなった。明大前の町並みもずいぶん変わった。

今でもスパゲティミートソースを食べる機会があると、あの「とうほう」を思い出す。スパゲティができあがると粉チーズの入ったビンとタバスコを持ってきていた細い顔のマスター、今もどこかで元気にしているだろうか。

笑顔の記憶

〝音楽のライブはプロレスに似ている、演奏者は汗をかき、脚本のあるステージをさも真剣そうに演じ、観衆はそれに感情移入し、満足して帰る……〟

こういう内容のことを、もちろん皮肉をこめて１９７０年代の末ころに第五列のパンフレットに掲載していたのはゲソくんだったと思う。

インキャパシタンツの例を出すまでもなく、ミュージシャンのライブ演奏は21世紀になっても依然プロレス的だ。女性シンガーはさしずめ女子プロレスラーか、三上寛はマサ斉藤か、灰野敬二はスカイ・ハイ・リーか、怪奇レスラーからストロングスタイル、悪役から善玉までなんでもござれの状況は、本当にプロレス全盛期の１９７０年代のようにも見える。

私は１９５９年生まれで、４才の時に力道山が死んだのは覚えている。もちろん私は力道山のファンで、プロレスは毎週テレビ観戦していた。その後、ジャイアント台風、タイガーマスク、空手バカ一代とマンガでしっかり梶原一騎の影響をうけ、最後に好きだったプロレスマンガは石井いさみの「ケンカの聖書」だった。反則なんでもＯＫの試合、主人公は日本刀を持ってリングにあがり、そこで試合が終わるシーンが一番好きだった。

一番好きなレスラーは「ハーリー・レイス」だった。リングサイドでの彼のたたずまいがたまらなくかっこよかった。

ウルトラビデに一時参加、その後コウイチロウと「まだ」を結成する堀田さんはローラン・ボックが好きだった。ボックのあだ名は地獄の墓掘り人だった。堀田さんは「ボディスラムしか技がないのに勝っちゃうんだ」と語っていたが、ボディスラムというよりはスープレックスの達人だった。全盛期のアントニオ猪木があっさり負けた試合を覚えている。

コンチネンタルキッズをやっていたころのしのやん、アウシュビッツの林くん、ギタリストのマー坊らと、1990年代の初頭、一緒に滋賀県近江八幡までSWSのプロレスを見に行ったことがある。ジ・アンダーテイカーが林くんはお気に入りで、楽屋の出待ちをして、アンダーテイカーの肩をたたいて「ナイスファイト！」と声援をおくっていた林くんの笑顔を今でも覚えている。

PSFの生悦住さんは猪木派で、よく一緒に新日本のプロレスを見に行った。生悦住さんは「猪木が戦ってるのに仕事なんかしてられないよ！」などと言って店をほうりだして、蔵前や両国の国技館に何度も足を運んでいた。灰野さんのマネージャーもしていた田中くん、岩淵くんなどもいた。大庭くんがチケットをいつも手配してくれていた。大庭くんがやっていたプロレス居酒屋は、もうない。

たしか全日本と新日本のマッチとなった東京ドームの試合も見に行った。アニマル浜口が「気合いだ気合いだ！」と叫ぶ姿を見た時の、インディーズの流通会社経営者だった宮部くんの満面の笑みも忘れられない。

やりきれないようなプロレスの試合もたくさん見たが、残っているのは一緒に見に行った友人の笑顔の記憶ばかりである。

ダメな人名刺

1992年から16年ほど、東京都世田谷区でスポーツカードのお店を経営、実際に店頭にも立っていた。後年はお店をスタッフにまかしていたので、ほとんど店頭に立つことはなかったが、1990年代は夢中でお店を経営していたこともあり、おもしろい出来事がたくさんあった。

なによりおもしろいのはカードコレクターのお客さんたちだったが、彼らのことを語ることはプライバシーに関わるので当面はできない。もっと歳をとって話題が解禁になれば、本一冊書けるくらいのネタはたくさんあるので、それまでおいておきたい。

お店にいた時は当時店長として雇っていた大山くんと一緒によく店頭に立った。

大山くんは前歯が欠けているものの、サッカー選手のカズによく似たイケメンの男で、とにかく人生を楽しむ男だった。

お店の前にはダイドーのジュース自販機を置いていたのだが、そこに入れる商品をどうしようと大山くんに相談した。すると彼はその晩に自転車で町をまわり、数十台のダイドー自販機をチェックし、どんな商品構成になっているか手書きのレポートを作ってきたこともあった。

「途中で警察に職務質問されてね！　こういう理由でジュースの構成を調べているのだとレポートを見せて、ようやくわかってもらえましたよ！」と満面の笑みの大山くんにはあきれるしかなかった。

お店をやっていると、いろいろな営業マンがお店にやってくる。他社のジュース自販機の営業、広告代理店、雑誌の編集者、新聞記者、テレビやラジオなどのメディア関係、おもちゃメーカー、あやしげな企画会社、食品のセールス、宗教団体、編プロ、ショップ経営者、脱サラの相談、マチ金、学生、詐欺、商店街のおっちゃんなどなど。マトモなのからオカシイのまで続々とやってくるので、世の中はなんて平和に出来ているのだ、こんな人たちが平日の昼間っからプラプラしている日本は平和に違いないと確信したものである。

怒鳴り散らして追い返した連中もいるが、多くの訪問者からは名刺をもらった。

その名刺を名刺ファイルで整理するのだが、ふと思いついて、その名刺を入れる順番を「ダメな人」順に並べることにした。

さあ、そうすると大山くんの出番である。このセールスはこんなにひどかった、こいつはお店に来た時にこんな態度だった、こんな失敗をした、会社はマトモだがこの男は本当はおかしなヤツだ、等々、続々とおもしろい情報が増えて、名刺の順番を入れ替えるのに大笑いしながら差し替えていたことを思い出す。

ダイドーの自販機の営業担当者は半年周期くらいで交代になるが、その間に2カ月くらいの短期間で交代になった（させられたのだろう）男が、その「ダメな人」名刺のトップを長期間キープしていた。彼は営業マンとしての対応も最低ランクだったが、一度配達の車を壊してしまい、盗難防止のクラクションを爆音で鳴らしながらお店にやってきたことがあり、車に詳しい大山くんに修理してもらってようやく音が鳴りやんだこともあった。

彼が2位に落ちたのは、「パチパチおやじ」という新キャラが登場した時だった。広告代理店の男だったと思うが、仕事の話をしている最中に、自分の顔を延々と両手でパチパチと叩くのである。もう仕事の話より、そのパチパチが気になってしかたないし、そんな相手と毎月10万円以上もするような広告の話を契約できるわけもない。しかしいただいた名刺はファイルの上位ランクに君臨した。

もともと私はダメなところのある男をこよなく愛してしまうクセがある。この人は偉そうだったけれどどこんなダメなところがあったなあ、なんて思うと、どんどん嫌いな人がなくなっていく。それが営業という、他人と対面して仕事をしていかなくてはならない人間となると、さらに哀愁をおび、あんたそれで大丈夫なのかと同情すらしてしまう始末である。

ダメな人名刺は数年遊んだが、途中でやめてしまった。大山くんがちょっとした事件を起こしてしまいお店をやめてしまったからだ。

大山くんとは7年後に再会し、旧交を温めた。今は3児のパパになっていると聞いてずいぶん驚いたものだ。ダメな人名刺の話をすると、「そんなことしていましたねえ！」と大笑いし、なんだか急にパチパチおやじのことを思い出したが、大山くんには話さないでおいた。

あの名刺ファイルがどこにあるのか、もう記憶がない。おそらく捨ててしまったのだろう。最後の頃の、ダメな人名刺ファイル最上位が誰だったのかは、忘れた。

涙

小学生時代の友人から十数年ぶりに電話があった。

小学校5、6年生の時の担任教師だった大槻先生が、認知症になり体調も悪く京都市北部にある病院に入院している、よかったらお見舞いに行ってあげてほしいとのことだった。

空いている日程を見つけて、京都に赴き京都バスに乗って岩倉近くの病院に向かう。病院の立地していた場所は、私が高校時代は運動公園だった場所で、確かここで草野球をしたはず、と思い出していた。

ずいぶんきれいな病院のB棟3階に、その大槻先生は4人部屋のベッドに横になっておられた。おそらく年齢は80代半ばあたり、私の記憶の大槻先生とは風貌が変わり年齢をとられていたが、口のまわりを見て先生の印象が変わらないことを知る。

先生、広重です。覚えておられますか。小学校5年、6年と担任していただきました。

と声をかけるも、反応らしき反応はない。

おそらく私が誰かはわかっておられないかもしれない。でもこういう場合、気持ちを持って接すれば、言葉を超えたところで気持ちは通じるのだと思った。

先生、長生きされましたね。先生に勉強を教えていただきました広重です。先生のおかげで今もこうして元気にしております。本当にありがとうございます。

手をにぎって話すと、反応はないものの、先生の右目から一筋の涙が流れた。

ああ、広重くん、来てくれたのね。

そういう声が聞こえた気がした。

私も落涙した。

先生が眠りに落ちられる前に、口から言葉にならない声が少し聞こえた。

もちろん言葉にならないので、何を言っているのかはわからない。

でも、あなたが信じる道をこれからも生きていきなさい、という先生の言葉は聞こえた気がする。

小学校卒業式の時、大槻先生はクラスのみんなの一人ずつに言葉をかけられた。
先生は私に「広重くん、あなたはやればできるんだから」と、言葉をくださった。
はい、先生、やればできる人間にはなれたように思います。

私が恩師と思っているのは、この小学校高学年の担任教師の大槻先生、中学3年生の担任の山本先生、今の断易の師匠の3人だ。山本先生はもう鬼籍である。大槻先生の、おそらくこの最晩年の姿に接することができたことで、またひとつ勉強させていただいた気がする。

眠られた先生に向かい、深く頭を下げ、ありがとうございましたとつぶやく。

先生の唇の色は、桜の花びらのような淡いピンク色だった。
これから先、何かに迷った時は、大槻先生のあの唇を思い出そうと思う。
そうすれば、きっとなんだって乗り切れる。今でもそう思っている。

閻魔大王の算盤

真夜中に目が覚めると「カチ、カチ、カチ、カチ」と部屋の中で音がする。毎日ではない。原因はわからない。
先日も明け方まだ暗い時間に目が覚め、大きな音でカチカチという音を聞いた。

その時になにかゾッとしたのは、この音は閻魔大王が算盤を弾いている音ではないかと思ったのだ。

私はもうすぐ死ぬ。

そしてあの世に行って閻魔大王の前に出て、いいことをいくつ、悪いことをいくつと、算盤で弾かれる。その算盤の音がもう早々にしているのだと思うと、もの凄くこわくなった。

が、違っていた。

私の部屋には壊れているビデオデッキがありまだ通電させているのだが、なにかの拍子にそのビデオデッキに電源が入りテープをローディングしようとしているような、そんな接触音がしていたのだ。

デッキのコンセントを抜くと音はおさまった。

しかしなぜ閻魔大王の算盤の音なんて、そんなふうに思ったのだろう。

こんな話も思い出した。

1983年のアメリカのテレビドラマ「フロム・ザ・ダークサイド」に「罪の洗濯」というエピソードがある。一見は普通の町のクリーニング店だが、中国人の店長に裏メニューを頼むと「罪」を洗濯してくれるという。

主人公はこのクリーニング店を利用するようになる。どんな悪いことをしても、その時に着用していたワイシャツを持参して特別料金で洗濯してもらえば、現実に犯した罪はチャラにな

マはエンディングをむかえる。


るのだから安いものだ。

しかしある日突然にクリーニング店は閉店する。店に電話すると店長が出て「ロトに当たったんですよ！　もう私は仕事をする必要がなくなったんです！　ブラボー！」という言葉を残して電話を切る。もう罪を洗濯してもらうことは出来ない。主人公が自殺する場面でこのドラマはエンディングをむかえる。


こんなエピソードもある。

いつもアルケミーレコードのレコーディングで使っていたスタジオのエンジニアの方から聞いた話。

その方はスタジオが暇なときは、とび職のアルバイトをしていたそうだ。建物の2階部分で作業をしていた時に、足を滑らせて落ちた。下にはクッション材が敷いてありケガはしなかったそうだが、その2階から地面に落ちる数秒の間に自分の人生をすべて見たという。走馬灯のようにという表現があるが、まるで録画したビデオテープを逆再生したような感じだったそうだ。現在の年齢から自分の子供の頃まで、キュルキュルキュルッとビデオのリバース再生のように脳裏に映像が流れたと言う。

「広重さん、人生って全部ビデオ録画されているんですよ。きっと死んだ時に閻魔大王の前で、この映像が再生されるんだろうなと思いましたよ」と彼は語った。


本当にあの世の入り口に閻魔大王がいるかどうか、死んだ時にわかるね、きっと。

深日港

旅に出たい。

じゃあどこに行きたいのだろう。

きっと私は徳島に行きたいのだと思う。漠然とだが老後は徳島で、なんてことも考えている。

学生時代は和歌山の近くの深日港から徳島フェリーで四国に渡った。

もう今はこのフェリーはないが、昭和の頃には本州と四国を結ぶ重要な航路だったようだ。

深日港発のフェリーは、当時の時刻表を見るとほぼ24時間営業していたようだ。2等船室で650円。これは安い。神戸経由、大阪南港経由より格段に安いので、当時京都に住んでいた私もこのフェリーを利用していたのだろう。

その後、瀬戸大橋や明石海峡大橋が完成した経緯でフェリーは廃れてしまい、深日港発の定期旅客航路も完全になくなってしまった。今は少しの船が出入りし、観光客や釣り客の利用はそこそこあるらしい。

なんばから南海電車に乗って、この深日港に向かうと、直前の駅が「みさき公園」である。夏休みの時期、この深日港に向かう電車の車窓から見えるみさき公園とその直前に広がる「せんなん里海公園」は、まるで天国のように楽しげな景色だった。

みさき公園は2020年に閉園することになり、直前に訪問することができた。その時にすっかり寂れてしまった深日港も訪問した。時間が止まったままのような町並みは、強烈に静かだった。

せんなん里海公園はいつか行きたいと思っているが、いまだに実現できていない。

武藤くんのこと

「螺旋階段」というバンドは私が英国のプログレッシブロックバンド〝スラップ・ハッピー〟のようなバンドを作ろうとして、1979年、当時「どらっぐすとぅあ」のスタッフ仲間だったソフィーさんという女性をさそって結成したバンドだった。当時私は19歳、ソフィーさんは20歳、お互いに大学生だった。

ソフィーさんは私とバンドをやってもいいけれど、武藤くんという彼女の友人をメンバーに入れたいと言ってきた。私はキーボードを担当する予定だったので、ベースを弾くという武藤くんの参加は歓迎だった。

武藤くんはいかにも〝青春〟という言葉を絵に描いたような青年だった。かっこよく、背も高く、性格も明るかった。浪人中の予備校生で、年齢は私より1歳上だったかもしれない。イジイジして根暗な雰囲気の私とは好対照だった。

ソフィーさんとどういう知り合いだったかどうかは、忘れた。彼氏とかそういう関係ではなく、友達以上恋人未満、そんな雰囲気だった。

女性1に男性2。恋愛感情はともかく、どうしてもライバル意識は芽生える。ソフィーさんが武藤くんを誉めたりすると、私は無性にイライラしたりしていた。

ベース、キーボード、女声ボーカル。何度かスタジオ練習したが、この編成ではどうしても音楽的に幅が広がらない。ギタリストを入れようということになり、イディオットをギターで誘うことになる。4人でスタジオ練習を行うことになるが、楽曲はイディオット、武藤くん、ソフィーさんで作られていくことが多く、私はなんとなく蚊帳の外のような気分でふてくされている時もあった。イディオットがそんな私を見かねて気をつかってくれた時もあった。

私が自作の曲を螺旋階段の練習に持ち込んだことがある。やたらベースラインが速く、指を速く動かさなくてはいけないテンポの曲で、何度か練習したものの武藤くんは「ごめん、これ、弾けない」と困った顔をしていた。私はきっとほくそ笑んでいたに違いない。その曲はボツになったが、今にしても自分はとても嫌なヤツだったと思う。

螺旋階段のライブ出演が決まっていた。クロスノイズというどらっぐすとぅあ主催のライブイベントで、場所は京大西部講堂だった。ライブが近づいてもなかなか螺旋階段の練習がはかどらない。西部講堂のライブの数日前に、英国のバンドでU．K．が来日し大阪公演をすることになっていた。私と武藤くんはその公演のチケットを購入して持っていたが、螺旋階段のスタジオ練習の回数を増やすため、二人ともそのU．K．のコンサートに行くことをキャンセルしようということになった。武藤くんは「ドラムがテリー・ボジオになって、U．K．の音がどんなふうに変わったか見たかったけど、しょうがないね」と、とても悲しそうな顔をしたのを覚えている。

西部講堂のライブの後、武藤くんは螺旋階段を脱退した。武藤くんが辞めなければ私が辞めていたかもしれない。

その後イディオットはソフィーさんにベースを弾かせ、頭士くんというギタリストと納口さんというドラムをさそって、螺旋階段を自分のバンドとして構築していった。

武藤くんが辞めた後、どらっぐすとぅあで私が運営スタッフをしていた日だったと思う。当時どらっぐすとぅあに出入りしていた大学生のロジーさんという女性に、バンドから武藤くんが脱退した話をした。ロジーさんは武藤くんのことがあまり好きじゃなかったという話を始めた。

「武藤くんの高校生時代の話、知ってる？」

ロジーさんは以前、どらっぐすとぅあに来ていた時に武藤くんと会っていて、その時にいろいろ話をしたのだという。

「彼は高校生の時、生徒会長だったらしいのよ。で、学校でなにかイベントをする時に〝気球を上げよう〟と提案したんだって。ほかの生徒はみんな手作りの気球なんてうまくいくはずがないと言ってたのに、武藤くんは一人でずいぶんがんばったんだって。で、みんなの冷たい視線の見守る中で、気球を上げることに成功したんだって！」

「そんな話、いかにも青春マンガみたいじゃない？　私は感動するどころかあきれちゃったんだけど、本人は青春そのものみたいに話すのよねえ。いかにも生徒会長よねえ」

なんとなくバカにした口調で武藤くんのことを語るロジーさんを見て、なんだか私は自分が悪いことをしたような気分になったのを覚えている。

まだ武藤くんのいた螺旋階段のスタジオ練習の時、ソフィーさんがこう話した。

「武藤くんの部屋に遊びに行った時、私が誕生日にあげたプレゼントの箱が大切にとってあったのを見つけて感動したわ。プレゼントだけじゃなくて外の箱までとってあるなんて、ホント武藤くんらしいわ。そういう武藤くん、好きよ」

こんな些細なことを、私は今も忘れられないでいる。

その後。

2011年。

エディ・ジョブソンとジョン・ウェットンがU．K．を再結成させて4月に来日公演を行うという。1979年に武藤くんとはU．K．のコンサートに行けなかったけれど、その埋め合わせのためにもこの来日公演には足を運ぶことに決めた。

1979年に武藤くんと二人してチケットまで購入しながら、螺旋階段のバンド練習を優先するために結局行かなかったU．K．の初来日コンサート。

その後U．K．は解散。再結成もなかったため、二度と見ることはないと思っていた。

さらに武藤くんにはU．K．のコンサートを犠牲にしてまで練習した螺旋階段のバンドも脱退したため、武藤くんには本当に悪いことをしたと、私もずっと後悔していた。
U．K．はなにか心の奥にひっかかった小骨のような存在だった。

そのU．K．が2011年になって再結成して来日公演をするという。

これは1979年に見そこなったコンサートをとりかえす最後の機会であり、武藤くんとの友情にひびの入ったきっかけになった経緯への最後の懺悔の機会だと思った。

私にとっての、一種の〝人生のやりなおし〟である。


コンサート会場は満員だったが、若い客は皆無に近い。40代、50代がほとんどだろうか。ストレンジデイズの読者層、ユニオンプログレ館の顧客、そんな感じ。でも観客がこのコンサートになにかを期待して来場している雰囲気は伝わってくる。

当日はU．K．で思い出すような曲はほとんど演奏された気がする。「イン・ザ・デッド・オブ・ナイト」「アラスカ」「デンジャー・マネー」「サーティ・イヤーズ」「タイム・トゥ・キル」「シーザース・パレス・ブルース」……。

「ナッシング・トゥ・ルーズ」と「ランデブー602」をどこで演奏するのかと思って

いたら、アンコールで無事演奏された。特に「ランデブー602」はエディ・ジョブソンのピアノとジョン・ウェットンのボーカルのみという、非常にシンプルで、そしてなにか奇跡を見ているような光景だった。

キング・クリムゾン曲のカバーも3曲。ファンサービス満点。

「スターレス」はエディがデヴィッド・クロスのパートを完コピ。これは泣けた。私が高校生の頃、最も好きだったクリムゾンナンバー。

「土曜日の本」はジョンのアコギ弾き語り。これも非常に好きな曲だっただけに、嬉しい。驚いたのは「再び赤い悪夢」。1970年代、ジョンがクリムゾン在籍時のライブでも演奏されたことはなかった曲だ。アルバム「レッド」収録曲で「スターレス」同様、好きなナンバーだった。

もう十分です、十二分です。ありがとうございました。

今日は土曜日。土曜日の本。

武藤くんへの後悔から32年後に、ようやく最後のページを閉じることができた気がするよ。

神様、こんな機会をくださって、本当に感謝します。ありがとうございました。

あの時の大人たち

子供の頃の感情は、その後の生涯に影響するのだと思う。


中学生の頃、ロックミュージックが好きだった。

自分の小遣いでレコードを買うのは限界があり、もっといろいろな音楽を聴きたいと思っていた。そんな時はラジオにリクエストするか、ロック喫茶でレコードを聴かせてもらうくらいしか手段がなかった。


ロック喫茶に行くと「ガキが来やがった」と店の常連らしきお兄さんににらまれた。

ディープ・パープルなどの有名なバンドをリクエストするとさらにガキ扱いされ、ブルースロックなどの渋いところをリクエストすると「分かりもしないくせに」と馬鹿にされた。

あんな大人にはなるまいと思った。

自分が大人になり、あの頃のロック喫茶の先輩を思い出すことが多い。


19歳の時、大阪で行われたフリージャズのコンサートにノイズギターで参加した。

一般からの参加募集が告知されており、私は主催者の審査に通ってコンサートの舞台に出演できたのである。

後日、そのコンサートの反省会があり、参加者は出席すべし、となった。私はのこのこ出かけていった。その反省会の場で、ジャズの先輩たちに囲まれ、私の演奏は「青春のマスターベーション！」と酷評され、ほぼ全員から笑われた。

心底くやしかった。

翌日、ギタリストの頭士くんを誘って非常階段を結成した。

美川さんはそのコンサートを見に来てくれており、後に雑誌記事で「さすがにびっくりした」と褒めてくれたことをよく覚えている。本当にうれしかった。

子供の頃、あんな大人にはなるまい、あんな人間にはなるまいと思った人が何人もいた。

今の自分がその時思った嫌な大人になっていないか、いつも確認するようにしているが、時々やはりあの頃に嫌悪していた大人のような態度になっている。

もっともっと、子供の頃のことを思い出す必要がある。

ハリケーン書店

たまたま京都の出町柳のあたりをバスに乗車して通った時に、思い出した。

１９７０年代の末ころ、この出町柳と百万遍の間の南側に、「ハリケーン書店」という名前の本屋があった。本屋といってもいわゆるアダルト誌専門、それも洋書の専門店だった。なんでこんな場所に、と、誰もが驚いた。

当時非常階段のメンバーだった谷やんが「どらっぐすとぅあ」で「ハリケーン書店なあ、ほんまにハリケーンのように、突然ガーッとできたんや！　ハリケーンやで！」と喜色満面に話していたのを思い出す。

ハリケーン書店は、やはりハリケーンのように、数カ月で閉店、姿を消した。

どんな経営者がどんなつもりで開店したのか、閉店したのか、今では知るよしもない。

ハリケーン書店が破裏拳書店、と表記していたかどうかは記憶がさだかでない。

書店の入っていたビルは、まだそこにあった。

二月の雪

雪に関する思い出はいくつもあるけれど、一番きれいな思い出は大学生の時につきあっていた女の子とのことだ。

奈良の東大寺二月堂修二会を見に行った帰り、東大寺南大門の前で降ってきた雪。東大寺のお水取りの行事の初日だったはずで、松明を見てその帰り道だったから、帰宅に向かう大勢の観光客がいたはずだが、なぜかその場所に自分たち以外の人たちがいた記憶はない。

夜、南大門の前に私と彼女がいて、空から無数の雪が降り注ぐ。帰り道を照らす外灯の下、彼女が空を見上げてくるくる回っていた光景だけが記憶に残っている。まるで幻想的な映画のシーンを見ているようだった。

この記憶は作詞作曲をして、自分のソロアルバムの中に「三月の雪」という曲で収録している。このアルバムももうすでに廃盤だ。もうソロアルバムなんて出さなくてもいいかなという気持ちと、そろそろなにか出そうかなという気持ちの間で、揺れている。

Aくんのこと

1981年ごろ、非常階段の初期メンバーだったAくんは、実はそんなにいい友人ではなかった。

確か同じく初期メンバーの岡くんが連れてきたのがAくんだったと思う。同じ予備校仲間で、しかしAくんは早稲田大学に合格して普段は東京に住んでいた。

Aくんはサックスプレイヤーだった。やせ形で目の下にいつもクマをつくった病弱そうな表情。実際に喘息持ちで、岡くんは「Aを殺すのに刃物はいらぬ、目の前でタバコをひと吹きすればよい」などとブラックなジョークを飛ばしていた。そう、Aくんはメンバーになった時点ですでにいじめられキャラだった。

非常階段のメンバーになってもらってすぐ、彼がどうしてそういうキャラクターなのかわかった。今でいうKY、つまり空気が読めない男だった。発言は的はずれで場をしらけさせる。

オドオドした態度が無性にこちらをいらだたせる。実際にステージでも自虐的なパフォーマンスが多く、今にして思えばなにか屈折した気持ちを抱えていたのだろう。しかし当時のわれわれには全部含めてからかいの対象であったり、ともすればギクシャクしがちなメンバー間の気持ちのはけ口をAくんに向けていたのかもしれない。

非常階段は1981年といえば最も過激なステージパフォーマンスで知られていた頃で、ライブ終了後は雑誌の取材インタビューを受けていたことも多かった。そういう場ではAくんは大はしゃぎし、誰よりも饒舌になっていた。おいおい、非常階段を結成したのはオレだぜ、途中から入ってきたクセになにをそんなに語ってるんだい、余計なことを言うんじゃないぜ。私はそんなことを思いながら、苦々しくAくんの態度を眺めていた。

Aくんが最後に非常階段で演奏したのは、1982年の新宿JAMスタジオでのライブだったと思う。思う、というのは私は彼がどういった演奏をしたのかまるで記憶がないからだ。数枚の写真が残っており、そこにAくんが写っている。ああ、だから彼もそのライブのステージにはいて演奏はしたのだろう。その程度の記憶しかない。その程度のメンバーだったのだ。岡くんの友人だから辞めさせたりはしない、ライブがあれば来てもいいよ、でもいてもいなくてもいい、そんなメンバーだったのだ、Aくんは。

Aくんは、私にとっていい友人ではなかった。
いいバンドメンバーでもなかった。
彼の演奏やパフォーマンスをいいとは一度も思わなかった。

そんなメンバーだった。

1983年、私は東京・目黒に住んでいた。

その年の春、岡くんからいきなり電話があった。


「Aくんが死んだ」


え？　どうして？

彼は1982年から大手広告代理店に就職し、東京・府中にあった会社の寮に住んでいたそうだ。Aくんはその日は喘息の発作がひどく、会社を休んだのだという。電話で往診を頼んだが、医者は午後でないと向かえないという返答で、Aくんは自室で咳をこらえながら医者の到着を待っていたのだそうだ。

Aくんは薬剤師の息子だった。病院が出す喘息の発作を抑える薬以外に、おそらく自宅から持ち出したのであろう、咳を抑える薬を大量に自室に持っていたらしい。当時の喘息の薬には劇薬の成分も含まれたものもあったそうだ。

医者を待ちきれなかったのだろう、Aくんは大量の薬を飲み、そして薬のためか、もしくは咳で息がつまったのか、自室で悶絶死していた。彼のまわりには大量の薬が散乱していたという。

岡くんは自分は関西に住んでいるので葬式には行けない、今日がお通夜だそうだから、JOJO、きみが代表で行ってくれないか、と言う。

そういう電話だった。


私は府中にある斎場に向かった。

祭壇には髭を生やしたAくんの写真が掲げられている。

「あ、ＪＯＪＯや」

そういう声が聞こえた気がした。

私は線香をあげ、手をあわせた。


私は控え室に移動した。まわりは会社関係の人ばかりで、私の知人はひとりもいない。

私の前にまだ高校生か大学生くらいの女の子がやってきた。

「あの、Aの音楽のほうのご友人の方ですか？　私、Aの妹です」

彼女はそう語った。


「非常階段というバンドを兄はしていたのですよね」

「私は兄と年齢が離れていて、あまりゆっくり話をしたことがなかったんです」

「だから急に兄が亡くなって。兄のこと、もっともっと知りたかった」

「兄は非常階段というバンドに参加していること、とても誇りに思っていました」

「非常階段のメンバーはみんないいヤツなんだ、いい友だちなんだって私に言ってました」

「非常階段は新宿ロフトとかにも出演して、雑誌にも取り上げられて、すごいんだぞっていつも自慢していました」

「私、そんな生き生きしたお兄ちゃん、バンドのことを話す時しか見たことがなかった」

「勉強ばっかりして、病気ばっかりして。でもバンドのことやメンバーのことを話す時は本当に嬉しそうでした」

「ねえ、お兄ちゃんのこと、もっとおしえてください」

「どんな兄だったんですか？　どんな楽器やってたんですか？」

「非常階段って、兄が自慢していたバンドのこと、もっとおしえてください！」

私は、伏せた顔を上げることができなかった。

だからAくんの妹さんの顔は、今でも思い出せないでいる。

ミスタードーナツ

1970年1月27日はミスタードーナツが日本に1号店を出した記念日だそうだ。

ミスタードーナツ。

私の生まれ育った実家の近く、京都の白梅町という場所にミスドが開店した日のことはよく覚えている。京福電車、いわゆる嵐電の北野白梅町駅のそば、今ではイズミヤというスーパーが立地していた場所にミスドはあった。

当時小学生だった私は母に連れられてドーナツを買いにいった。「フレンチクルーラー」「ホームカット」「シュガーレイズド」は当初から販売されており、その名前でもうアメリカンな雰囲気は伝わってきていた。フレンチクルーラーを口にした時、こんなにドーナツっておいしいものかとおおいに感動した。

１９８０年、私が大学生だったころ、同じ学校に通う女の子のやっちゃんがこのミスド白梅町店でアルバイトをしていた。その噂をきいて、ある日私はやっちゃん目当てにお店に入った。するとやっちゃんが脚立に昇って、天井にある照明のライトを交換していたのである。

当時はミスドはオレンジ色のユニフォームで、短いスカートのやっちゃんが脚立の上から「あ！　広重さん！」と、恥ずかしそうにしていたのを覚えている。私もスカートからのぞいていた彼女の足にドギマギして、きっと顔を赤らめていただろう。

やっちゃんとはその後、短い期間のおつきあいもしたが、私は音楽活動に忙しく彼女はパンクだノイズだという展開についていけるわけもなく、ふたりの溝は深まっていった。たぶん私と別れた後に出会った男性と結婚したはずだ。

今日は私が働く占いのお店に、最近仲良くしている女の子がドーナツの差し入れをしてくれた。袋の中には「フレンチクルーラー」が入っていた。最近は年齢のせいか、フレンチクルーラーは甘く感じて食べる機会は減っていた。ずいぶん久しぶりに食べた気がする。

昔からこの味は変わっていないのだろうか。

このドーナツのせいで、今日はずいぶん久しぶりにやっちゃんのことを思い出した。

彼女とはかぐや姫のライブのレコードを一緒に何度も聴いた。

正やんの歌う「22才の別れ」の歌詞、

ひとつだけ　こんな私の
わがまま　聞いてくれるなら
あなたは　あなたのままで
変わらずにいてください　そのままで
※

というのが、女はこういうことを言うのはずるいとか、ずるくないとか、ずいぶんやっちゃんと論争したものだ。

やっちゃんとはもう長く会っていないが、年賀状の交換は続いている。

君は変わらないままでいるかい。
私は変わらないままで、いられているだろうか。

※かぐや姫「22才の別れ」〝三階建の詩〟日本クラウン／PANAM／1974

第三章　音楽

歌を超えるノイズ、ノイズを超える歌

歌とノイズの関係は、意味との関係であり、イメージとの関係でもある。ノイズは非音楽的な存在の音だ。その音に意味がなく、リスナーのイメージする感覚に刺激を与える音でしかないところに価値があって、ノイズ音そのものに意味はない。いや、もちろん〝無意味という意味〟も存在してしまうので、完全に無意味な音というのはこの世には存在しないが、ノイズの面白さは具体的な意味やイメージではなく、非常に感覚的な、なにか第六感的な部分で楽しむエンタテインメントと言っても差し支えない。わけのわからなさこそが真骨頂だ。歌は、違う。歌詞があり、メロディがあり、バックにコード進行のある音楽がある。もちろんアブストラクトな歌詞や歌は存在するが、ほとんどは具体的な意味とイメージを喚起させる。歌には明確な意味がある。そしてあらゆる歌のなかで、最も価値のあるものは〝悲しみ〟を歌った歌だ。

三上寛の「オートバイの失恋」という歌の中に「オートバイの失恋なんて／誰も唄にはしないだろうが／それに比べて人間の失恋の唄は何んて多い事だろう」※という歌詞があるが、そのとおり、失恋の歌を筆頭に、人の営みの悲しみ、別離の悲しみ、生きることそのものへの悲しみ、戦争の悲しみ、世界が存在すること自体への悲しみの歌など、悲しい歌はたくさんある。日本にも、海外にも。

歌とは、そもそも悲しいものだ。いや、悲しい歌を人間が好きだというだけなのかもしれない。歌は原初的には神に捧げる祈りであったか、もしくは母がわが子に歌う子守歌のどちらかがはじまりだろう。しかし人の前で歌う歌は、どこか原初的に悲しみの歌が多かったのではないだろうか。恋の歌は恋が成就するよりは、悲恋の歌の方が圧倒的に美しいからだ。

※
三上寛「オートバイの失恋」
〝寛〟
ビクター／Snow Records Japan／1975

私が歌を意識したのは、１９６０年代末にテレビの歌謡番組で見た日本の歌謡曲だと思う。夕食後、家族で見るテレビは歌番組が多かった。最初に好きになった歌はザ・タイガースの「花の首飾り」だった。歌詞自体は純粋な恋のイメージ・ソングだが、加橋かつみの歌う透き通るような声の中に、果てしない悲しみを感じたのだと思う。私は小学生だったが、それでもこの歌は見事だと感じていた。

自分の中の気持ちに染みこむような歌。それを感じたのは間違いなく、１９７０年のヒット曲でもある岸洋子の「希望」だと思う。同年、フジテレビのバラエティ番組「祭りだ！ワッショイ！」の中の歌謡アニメコーナーで、この「希望」が放映された。このバージョンは石ノ森章太郎によるアニメーション映像に岸洋子の歌がかぶさる趣向で、当時石ノ森作品に傾倒していた私は心底感動したものだった。「希望」という明るく前向きな言葉に比較して、この歌の内容の重さ、悲しさのアンビバレンツも、このギャップにこそ言葉やイメージの深みを感じたのだった。以降、悲しい歌、ダークなイメージ、どこか哀しげな歌や声、淋しさや孤独を感じさせられる歌には間違いなく惹かれていくことになる。アニメの「ルパン三世」エンディングテーマに、チャーリー・コーセイの歌に、特撮の「帰ってきたウルトラマン」挿入歌のＰＹＧ「花・太陽・雨」に、ドラマ「傷だらけの天使」最終回で歌われたデイブ平尾「二人」に、テレビの前でなにか無性に心がふるえる、私はそんな少年だった。

小学校の高学年の時期、私には大学生の家庭教師が雇われた。授業は週に1回程度だったと思う。ある日曜日、その家庭教師の先生の下宿に遊びに行った。そこでフォークソングの歌をいくつか教えてもらうことになる。あがた森魚の「赤色エレジー」と三上寛の歌を聴かせてもらった記憶があるが、まだ小学6年生には理解できなかったようだった。

１９７２年に私は中学生になり、１９７３年にフォーク・ギターを購入、友人に教えてもらいながら当時のフォークソングをカバーすることになる。同級生だった妹尾くんの家には何度も遊びに行き、彼が吉田拓郎のファンだったことから、吉田拓郎の曲はずいぶん演奏し、歌った。学校の音楽の授業にも妹尾くんとギター・デュオで出演、演奏した記憶がある。妹尾くんには他にも井上陽水、泉谷しげるなどフォークの王道をたっぷり教えてもらった記憶がある。

王道の妹尾くんに対して、石田くんという同級生は裏街道の音楽をたくさん教えてもらった友人だった。彼は熱心な深夜ラジオのリスナーだったのだろう、フォーク、ロック、フリー・ジャズ、現代音楽まで幅広いジャンルの音楽を聴いていた。彼からはたくさんの音楽を学んだが、歌といえばジャックスと早川義夫を教えてもらったことが大きい。ジャックスのベスト盤「からっぽの世界／ジャックスのすべて」や早川義夫の「かっこいいことはなんてかっこ悪いんだろう」は何度も聴いた。ジャックスもその歌の世界観にずいぶん感心したが、早川義夫の歌はなんて暗いんだろうと、本当に驚いた。いまだにこの「かっこいいことは…」以上に暗いアルバムを私は知らない。「無用ノ介」のリズムを作っている音は当時まだ中毒自殺できたガス栓からもれる音に聞こえたし、「もてないおとこたちのうた」は当時髪の毛を伸ばしていた自分の姿と二重写しになっていた。「シャンソン」「サルビアの花」には、こんなに深い悲しみの歌は当時他にないだろうと思っていた。

石田くんからは三上寛のライブLP「コンサートライヴ零孤徒三上寛1972」も借りて聴いた。当時から怨歌フォークとも呼ばれていたように、人間の悲しみ、恨み、怨念の塊のような歌には驚愕し、人の歌う歌はどこまで表現できるのだろうかと、それこそレコードの前にひれ伏すように聴き続けた。「BANG!」には、もっとアブストラクトな世界に突入する三上寛の歌の世界に、音楽って凄いものなのだということを思い知った気がした。

中学生の時に自分で買った最初のフォークのアルバムは、あがた森魚の「乙女の儚夢」だった。見開きで大正ロマン風に彩られた豪華なジャケットで、小学生の時に聴いた「赤色エレジー」の歌の意味や良さがようやく理解できるようになっていた。センチメンタリズムという意味を理解したのは、私にとってはおそらくこのアルバムだろう。悲しみの歌の奥にたとえようのない美しさがあるということ。歌を聴くということが単に音楽の趣味というだけでなく、何か人間にとって根元的に必要な行為に思えてしかたがなかった。女性シンガーで最初に気持ちにひっかかったのはベッツィ&クリスの「白い色は恋人の色」で、やはり小学生の時だった。この曲もザ・タイガースの「花の首飾り」同様、歌詞の内容よりも、歌われる声のトーンに、なんとも言い得ぬ懐かしさ、哀しさ、センチメンタリズムを感じる一曲だった。

自分で女性シンガーに夢中になるのは高校生になった1975以降で、中山ラビ、山崎ハコ、森田童子、佐井好子の4人に傾倒することになる。当時の音楽情報は「ヤングセンス」「ｇｕｔｓ」というフォークソング雑誌が中心で、そこにはシンガーの情報、インタビュー、写真、楽譜、ライブ情報などが掲載されていた。中山ラビや山崎ハコはそういった雑誌を見て興味を持ち、レコードを買い、コンサートに足を運んだ記憶がある。「橋向こうの家」「ひまわり」といった曲が好きだった。

森田童子は当時私が住んでいた京都のフォーク喫茶で聴かせてもらった。ジャズ喫茶、ロック喫茶などが京都にはたくさんあり、情報が今のように豊富でなかった時代には、こういった音楽喫茶で実際にレコードを聴かせてもらうのが一番だったのである。

森田童子はセカンドアルバム「マザー・スカイ＝きみは悲しみの青い空をひとりで飛べるか＝」を聴いたのが最初で、１９７６年のことだったと思う。その後サードアルバム「ＡＢＯＹ」の発売記念コンサートに足を運んだが、会場にはずいぶん多くの観客がいて、京都にはこんなに森田童子ファンがいるのかと驚いたものだった。センチメンタリズムの極地、暗い歌、孤独を感じていた10代の自分にとっては極私的な歌だと思っていたものが、実はポピュラリティがあったことが不思議だったのである。しかしよく考えてみればメジャーなレコード会社からアルバムが出ていたわけだから、マイノリティだと思っていたのは私だけで、けっこう人気があったのかもしれない。

森田童子の歌は、とにかく家でひとりで聴いた。ファーストアルバム「グッドバイ」は本当にレコードがすり切れてノイズが出るようになったため、3回も買い直した。楽譜集も購入し、自分で森田童子の歌を演奏したりもしていたが、フォークギターの弾き語りというスタイルにやや飽きが来ていた時期でもあったのだろう、物足りなさを感じてもいた。バックにバンドがあったり、もっと効果的なサウンドがあったり、ノイズの向こう側から漏れ聞こえるような森田童子の歌、といったアレンジがあればなどと夢想していたものだった。

佐井好子は高校時代につきあっていた女の子に教えてもらったアーティストである。セカンドアルバム「密航」が出た直後くらいで、その音楽の世界観、渺茫たる歌とサウンドのイメージの広がりは、今まで聴いた中で最高の女性シンガーだと一聴して確信した。このアルバムに収録されている「人のいない島」、サードアルバム「胎児の夢」に収録された「遍路」という曲は、私の全音楽人生の中でのフェイバリットとなり、それは今も揺らいでいない。

つまり私にとっての歌は、佐井好子によって最終的に確立されたものである。歌とは悲しみの象徴であり、人の感情、とりわけ〝思い〟の象徴であり、心がふるえる／揺れる／揺さぶられることの極みであるが、それはたくさんの歌を聴いてきた末に、佐井好子というシンガーと出会ったことで、ある種の完結を見たのである。これが私が思ってきた〝歌〟だ。そう信じることができた。

１９７９年、佐井好子は音楽活動を休止する。

１９７９年、私は非常階段を結成する。

実は非常階段は、佐井好子のその先を目指したものでもあったのである。いや佐井好子は歌ものではないか、非常階段はノイズで即興演奏で、まるで音楽的に接点がないではないか。

誰しもそう思うであろうが、もうこれは私の中の世界観としか言いようがない。佐井好子が私の思う歌という世界を完成させたのである。どんな音楽でも〝思い〟のない音楽はない。佐井好子がそういった歌や音楽を完成させたのなら、われわれはその先、その向こう側に挑まなくてはならない。

非常階段を結成するに至り、私はすべて作曲という活動を止めることにした。今後は即興しかしない、と決めた。

もう一度歌に戻るきっかけになったのは、１９９2年にアルケミーから発売した「愛欲人民バトルロイヤル」というオムニバスＣＤにスラップ・ハッピー・ハンフリーというユニットで参加したことだった。エンジェリン・ヘヴィ・シロップというバンドのボーカリストの板倉さんが森田童子に声質が似ていたことから、森田童子の曲を彼女に歌ってもらい、そこに私のノイズ・ギターをかぶせるという趣向だった。

この時に歌というものを再認識した、そんな気がした。いや、ノイズと歌というものを再認識したと言うべきだろう。１９７０年代に森田童子を聴いていた時にイメージしていた、ノイズの向こう側から漏れ聞こえる森田童子の歌を自分で再現できたこと、これが自分の中にある歌に、もう一度戻ることを決意した瞬間だったと思う。

もうひとつ。1976年にイギリス・ヴァージン傘下のキャロラインレーベルから出たオムニバス盤「ギター・ソロ2」に収録されたデレク・ベイリーのテイクが3曲あるのだが、「ザ・ロスト・コード」という曲で唯一ベイリーが歌を歌っているのだ。このトラックは私のお気に入りで、ノイズ＋歌というアイデアはこのあたりもルーツになっている。

1994年にスラップ・ハッピー・ハンフリー名義でアルバムを出したあと、自分のソロではノイズ＋歌、ノイズ＋音楽＋歌というスタイルを継続することになる。また他の人の歌や音楽にノイズ・ギターを重ねることも多くなった。佐井好子とは2001年に共作アルバム「クリムゾン・ボヤージ」を制作したし、2008年の佐井好子復帰作「タクラマカン」にもノイジーなギターで参加した。他にはSYOKO、沢口みきといったアーティストのレコーディングに参加したり、ライブではおにんことのジョイントで〝ジョにんこ〟、猿股茸美都子とのセッションで〝猿股茸広重美都子〟なども行った。思えば○○階段と呼ばれるセッションユニットの多くはノイズ＋歌＋音楽であるが、最も歌を意識したものは「とうめい階段」だろう。とうめいロボの曲に私がノイズ・ギターを付ける、そして私の歌にとうめいロボが声で参加するバージョンは、二度と再演できないほどのテンションに仕上がったと思っている。

ノイズと歌。それはこのとうめい階段で完成したかもしれない。歌がノイズを超え、ノイズが歌を超える、そんな音楽の形をめざしてきたが、このあたりが完成形かもしれない。歌とノイズの関係は、意味との関係であり、イメージの関係でもある、と最初に書いたが、意味とイメージを超えることはノイズと歌の結合でしかありえないのかもしれない。そんな問いのひとつの答えがとうめい階段だったと、私は思っている。

たった1枚のレコードから広がる世界

小学生の時、私はたいして音楽好きではなかった。本を読んだり映画やテレビのドラマを見るのが好きで、夜は必ず自分が登場するオリジナルなドラマを空想してから寝るという、つまりはストーリーが好きな少年だったのである。音楽はそのドラマのオープニングやエンディングに使用される、まだるっこしい時間でしかなかった。

私には4歳年上の姉がおり、彼女が歌謡曲、とりわけグループサウンズの音楽に熱中していたことから、小学生低学年から音楽を聴いたり歌謡番組をテレビで見たりする習慣はあった。その中で最初に私が〝音楽は美しい〟と思ったのはザ・タイガースの「花の首飾り」で、このシングル盤は姉がいない時にもレコードを取り出してポータブルプレイヤーで再生していたことを覚えている。

自分で最初に買ったレコードは軍歌が4曲入ったEP盤だった。当時私は小学4年生でプラモデルに熱中しており、巡洋艦、零戦、タンクなどの模型をたくさん作っていた。その中でミリタリーにも興味を持ち、雑誌「丸」を読み、人間魚雷や神風特攻隊の自爆攻撃などに魅力を感じていたのである。当時購入したEP盤は、もう手元にはないが、そのレコードには「同期の桜」「若鷲の歌」「ラバウル小唄」が収録されていたのは覚えている。

1972年、中学に入学、私は演劇部に入部した。その秋、森本さんというクラブの先輩だった男性が手にしていたのが「頭脳警察3」のLPだった。ロック・バンドの名前はザ・○○○ズといった英語が定番だった時代に、頭脳警察という漢字4文字のバンド名は至極新鮮に映った。森本さんに「そのバンドなんですか?」と訊くと、「なんだおまえ、頭脳警察も知らないのか」と、このレコードを貸してくれたのである。ここに収録されていた「ふざけるんじゃねえよ」「嵐が待っている」「前衛劇団〝モーター・プール〟」は私にとってのロックを決定付けた3曲となった。とりわけ「前衛劇団〝モーター・プール〟」は曲の中盤にアドリブで楽曲をグシャグシャにして中断する部分が2回あり、抽象的な歌詞とあいまって、猛烈に自分の音楽感覚を刺激された。これが自分の探している音楽だという実感があったのである。運命的な出会いであったアルバムだろう。後年その頭脳警察のドラムのトシさんとステージで共演することになろうとは夢にも思ってみなかった。

頭脳警察を知ったきっかけで、クラスやクラブの仲間たちにロックやフォークを好きな友人を捜すことになる。大倉くんという友人は中学1年生で安部公房を読破していたようなヤツだったが、彼にT・レックスの「電気の武者」「スライダー」を借りた。T・レックスはその後好きなバンドになったが、特にこの2枚は愛聴盤になった。後年彼からはカメカメ合唱団の「人生はピエロ」というエレックからのLP盤を借りることになる。ニッポン放送のDJだった亀渕昭信と泉谷しげるが作ったこのアルバムは、ミニドラマと音楽を組み合わせた深夜ラジオの拡大版のような作品だった。もともとドラマ好きの私には、このセンチメンタリズムと厭世観を組み合わせたようなカメカメ合唱団の音楽劇は最高に楽しいレコード作品だった。後年アルケミーレコードで「愛欲人民十二球団」「愛欲人民バトルロイヤル」といった冗談的な音楽アルバムを制作するのはここにルーツがある。

小学生の末期から中学2年生まで、私は友人と切手収集に関するミニコミ（当時は趣味誌と呼んでいた）を自主制作・発行していたが、そのミニコミから派生した文通を通して、徳島在住の大浦さんという年上の男性と知り合う。大浦さんはまだガリ版全盛のミニコミの時代に湿式青焼コピー紙による冊子を発行しており、ずいぶん先進的な発行者だった。私は大浦さんに、最近は切手収集ではなくロックに興味を持っている、と手紙を書くと、彼は自分もロックが好きで、とりわけプログレッシブロックが好きだ、こんなのを聴いてみなさいと、カセットテープにピンク・フロイド、イエス、キング・クリムゾンの音楽を録音して送ってくれたのである。私が一番驚いたのはピンク・フロイドの「おせっかい」というアルバム収録の「エコーズ」だった。当時1曲が20分以上もあるポピュラー音楽を聴いたのは初めての経験だった。大浦さんにお薦めのアルバムを教えてもらい、「おせっかい」に加えてイエス「こわれもの」、キング・クリムゾン「太陽と戦慄」を購入した。中学2年生の時である。

中学2年生から高校3年生の5年間、つまり1973年から1978年の期間は私が最も音楽を集中して聴いた時代である。年齢も13歳から18歳の時期で、いわゆる多感な時期にあたり、この頃聴いた音楽がその後の私のすべてを構成していると言って過言ではない。できるだけたくさんの種類の音楽を聴きたかったため、友人と共同してレコードを交換しあったり、音楽喫茶でリクエストをして情報を集めた。時間や金銭的な問題もあり、内容はプログレッシブロックに偏っているが、以下順不同で影響を受けたアルバムを羅列したい。

プログレッシブロックではやはり英国のものを多く聴いたが、頭脳警察を聴いた瞬間に感じたような「これが私の探していた音だ！」という感覚を持ったのは、間違いなくホークウインドの「宇宙の祭典」である。ここに収録された演奏の浮遊感、反復による酩酊感覚、サイケデリックとコズミックなサウンドには心底感動した。このＬＰ2枚組4面を繰り返し聴いた。朝起床して寝るまでこのアルバムを通して聴いていたこともあった。ホークウインドのライブはライト・ショーとヌード・ダンサーによる舞踏があるという情報を知り、ますます期待を持っていたはずである。後年、ニック・ターナーズ・ホークウインドが来日した時にボーカルで共演することになろうとは夢にも思ってみなかった。

　プログレッシブロックで一番回数を聴いたアルバムはピンク・フロイドの「狂気」で、おそらく私の生涯におけるレコードのリピート記録はこのアルバムだろう。ここに収録された「虚空のスキャット」は本当に何度聴いたかわからない。数千回聴いていると思う。今聴いても飽きることなく最後まで聴くであろう、驚異的なアルバムだ。

　イエスは「危機」「リレイヤー」、キング・クリムゾンは「アースバウンド」がフェイバリットとなったが、この2バンドは当時の他のアルバムも全部聴いている。「リレイヤー」は不思議なアルバムで、イエス・ファンからはあまり正当な評価を受けていないが、ともすれば優しいムードの音楽になりがちなイエスの楽曲の中で、バンドの過渡期特有の苛立ちのような緊張感が気に入ったのかもしれない。キング・クリムゾンの「アースバウンド」は録音の質が悪いが、その分こちらもせっぱつまったようなテンションの高さと、収録曲「ペオリア」の歌詞の意味に感動した部分が大きい。

　ジェネシスも徳島の大浦さんに教えてもらったバンドである。当時は「怪奇骨董音楽箱」が大好きだった。プログレッシブロックの音の幻想的な部分が好きだったが、ジェネシスには懐かしさやセンチメンタリズムもずいぶん感じていたのだろう。音楽テクニックではイエスやキング・クリムゾンには及ばなかったが、ピーター・ガブリエルが奇抜な衣装を着てシアトリカルなステージを展開しているという情報も気持ちをときめかせてくれた。

　大浦さんに教えてもらったバンドで最重要なものはヴァン・ダー・グラフ・ジェネレーターである。ちょうど日本盤ＬＰ「ゴッドブラフ」が発売になった時に、大浦さんも私も高校生であったはずで、そのピーター・ハミルの力強いボーカルと、キーボードをフィーチャーしたプログレッシブな音には新しいロックの魅力を十二分に感じたのである。私は１９７６年発表の

「スティル・ライフ」が一番好きで、これは盤がすり切れるほど聴いた。高校時代、自分が死んだら棺桶に入れてあの世まで持っていくアルバム10選、などという企画を友人と語り合っていたが、このアルバムは間違いなくランクインした一枚である。

もう一枚、あの世まで持っていくレコードに必ず入っていたのがフリップ&イーノ「イヴニング・スター」である。このアルバム全体に流れる渺茫とした世界は、後年やはりイーノのレーベルから発売されたギャビン・ブライアーズの「タイタニック号の沈没」登場まで、私にとって最高の作品だった。ギャビン・ブライアーズは私にとって重要な作曲家となり「タイタニック号の沈没」は今でも愛聴盤である。音楽を聴いていて気が遠くなる感覚、それを一番感じるアルバムだからだ。

もう一つ英国のバンドをあげるならば、ハットフィールド・アンド・ザ・ノースだろう。このバンドの2枚のアルバムにはずいぶん癒された。そう、プログレッシブロックとは私にとって自分を刺激し、なにか前進させるようなエネルギー源だったのに対し、このハットフィールド・アンド・ザ・ノースの音楽や歌にはずいぶん慰められた気がしている。「ザ・ロッタース・クラブ」というアルバムがフェイバリットで、このアルバムを知る人で内容を悪く言う人はひとりもいないという奇跡のような作品だと思う。

英国に次いで私が10代の時に最も興味を持ったのはジャーマンロックだった。当時は輸入盤店も少なく、レコードや情報がなかなか入手できなかった時期で、ロック喫茶でようやく現物のレコードを見るという状態だった。それだけに出会えた時には全神経を研ぎ澄まして耳を傾けた。例えばクラウス・シュルツの「イルリヒト」は、初めて聴いた時には死ぬかと思ったほどに感動した作品である。部屋を暗闇にしてこのアルバムを大音量にして聴いていると、なにか別世界に連れていかれるような錯覚を覚えたものだった。こんなに精神と融合する音楽は当時他になかったように思う。

ファウストのアルバムも入手が難しかったレコードで、ファーストアルバムの「ファウスト」はロック喫茶で出会った。このアルバムの内容が10代の若造にわかるわけもなく、聴いているだけで頭がグシャグシャになるような感覚は強力に刺激的だった。非常階段でも「ソー・ファー」収録曲をカヴァーしたり、「テープス」のジャケットをオマージュしたり、つまりはわれわれがリスペクトしているバンドだった。アルバム「Ⅳ」は日本盤が「廃墟と青空」という邦題で発売され、自分にとってのジャーマンロックを象徴する存在となっている。

アシュ・ラ・テンペルは「ジョイン・イン」が好きだった。女性メンバーのロジがいるのもなんだか嬉しかった。当時こういったややこしい音楽が好きな連中はほとんどが男で、女性の理解者は皆無だったからである。マニュエル・ゲッチングのソロになってからは「ニュー・エイジ・オブ・アース」がお気に入りで、朝の一発目にかけるレコードとしての定番となった時期もある。

ノイ!は3作とも好きだったが、当時は輸入盤の入手が難しく、テイチクから発売された日本盤LPでようやく聴くことができたはずだ。ファーストの「宇宙絵画」セカンドの「電子美学」、サードの「電子空間」という邦題もいかしていた。セカンドの1曲目を第五列の制作で複数による個人カヴァーの合成という手法で録音したが、意外にまともな演奏になってボツになった記憶がある。われわれの間ではテープの回転数を変えたセカンドがやはり一番評価が高かった。

タンジェリン・ドリームは「リコシェ」が好きで、国内盤を購入するともらえたポスターを長く自室の机の前に貼っていた。エドガー・フローゼのソロ「イプシロン・イン・マレーシアン・ペイル〜青ざめた虚像」も大好きで、その渺茫とした音の世界にひたっていたことを思い出す。特に17〜18歳の頃はシンセサイザーやミニマル、エレクトロニクス、アンビエントな音に耽溺していた時間が長かった。

グル・グルは「ＵＦＯ」を京都のロック喫茶「どらっぐすとぅあ」で初めて聴いてぶっ飛んだが、本当に驚いたのは「カングルー」を聴いた時である。こんなタチの悪いロックバンドがあるのか！　マジなのか冗談なのか、まるでわからなかったはずである。しかし「不思議の国のグル・グル」収録の「エレクトロ蛙」は何度も聴いて楽しんでいた。

カンはやはり日本人ボーカリスト、ダモ鈴木の存在がなんだか頼もしかった。「エーゲ・バミヤージ」の日本盤中古を購入したのが最初で、いかにもな日本語英語の発音が楽しかった。「フューチャー・デイズ」を聴いた時の浮遊感は、その当時ですらこの音は空気より軽いと感じた。「闇の舞踏会」は日本盤で購入したが、これも一聴してかっこいいなと思った。ミヒャエル・カローリは当時のフェイバリット・ギタリストとなった。

ジャズ関連にほとんど興味を持たなかったのは、プログレッシブロックに比べてあまりにも作曲がスタンダードで、アドリブの中におもしろさを見つけられなかったのだろうと思う。それでもジャズ喫茶には高校生の頃は毎日のように通った。石田くんという級友がジャズに詳しかったこともあり、たくさんのジャズ・ミュージシャンを教えてもらった。彼から教えてもらった音楽は多いが、最高のものは山下洋輔トリオだったと思う。「木喰」「クレイ」「キアズマ」はよく聴いた。石田くんとＳＬＯＴＨという即興ジャズ・ロック・バンドを17歳の時に結成し、山下洋輔トリオの「グガン」をカバーしたことを覚えている。また坂田明のファーストソロ「Counter Clockwise Trip」を石田くんが発売日に買ってわが家に持参、ふたりして聴いたこともあった。

高校生の頃に聴いていた邦楽は森田童子、佐井好子、山崎ハコ、中山ラビ、あがた森魚で、当時の京都はブルース全盛期とあって、ロック系のバンドの良いレコードにはなかなか出会えなかった。ロック喫茶「赤ずきん」「ニコニコ亭」にはよく通ったが、たいがいは洋楽がかかっていたと思う。森田童子は「マザー・スカイ＝きみは悲しみの青い空をひとりで飛べるか＝」が好きで、「ぼくたちの失敗」「逆光線」は何度も聴いた。後年「ラスト・ワルツ」というアルバムで「みんな夢でありました」を初めて聴いた時は、ステレオの前でへたり込んだ記憶がある。

佐井好子は「密航」「胎児の夢」の2枚を一番回数多く聴いた。音楽を聴いて〝このまま死んでしまいたい〟と思ったのは、この佐井好子の歌だけだろう。後年共演することになろうとは夢にも思っていなかった。

あがた森魚は「噫無情」が好きで、聴いた時にこのアルバムは完璧だと感じた。こんなに完成度の高い邦楽アルバムは今でもそうそうはないと思っている。後年このアルバムのライナーノーツを書くことになろうとは夢にも思ってみなかった。

アヴァンギャルドなもので繰り返して聴いたものはそんなに多くない。

スラップ・ハッピーはヘンリー・カウとのジョイント作「デスペレート・ストレーツ」を聴いた時は驚いたが、アルバム「スラップ・ハッピー」の方が好きだ。先に書いた、あの世まで持っていくアルバム10選にはこのアルバムも必ず入っていた。

ヴァージン傘下キャロライン・レーベルから出ていた「ギター・ソロ2」も大きなアルバムで、ここに収録のデレク・ベイリーのテイクは彼の最高の仕事だと思っている。

イタリアのバンド、アレアは「呪われた人々」「イベント76」が好きだ。プログレをどんどんその先まで追究すると、こういったアヴァンギャルド＋フリージャズのその先のようなサウンドになるのは十分わかっているが、あくまで日本ではロックのフィールドで評価されているところに価値を見つけたい。

パンク・ロックやニュー・ウェイブにはほとんど影響を受けなかった。唯一、スーサイドは好きだった。ファーストアルバム「スーサイド」は本当によくできたアルバムだった。どらっぐすとぅあで嫌な客が来た時はこのアルバムのB面をかけ、アラン・ヴェガの絶叫にあわせてスタッフが絶叫すると、たいがいの客は帰った記憶がある。

最後に、ジャズでもロックでも現代音楽でもなんでもないバンド、ザ・ニヒリスト・スパズム・バンドのセカンド「Vol.2」をあげておきたい。このカナダの、1965年に結成して自作楽器で毎週月曜日にライブをやっているバンドは世界的にはほとんど無名だが、アルケミーからCD再発をしたり来日公演なども行い、日本国内ではそこそこの知名度がある。このセカンドは私が最初に聴いた彼らのアルバムで、バンドのユニークさを知らしめるには十二分な内容だ。こんなバンドが世界のどこかにいること、そのレコードを聴くことが日本に住む音楽好きの若者にとっての、どんなに深いエネルギー源になることか。音楽の素晴らしさはこういう部分にもあるし、たった一枚のアルバムが何かを変えることもあるのだということの証明のような作品だと、今でも私は思う。

関西NO WAVE　1977〜1979

いわゆる「東京ロッカーズ」を中心にした東京のパンクロックシーンに対して、1978年頃から1979年まで関西で活動していたINU、ウルトラビデ、SS、アーント・サリーの4バンドを中心にしたバンド群による音楽シーンを「関西NO WAVE」と呼んでいる。音楽業界的にはこの中心となった4バンドの総称のように使われることが多いが、真っ先に飛び出して注目を浴びたのが彼らだっただけで、実際にはアルコール42%、変身キリン、ジュラジューム、螺旋階段、非常階段、UP-MAKER、ノーコメンツ、バンパイヤ、スーパーミルクなどのバンドも含んだ、大阪・京都・滋賀・兵庫の1977年から1979年に及ぶオルタネイティブな音楽シーン全体を指す。

1980年から1981年頃になると、関西のバンド数は飛躍的に増えることになる。関西NO WAVEの面々が行ったライブやレコードのリリースなどが若者に影響を与えたのと、天王寺のマントヒヒ、寺田町のスタジオあひる、心斎橋の創造道場など、バンドがライブ演奏を行う場所が増えたのが原因だと思われる。

現在のライブハウスが乱立しているような音楽状況に慣れている世代には不思議に思われるかもしれないが、1970年代末期には、ライブハウスは都市部ですら数えるほどしか営業していなかった。またそれらのライブハウスに出演していたのはメジャーなレコード会社から作品をリリースしていたプロのアーティストやセミプロのバンドや歌手であり、アマチュアバンドが出演することは希であった。関西NO WAVEのバンド達は、自主コンサートをレンタルホールのような場所を借りて開催したり、学園祭のステージでライブ演奏を行っていたのである。またライブハウスに出演できる機会があっても、お情け程度に平日の空き日程に出演するのが精一杯であった。

1977年から1978年にかけて、それまでの音楽シーンの王道であったポップス、ロック、歌謡曲の流れではなく、リスナーの世代から自分たちの音楽を追究するバンド活動を行う面々が出てきたのは、実は東京も関西も同時代的に進行している。東京では後に「東京ロッカーズ」と呼ばれるバンド群がやはり1977年あたりから活動を開始しているし、同じく1977年に大阪では町田町蔵がINUの前身となるバンド「腐れおめこ」を結成。また京都では私、JOJO広重が即興演奏とロックをミックスしたバンド「SLOTH」を結成している。

こういったシンクロニシティにはいろいろな考察があるが、東京ロッカーズの場合、渡米してニューヨークのパンクシーンに影響を受けて帰国した元3／3のレックがフリクションを結成したり、紅蜥蜴というロックバンドを運営していたモモヨがリザードとバンド名を変えるなどして、もともとは別のスタイルのロックを演奏していた者がパンクに変わっていったという経緯がある。それに対し、関西のバンドは、音にしろ歌詞にしろ、どこか最初からやや屈折したものを所有していたような雰囲気があり、バックグラウンドに最初からアヴァンギャルドやアブストラクトな部分が含まれているように見える。

その理由のひとつには、1976年に大阪で創刊された音楽誌「ロックマガジン」の影響が考えられる。この阿木譲が発行していた雑誌は、当時の音楽誌が大きくは取り扱わなかったプログレッシブロックやパンクロックをメインに紹介しており、情報が圧倒的に不足していた国内の音楽状況の中では突出した情報量を誇っていた。特に大阪発信の音楽誌はあまり例がなく、関西の書店を中心に配本されたこともあって、大阪や京都、神戸の音楽ファン、音楽リスナーに大きな影響を与えたのである。編集部には後年タコを結成する山崎春美がいたし、さらに後年には非常階段のメンバーの美川俊治も執筆陣として名前を連ねている。

またロックマガジンは「ヴァニティ」というインディーズ・レーベルを1978年にスタートさせ、翌1979年にはアーント・サリーのスタジオ録音によるLPレコードをリリースしている。後述する林直人が自主レーベルのアンバランスレコードをスタートさせるのが1980年であるから、ロックマガジン・阿木譲の行動はかなり早かったことになる。そういった意味でも、関西のシーンにはプログレッシブロックのバックグラウンドが多く見られたり、自主性が強い部分があるのは、このロックマガジンの流れが底辺にあったからだと思う。阿木譲は近畿放送（現在のKBS京都）に「FUZZ BOX IN」というラジオ番組を持っており、普段のAMラジオではめったにかからない洋楽を紹介していた。

このように関西NO WAVEは1977年あたりからうごめき始めているのだが、実際は1978年の京都のロック喫茶「どらっぐすとぅあ」周辺の動き、特に第五列やBIDEガレージコンサート周辺での活動が、いわゆる関西NO WAVEのスタートと言っていいと思う。ここである程度まとまった、継続的でインディペンデントな音楽シーンが形成されつつあったのは確かだが、まだまだ関西にバンドが点在しているだけで、大阪・京都・神戸をつなぐネットワークのようなものは存在せず、関西のシーンと呼べるような存在ではなかった。

それが収束していくように大きな流れになっていくきっかけは、1978年10月6日〜10日に神戸と京都で行われた東京ロッカーズ関西ツアーである。特に9日と10日の2日間にわたって京大西部講堂で開催された「BLANK GENERATION」というライブイベントは大きな刺激を関西の音楽シーンに与えたのである。

これはニューヨークのパンクシーンを追ったドキュメンタリー映画「BLANK GENERATION」の上映と、すでに同年の初頭から活発に活動を開始していた東京ロッカーズの関西ツアー・ライブの合体イベントであった。当時の関西にはミニシアター的な映画館はまだ少ない時期で、「BLANK GENERATION」の上映でパティ・スミスやトム・ヴァーラインの動く姿が見られるというのは、関西の音楽ファンにとっては垂涎の出来事であったのだ。

またライブではフリクション、Ｍｒ．カイト、Ｓ-ＫＥＮ、リザード、ミラーズの東京ロッカーズ5バンドが演奏を行った。それを迎え撃つムードで、関西勢としてＢＩＤＥバンド、ＳＳ、ブランク・ジェネレーションなどが対バンとして出演した。しかし自分たちのオリジナル曲をパンクロックのビートで演奏し、激しいステージングで圧倒した東京ロッカーズに対し、関西のバンドはコピーバンドの域を出るものではなく、格の違いを露骨に見せつけられた形になった。唯一、後にウルトラビデを結成するＢＩＤＥのユニットは、シンプルなリズムをバックにノイズや電子音を即興的に絡めるオリジナル曲を演奏していたが、主催者とのトラブルにより、開場時の客入れの時間帯に演奏させられていたため、扱いが良いとは言えない状況だった。

大阪の高校生だった林直人、美川俊治はこの京大西部講堂のイベント「BLANK GENERA-TION」に足を運んでいる。中でも時代に敏感な音楽ファンであった林には、この東京ロッカーズに対峙するはずの関西のバンドたちが、オリジナル楽曲を持たず外国曲のコピーバンド然として演奏した態度に落胆していた。東京ロッカーズは実は昔からあるハードロックバンドの進化形であるにすぎないと見破っていた林の感性は、なおさらそのレベルにすら足元にも及ばない関西勢に大きく失望したのである。

しかしこの失望感が逆に林を奮い立たせたのであった。林は10月下旬には手書き原稿とコピーによるミニコミ「アウトサイダー」を創刊する。ここで林はライブレポートの形で「BLANK GENERATION」における関西バンド群の脆弱性を批判している。また彼は単なる論評に終わることなく、関西独自のシーンの形成を呼びかけ、１９７8年12月30日、大阪心斎橋の喫茶店「ギャルソン」において「神経切断ＧＩＧ」とネーミングしたライブイベントを主催するのである。

林はまだ16歳だったはずで、その若さで関西初のパンクのミニコミを創刊し、関西初の自主的なパンクギグを開催したことになる。

この「神経切断GIG」のライブが、関西NO WAVEの存在を対外的に知らしめる実質的なきっかけとなった。出演はウルトラビデ、TRASH、ブランク・ジェネレーション、五龍館、腐れおめこが関西勢で、東京からのゲストとしてリザードがトリを飾っている。ウルトラビデのアヴァンギャルド・パンクは、やはりシンクロニシティ的にアメリカ・ニューヨークで起こっていた「NO NEW YORK」の日本からの回答のような演奏だったし、10月の西部講堂出演の時点ではパティ・スミスのコピーバンドだったブランク・ジェネレーションは全曲オリジナルで勝負した。町田町蔵率いる腐れおめこは後のINUにおける名曲となる「メシ喰うな！」を演奏していた。50人程度の観客ではあったが、まさに時代がここから始まったような、そんな一瞬の爆発のようなライブコンサートだったことは間違いない。

1979年。

昨年のミニコミアウトサイダーや「神経切断GIG」のライブでギアが入ったバンド勢は、3月に東京ツアーを企画する。

日程と出演バンドは

1979年 3月24日 吉祥寺マイナー

出演：ウルトラビデ、アーント・サリー、INU

3月25日 渋谷屋根裏

出演：ウルトラビデ、アーント・サリー、INU

3月27日　明大前キッドアイラックホール
　出演：ウルトラビデ、アーント・サリー、INU、SS
3月28日　福生チキンシャック
　出演：INU、SS
3月29日　福生チキンシャック
　出演：ウルトラビデ、アーント・サリー、SS、アルコール42％

このツアーのライブ音源はカセットテープによって録音され、一部は後年アルケミーレコードからLPやCDなどで発売され、その生々しい演奏を聴くことができる。特に3月25日渋谷屋根裏でのウルトラビデ、INUの演奏、27日明大前キッドアイラックホールでのSSの演奏はテンションが高く、録音状態も良好だったため、関西NO WAVEの記録音源として評価も高い。

そもそも関西NO WAVEには、単純に米英のパンクロックをシミュレートしたようなバンドはひとつもなく、むしろその後に来るオルタネイティブやポストパンクのような音を目指していたような個性的な音楽を演奏していた。このライブツアーにより、東京に比べて遥かに先の音楽を目指している関西のバンドが演奏する音楽は、十分に存在感を示したに違いない。例えば21世紀になった今でも、この1979年の渋谷屋根裏におけるウルトラビデの演奏を聴いて「これが1979年当時に演奏されていた音楽なのか」と驚嘆される機会も多い。

ではこのツアーに参加したバンド達もその充実感を得てさらに前進する飛躍のきっかけにな

ったのかと言えば、全員がそう感じたわけではなかったようだ。このツアー直前、腐れおめこからＩＮＵに名前を変えた町田町蔵のバンドにギタリストとして参加した林直人は、大阪に戻ってすぐにＩＮＵを脱退している。アーント・サリーはレコーディングを行い、１９７９年１月にはヴァニティからＬＰレコードを発表するも、同年10月に解散。ＳＳも5月には解散しているし、ウルトラビデはギタリストを加えたり、ＪＯＪＯ広重とＢＩＤＥが担当楽器を交換するなどした末、１９８０年初頭には解散しているのだ。ＩＮＵは１９８１年まで活動するも、やはり同年8月には解散している。どれも短いものは1年未満、長くても3年すら活動していない、あまりにも短命なバンドたちだった。

もちろん若さゆえという理由もあっただろうが、皆、自分たちの最新型の音楽を追求し、メンバーがそのスピードについていけず、脱落し、崩壊していったことは間違いないだろう。

関西ＮＯ ＷＡＶＥのバンドの中で最も長命だったＩＮＵは、１９８０年2月に自主制作ＬＰ「ドッキリレコード」を２００枚プレスで発売している。この企画は１９７９年の夏には進行しており、そもそもは１９７９年11月に発売予定だったものが、遅延して翌年の2月になったものである。発起人は町田町蔵で、実際の実務は元ブランク・ジェネレーションのメンバーで１９７９年にＩＮＵのベーシストとなった西川成子が行っていた。レーベルは必要レコードとなっており、その創設にはＢＩＤＥなども参加していた記録がある。

この「ドッキリレコード」にはＩＮＵ、ウルトラビデ、チャイニーズ・クラブ、アルコール42％、変身キリンの音源が収録されている。全てスタジオレコーディングによるものだが、各バンドが独自に録音した音源を持ち寄る形で制作されたため、音質にはバラツキがある。

この「ドッキリレコード」発売記念ライブは、レコード自体は間に合わなかったものの、

1979年11月1日に兵庫県尼崎市にあるピッコロシアターの中ホールで開催されている。出演はINU、アルコール42%、ウルトラビデ、チャイニーズ・クラブ。

また11月27日には同志社大学の学園祭の一コマとして、校内の教室を使ったライブ企画「関西NO WAVE」が開催されている。出演はINU、チャイニーズ・クラブ、アルコール42%といった「ドッキリレコード」収録バンドに加え、非常階段、螺旋階段、変身キリン、BIDE、スーパーミルク、コウイチロー+堀田吉範がラインアップされていた。この1979年の同志社大学の学園際でのライブイベントが、いわゆる関西NO WAVEの最後であると言い切ってもかまわないだろう。「ドッキリレコード」が発売された1980年2月には、このアルバムに収録されていたウルトラビデもチャイニーズ・クラブも解散していたし、この後しばらくしてアルコール42%も活動を休止しているからだ。

町田町蔵は独自にINUの活動の世界を広げ、1981年に徳間ジャパンからメジャーデビュー。アーント・サリーのボーカリストだったPhewは1980年にPASSレコードから坂本龍一プロデュースの元、シングル盤をリリースしている。

ミチロウさんのこと

ミチロウさんと初めて会ったのは1981年4月、京都のライブハウス・磔磔の楽屋である。1979年結成の私のノイズバンド・非常階段が過激なステージパフォーマンスで知名度を上げていたのが1980年で、同年結成されたスターリンとJAGATARAと合わせて巷では〝三大変態バンド〟と呼ばれ始めていた。その非常階段とスターリンが対バンでライブをするということで、出演者であるわれわれも来場者も気分は高揚していたはずである。
ライブ当日、楽屋で非常階段のメンバーがステージパフォーマンスで使う生魚とメリケン粉をバケツで混ぜて用意していたら、東京から到着したミチロウさんは笑顔で「お！ やってますねえ」と気さくに話しかけてくれた。スターリンの出演順は非常階段の後に設定されていたので、パフォーマンスの汚物を散らかした後のステージになるけれどもと話すと「全然かまわないですよ！」と笑顔で快諾。非常階段のメンバーはスターリンの面々と一気に仲良くなってしまった。当時非常階段の女性メンバーであった〝蝉丸〟にミチロウさんは「一目惚れしちゃった」と話していたのも記憶している。

1981年6月には慶応大学日吉校舎のライブイベントでまたもや非常階段とスターリンがブッキングされた。私は非常階段のライブ中に粉末の消火器を会場で噴射、ステージはもちろん会場全体が白煙で何も見えないような状態になり演奏は中断。PAスタッフが怒ってしまい、イベントが中止になりそうな展開になった。非常階段の後の出演順であったスターリンはアンプの生音で演奏を開始、ミチロウさんも拡声器のみでボーカルをすることになった。PAが仕事をしないとは何事だ、と私は抗議の意味を込めて金属バットを持って会場に乱入。スターリンが演奏するバックで、会場である講堂の窓ガラスを割り続けた。この模様は8mmカメラで撮影され、後年発売されたミチロウさんのCD／DVDボックスに収録されている。

その後1982年にスターリンはメジャーデビューすることになり、私も同時期に住居を東京に移してからは非常階段のライブ演奏をする機会が減ったこともあって、ミチロウさんとは疎遠になっていった。しかしスターリンが京都でライブをする時は、ミチロウさんたちは関西在住の非常階段メンバーの自宅に泊まっていたようで、ミチロウさんと非常階段との交流は続いていた。

スターリンがミチロウさん以外のメンバー脱退でほぼ活動休止状態だった1983年9月、京大西部講堂でスターリンと非常階段の合体バンド・スター階段のライブを行うことになった。1981年8月に新宿ロフトで開催されたインディーズロックイベントに非常階段が出演した時にミチロウさんも見に来てくれていて、終演後にメンバーとミチロウさんが「今度スター階段をやりましょう」と約束したことを2年後に実現したのである。

スター階段の公演は、西部講堂でのライブイベントとしてはその時点で過去最多の入場者となった。ステージはスターリンの演奏をバックに非常階段がノイズをかぶせていくスタイルで、派手な破壊パフォーマンスも行った。満員の来場者が会場内を逃げ惑うような大混乱を起こしながらも、皆が求めていたような破壊的なカタルシスを体現したステージを展開した。この時にスターリンが1曲目に演奏したのが、1960年代のロックバンド・ジャックスの名曲をモチーフにした「アーチスト／マリアンヌ」だった。非常階段はこの後も様々なバンドとコラボを行うことになるが、このスター階段が最初の組み合わせであり、後年のセッションが〝〜階段〟と命名される所以である。

私とミチロウさんのつきあいはスターリン時代、特に過激なパフォーマンスと世間で言われていた頃に集中している。実際1983年のスター階段以降はライブハウスやイベントで共演することはほとんどなかった。

2004年、渋谷のトークイベントでほぼ20年ぶりに再会したのをきっかけに、私もソロでの活動を行っていたこともあって、少しずつ共演するようになる。2007年9月、大阪のライブハウスでミチロウさんソロ、私のソロで出演した。楽屋でミチロウさんから「せっかくだから最後に一緒になにか演奏しましょう」と提案いただき、スター階段のセットリストでも取り上げた「マリアンヌ」を二人で歌うことになった。私がジャックスのファンだったことはご存じなかったようで、「JOJOくんのバックグラウンドに早川義夫さんがあるなんて。嬉しいなあ」とミチロウさんは破顔一笑してくれた。二人の共通のルーツである楽曲をミチロウさんとステージで歌ったことは、生涯忘れられない思い出である。

2009年、私のバンド・非常階段は結成30周年を迎えた。その記念イベントとして新宿ロフトでスターリン（遠藤ミチロウ＋久土'n茶谷）、非常階段、the原爆オナニーズが合体、原爆スター階段として盛大にライブをすることになった。時代は推移してステージギミックで使う豚の頭は楽天からネット通販で購入することになり、こんな些細なことも楽屋で皆笑い合った。会場は大盛況、当時ミチロウさんは58歳だったはずだが、上半身裸でステージ天井の鉄パイプにぶら下がって大声でスターリンの曲を歌ってくれていた。1981年に初めて会った時のように、バケツに何杯もの汚物や液体を用意してステージや客席にぶちまけたが、出演者もスタッフも来場者もみんなが笑顔だった。こんなにノイジーでグシャグシャなパフォーマンスであっても、一級のエンターテインメントに昇華されていたというこの時の光景はそうそうあるものではない。出演者中最高齢だったミチロウさんは、ステージ上でどこか神々しいものがあった。

私はミュージシャンであると共に易者でもある。九星気学という占いでは、私もミチロウさんも〝五黄土星〟という同じ運命星の生まれとなる。例えば三上寛、友川カズキ、PANTA、Phew、大友良英、不破大輔といった面々が同じく五黄土星の音楽家である。音楽ファンならこれらのミュージシャンに共通する姿勢や雰囲気を感じていただけるだろう。演奏スタイルは異なれど、五黄土星のミュージシャンは破壊性や暴力性を内在させた繊細さを音楽や歌で体現し、アブストラクトな側面を必ず内包し、長い年月に亘って提示し続けている。ミチロウさんもその一人で、清らかさとカオスが混濁した中から生まれるパワーを使って、パフォーマンスでは過激に見せながらも聴く者の心の奥底にある一番繊細な部分に届く音楽を演奏し続けていたように思う。

2011年の東日本大震災をきっかけに、ミチロウさんが大友さんらと共に福島の復興に尽力されたのは周知の通り。私はたまに接点がある程度で、ミチロウさんの濃厚な晩年を一緒に過ごした人間ではない。2016年秋に渋谷で開催されたオールナイトイベントにミチロウさんはドアーズの日本語カヴァーバンド・THE ENDで出演、非常階段での共演となったこの日がミチロウさんとの最後の顔合わせになるとは夢にも思わなかった。

本当の最後は2017年、ミチロウさんからいきなり私の携帯に電話をもらったことである。それは彼の親戚の方についての個人的な相談だった。相手を思いやる優しいミチロウさんのエピソードであるが、プライベートなことなのでここには記さない。少し長めに話した後に「わかった。JOJOくん、ありがとね！」と話してくれたミチロウさんの、いつものややかすれた穏やかな声は今でも耳に残っている。

音楽を演るものは若い時分にヒットを出して、それを長く演奏していくのがセオリーだろう。私とミチロウさんに共通しているのは、若い時代にステージで過激なパフォーマンスをしたことが、その後の音楽シーンでずっと語り継がれてイメージとして定着していることである。私とミチロウさんのヒット曲は、きっとこのパフォーマンスのことなのだ。そしてさらに私とミチロウさんに共通しているのは、最後まで公言しなかったけれども、豚の生首を投げるとか、ステージで放尿するなんてことは過激なことでもなんでもなくて、実は普通の人間なら誰しも持っているようなグロテスクな部分を少しだけ使ってみただけで、誰にでもできることなんだと知っていたことだろう。ミチロウさんは普通の人間なら誰でも持っているような思いやりや優しさ、困難にも前向きに立ち向かうことの大切さを、東北人らしい照れくささで歌っていただけなのだ。ミチロウさんは本当に普通の人だった。普通の人以上に普通だった。子供のような部分を持った、素敵な大人だった。

ミチロウさんは亡くなったけれども、音楽は永遠に残る。スターリンや遠藤ミチロウの歌は未来にも聴き継がれ、きっと将来は第二のミチロウさんのような歌を歌い、次の世代を先導していくような若者が登場するに違いない。その場面に遭遇するまで、私は長生きすることにする。

さようなら、ミチロウさん。いろいろありがとうね。またね。

photo by 地引雄一

B・iS階段のこと

BiSと非常階段がコラボして「B・iS階段」としてライブをやろうとなったのはもう10年以上前のことである。2012年初頭、ももクロと非常階段のコラボという企画があり、ももクロがメジャーになっていく流れの中で当然おじゃんになっていた時に、Twitterで誰かが「JOJOさん、ももクロもいいけど非常階段ならBiSのほうが相性いいですよ」と教えてくれたのが私がBiSを知ったきっかけである。当時四谷のライブハウスで連続ライブ企画が進行中で、その主催者が私とBiSをつないでくれた。渋谷にあった事務所で渡辺淳之介さんと会い、非常階段とBiSのコラボは快諾された。トントン拍子に話は進んで同年11月にB・iS階段のライブが実現。可愛らしいアイドルたちが歌いながら内臓肉を客席に投げ込んでいるバックでノイズを演奏しているのは最高に楽しかった。

ポピュラー音楽とノイズの融合というアイデアは、私は1970年代には思い描いていて、1990年代にスラップ・ハッピー・ハンフリーというユニットで森田童子の楽曲とノイズのコラボを実現している。今回のB・iS階段もその音楽センスの延長ではあるが、現役最前線のアイドルとは初めての試みだった。ノイズを権威的なアートではなくエンターテインメントとして昇華させるには、アイドルとノイズという音楽の両極がコラボするスタイルは最適だった。

BiSとノイズの相性は良かった。1回きりのライブのはずが、CDリリースや大会場でのライブ、定価30000円を超えるボックスセット発売など、想像を超える企画がどんどん実現していって、1年半ほどであったが本当に楽しい時間を過ごせたと思っている。

京都のボロフェスタで行った「ソウルフラワーB・iS階段」のライブは、このステージが永遠に続いて欲しいほどの最高潮を記録できたと思っている。YouTubeで今も見られるが、ソウルフラワーの中川くん、ウイカちゃん、私の3人でコーラスしている瞬間こそが音楽以上のものが結実した奇跡でなくてなんだろうか。Ｂ・ｉ・Ｓは過酷な企画やツアーが多かったが、後日「Ｂ・ｉ・Ｓ階段の時はステージが自由にできるので嬉しかった」とのメンバー談もあった。彼女たちも喜んでいてくれたならさらに最高だ。

非常階段メンバーは還暦を超え老楽の境地だが、もしＢ・ｉ・Ｓ階段再結成の話があれば何を差し置いても馳せ参じる所存である。

森田童子のこと　-三回忌によせて-

森田童子の歌を知ったのは１９７６年だったと思う。当時京都に住む高校生だった私は、学校帰りにジャズ喫茶やロック喫茶に足を運ぶのが日常だった。フリージャズやプログレッシブロックに傾倒していた頃で、新しい音楽の情報を仕入れるためには音楽喫茶に入り浸るのが一番効率が良かったのである。

京都市内、今出川通りと寺町通りの交差点に古い店作りのパン屋があり、その2階に「空（くう）」という名前のフォーク喫茶があった。有名な喫茶店「ほんやら洞」のすぐ近くにその店はあったが、「ほんやら洞」はどちらかと言えば大学生の集う店であったため敷居が高く、あまりお客さんがいなかった「空」のほうが居心地が良かったのだと思う。

たぶん新譜だったのだろう。空の店内で森田童子の「マザー・スカイ＝きみは悲しみの青い空をひとりで飛べるか＝」がかかった。１曲目の「ぼくたちの失敗」の旋律に、一気に心を奪われた。当時私はピンク・フロイドやジェネシスに代表されるような幻想的なプログレサウンドに女性ボーカルが重なればいいなと思っていた頃だった。リヴァーヴがかかってなんともいえない音空間を感じた「ぼくたちの失敗」に感動し、そして歌詞の内容に惹かれていった。店長さんに森田童子のことを教えてもらい、帰りにはレコード店でアルバムを買った。

翌年「A BOY」リリースにあわせて森田童子のツアーが行われ、京都会館で開催されたコンサートにひとりで足を運んだ。その頃にはファーストの「グッドバイ」も入手していたし、「A BOY」も発売日に買った。当時一番好きな曲は「逆光線」で、ライブでこの曲が演奏され、私は瞬きする時間も惜しいほどに森田童子の姿を見つめていた。「A BOY」では「G線上にひとり」がフェイバリットになった。また1978年発売の「東京カテドラル聖マリア大聖堂録音盤」のツアーでも、京都会館に再度コンサートを見に行った。私が森田童子の生演奏を聴いたのはこの2回だけである。

大学生になった私はもう通常の音楽では飽き足らず、アヴァンギャルドな即興演奏やノイズを演奏するようになっていた。1979年には轟音と暴力的なステージパフォーマンスをまき散らすバンド・非常階段を結成。特に1980年から1982年までの3年間が非常階段のライブが一番過激と評された時期で、もうステージで死んでもかまわない、何もかもがどうなってもいいような荒んだ気持ちはこの頃に頂点に達していたように思う。

そんな時に森田童子の「ラストワルツ」が発売された。ノイズを信条としていた時期だから、フォークソングなんてと思っていたのは間違いない。でも森田童子の全アルバムの中で一番空虚なイメージのするジャケットのこのレコードは、買った。自室でターンテーブルにレコードをのせ、「みんな夢でありました」を最初に聴いた時に、心の奥底からすさまじい絶望感が沸き起こり、私は床にへたり込んでしまった。後にも先にも音楽を聴いてこんな経験をしたはこの瞬間しかない。「たとえばぼくが死んだら」を聴いていた時はもう完璧に打ちのめされて座っていることすらできず、寝そべって泣き崩れていたように思う。自分の音楽はここで死んだ、これこそが音楽の終わりを告げる歌なのだ、そう思った。

そして私がノイズの向こう側から森田童子の歌が聴こえてきたらいいなと思い、それを〝スラップ・ハッピー・ハンフリー〟というユニットで実現するのは十数年後である。

時代は21世紀になり、平成の最後の頃に森田童子は亡くなった。もちろん現役で歌っておられる頃もシーンから姿を消されてからも、本人と対面することはなかった。私は40年以上も音楽を続けていて、森田童子と同じ時期に大好きだったミュージシャンの佐井好子や早川義夫、三上寛、頭脳警察のＰＡＮＴＡやトシ、坂田明などとは共演を実現しているだけに、森田童子と共演できなかったのはとても残念だけれども、しかしながら彼女が歌うのをやめたということを大切に受け止めたいとも思っている。

森田童子の歌は唯一無二だし、今後も同じようなシンガーは出てこないだろう。歌は永遠に残る。それでいいように思う。

もしひとつだけ私の願いが叶うなら、森田童子の単行本が1冊でいいから出て欲しいなあ。森田童子のディスコグラフィ、全歌詞、ライブ公演データ、関係者のインタビュー、そして海底劇場の写真を満載した本があったらいいいな。

スラップ・ハッピー・ハンフリーのこと、もしくは森田童子のカバーについて

私が自宅録音を始めたのは1974年、中学2年生の頃だ。姉が英会話教材用として購入したポータブルカセットレコーダーが、私にとっては格好の遊び道具となった。

そしてカセットでいろいろなものを録音していく中で、ジミ・ヘンドリックスとディープ・パープルのロックミュージックを同時に爆音で鳴らして、それを録音したらもの凄い音楽が出来上がるような、そんなアイデアが湧いてきて、そして実行した。訳のわからない音を聴きながらなんだか良いものが出来上がっている気がしてワクワクしていたのを覚えている。所謂〝ノイズ〟というものはこういった子供っぽい足し算の美学のような好奇心からスタートしている。

ノイズと歌、というコンセプトは1976年にリリースされた、ギタリストのコンピレーションアルバム「ギター・ソロ2」に収録されているデレク・ベイリーの「ザ・ロスト・コード」というわずか1分50秒のトラックがイメージの源泉である。これはデレク・ベイリーが即興でアコースティックギターをつま弾きながらポエトリーリーディングのように歌うだけのものだが、初めて聴いた私は強烈に新鮮な印象を受けた。形のあるもの（歌）が形のないもの（ノイズ）と交錯することによって、双方のイメージをより拡大させるアイデアのように思えたのである。

私が森田童子の音楽をリアルタイムで聴いていたのは1976年から1983年である。ノ

イズバンド・非常階段を結成したのが1979年、その非常階段がいわゆる過激なライブパフォーマンスでライブハウスを席巻していたのが1980〜1982年であるから、森田童子の活動時期と重なっている。

　実際に非常階段が新宿ロフトに出演した1982年4月5日の前日に森田童子は同じ新宿ロフトに出演しており、非常階段の他のメンバーはともかく、森田童子が出演した同じステージに自分が立っていることに歓喜していた記憶がある。


　1970年代末、京都にあったロック喫茶&フリーカンパニアスペース「どらっぐすとぅあ」に出入りしていた私はその店のスタッフとなり、自薦のレコードを店内で流す、今で言うDJのようなことをしていた。その時には自分の好きな音楽をかけることになるので、森田童子のレコードを幾度となくセレクトしていた。

　音楽仲間だったかスタッフだったかは忘れたが、その時に「爆音のノイズの向こうから森田童子の歌が聞こえてきたらかっこいいんじゃないか」といった発言をしたら、「そんなものより森田童子の歌をそのまま聴いたほうがいい」と軽く否定されてがっかりしたことをよく覚えている。

　当時は裸のラリーズの音源は公式には発売されていなかったが、ライブをプライベート録音したカセットテープを店内でよく流していた。録音状態が悪かったのも影響していたのかもしれないが、爆音のノイズのようなギターのフィードバックの向こう側から裸のラリーズのボーカリスト・水谷孝の歌が聞こえてくる様子は、自分の思うノイズと歌というイメージに近かった。例えば裸のラリーズをバックに森田童子の歌が聞こえてきたら、自分の演奏するノイズをバックに森田童子の歌が聞こえてきたら……と妄想していたのは事実である。今で言うマッシュアップのような音楽技法を考えていたのだろう。そしてそれを生演奏できたらと思っていたのだ。

その夢想が実現するのは二十数年後になる。

大阪で活動するエンジェリン・ヘヴィ・シロップというガールズ・サイケデリック・バンドを見いだして、私自身のインディーズレーベルであるアルケミーレコードからCDアルバムをリリースすることになった。1991年のことである。まだ駆け出しのバンドで持ち曲が少なかったこともあり、彼女たちに森田童子のカバー演奏をしてもらい、その楽曲をファーストアルバム「エンジェリン・ヘヴィ・シロップ」に収録することになる。選曲は彼女たちに任せた。そして「ぼくと観光バスに乗ってみませんか」がレコーディングされた。

この流れはプロデューサー兼ディレクターでもあった私の特権、個人的趣味と言われそうだが、ボーカリストの板倉峰子の歌声を聴いた時にその思いを抑え切れなかったのである。板倉の声質は森田童子を思わせるものがあったのだ。

エンジェリン・ヘヴィ・シロップは1993年にビクターから発売されたコンピレーションアルバム「Dance 2 noise 005」にも森田童子のカバー「春爛漫」を収録している。これはエンジェリン・ヘヴィ・シロップらしいサイケなアレンジと森田童子の歌詞が絶妙に融合した傑作だと思う。このトラックは後年発売されたエンジェリン・ヘヴィ・シロップのベスト盤「Underground Flowers / -The Best of Angel'in Heavy Syrup 1991~1999-」にも収録されているので未聴の方はチェックしていただきたい。

１９９０年に私はやはりアルケミーレコードから「愛欲人民十二球団」というオムニバスアルバムをリリースしている。これはミュージシャンやバンド名とプロ野球球団名をかけて命名し、アルケミーレコードゆかりのアーティストのセッション演奏や冗談音楽で構成したものである。読売ジェントル・ジャイアント、西武ライオネル・リッチー、といったお遊びのような作品集だった。

おおよそ売れるとは思ってもみなかったがこのＣＤが意外と好評、あっという間に完売したこともあってその続編を１９９２年に制作することになった。今回は「愛欲人民バトルロイヤル」と銘打って、曲名をミュージシャンやバンド名とプロレスラーの名前をかけたものにすること、そしてアルケミーレコードゆかりのアーティストによるカバー演奏集にするというコンセプトであった。アシュラ・原・テンプル、フリッツ・フォン・エリック・バードン、といったようなもので、名前と楽曲のテイストは一致しなくてもいいから、とにかく自分たちの好きな曲をカバーしようということで十数組が参加した。

そして私の長年の夢を叶えるべく、ＪＯＪＯ広重がノイズギター、アルケミーレコード所属のバンドだったサバート・ブレイズの藤原弘昭がギター、エンジェリン・ヘヴィ・シロップの板倉峰子のトリオによる森田童子のカバーユニットがここに登場することになる。ユニット名はスラップ・ハッピー・ハンフリーとなった。女性ボーカルにバックバンドが男性二人という構成が、英国のプログレッシブロックバンド「スラップ・ハッピー」に似ていたこと、そして巨漢プロレスラー名の「ハッピー・ハンフリー」とかけて命名したのである。「愛欲人民バトルロイヤル」には森田童子の「逆光線」をカバーして収録した。

スラップ・ハッピー・ハンフリーとしては数回ライブ演奏も行った。ライブをするには楽曲が1曲ではステージがもたないので、他の森田童子の歌もカバーすることになる。そうしているうちに面白くなり、スラップ・ハッピー・ハンフリーでアルバムを1枚作ろうということになった。しかし楽曲を選んで大阪のスタジオでレコーディングをしていた最中の1993年にテレビドラマ・高校教師が放映開始、世間では森田童子の楽曲は空前のリバイバルブームとなってしまった。この時期にスラップ・ハッピー・ハンフリーのアルバム、つまり森田童子のカバー曲集をリリースするということはなにか森田童子ブームを当て込んで制作したように思われるのではないかと危惧し、スラップ・ハッピー・ハンフリーのアルバムは1年待って1994年にリリースした。

アルバム「スラップ・ハッピー・ハンフリー」収録曲は以下の通り。

・地平線
・たとえばぼくが死んだら
・逆光線
・センチメンタル通り
・G線上にひとり
・みんな夢でありました
・蒼き夜は
・ふるえているね

レコーディングにはJOJO広重、藤原、板倉の他にキーボードとして元ほぶらきん、想い出波止場の杉本祐一が参加している。楽曲は忠実にカバーして、そこにノイズを融合させる趣向である。この時レコーディングしたトラックは全て個人的にも気に入っている。特に「たとえばぼくが死んだら」「G線上にひとり」「みんな夢でありました」のギターサウンドや音の出し入れのタイミングはＪＯＪＯ広重一世一代の演奏で今聞いても絶妙でスリリングだ。

全曲森田童子のカバーソング、ＪＯＪＯ広重によるノイズと歌というコンセプト、米パブリックバスレコードより7インチとＣＤも同時リリースとあって、このアルバム「スラップ・ハッピー・ハンフリー」はそれなりに話題になり初回プレス１０００枚はすぐに完売になった。

このアルバム発売後の１９９５年になって、Ｍさんという人物から電話をもらった。Ｍさんは森田童子の音源を管理しているが、スラップ・ハッピー・ハンフリーで楽曲をカバーするに当たって断りがなかったというクレームの申し出であった。当方はJASRACを通して著作権使用料を支払っていると伝えたが、楽曲には勝手にアレンジを変えられない著作者人格権があるとＭさんは言う。森田童子のノイズによるカバー演奏というコンセプトを楽曲の冒涜のように思われたのかもしれない。Ｍさんは私に対してイースタン・ユースの森田童子楽曲カバーについても文句を言っていた。

Ｍさんとはその後も何度か電話で話をしたが、当方からは書面で回答することにした。ＪＯＪＯ広重は１９７０年代から森田童子の熱心なリスナーであったこと、当時京都でのコンサートにも足を運んだこと、自分の演奏しているノイズ音楽のコンセプト、そのノイズと森田童子の歌というコラボレーションに至った経緯、「高校教師」の一時的なブームに乗ってリリースしたわけではないこと、むしろ森田童子へのリスペクトから発している企画であること、なにより１９８４年以降森田童子本人が歌わないということへの理解はしているが、彼女の歌を聴いて育った世代として今現在の森田童子の歌を聴きたいと思っていて、それが叶わないからこその自分たちとしてのアンサーとしての森田童子カバーであること、不快に思われたのならこのアルバムを廃盤として再発はしない等々……。ずいぶん長文の手紙を書いたように記憶している。

Mさんとはそれっきりになった。板倉が音楽を止めてしまったこともありスラップ・ハッピー・ハンフリーとしては活動しなくなったが、スラップ・ハッピー・ハンフリーⅡ、スラップ・ハッピー・ハンフリーⅢと名乗って森田童子以外の楽曲をカバーしてライブ演奏をした記憶がある。

森田童子本人がスラップ・ハッピー・ハンフリーのカバーをどう思っていたか、ついに聞く機会はなかった。Mさんのようになにか権利を侵害したかのように感じたのだろうか。それともカバーするミュージシャンが心の底からのリスペクトを込めて彼女の歌をカバーしていることをわかってくれたのだろうか。そもそもそういう思いがなければ森田童子の歌をカバーしようとは思わないということについて理解してもらえたんだろうか。本人もMさんも鬼籍に入ってしまった今はうかがい知ることはもう出来ない。

イースタン・ユースがカバーした「たとえばぼくが死んだら」は1995年にアルバム「口笛、夜更けに響く」に収録されている。スラップ・ハッピー・ハンフリーとほぼ同時期にカバーしていたこともあり、ずいぶんシンパシーを感じていた。

最近では池田エライザが2020年にテレビで「ぼくたちの失敗」を熱唱したのも記憶に新しい。筋肉少女帯の内田雄一郎と三浦俊一による森田童子のカバーユニット「テクノ童子」のアルバムも2021年にリリースされた。新しい世代で森田童子のフォロワーも続々出てくるだろうし、今後もカバーするミュージシャンは続々出てくるだろう。

森田童子の歌は多くの人の心に届く楽曲だと思う。もっと多くの人にカバーされ、新しい解釈が生まれ、その中にも森田童子が当時その歌に込めた思いが聴き継がれていくことを期待したい。カバーソングはリスペクトであり、歌い継いで後世に伝えていくことがカバーの本質ではなかろうか。

CD「スラップ・ハッピー・ハンフリー」（1994年）ライナーノーツ　再録

スラップ・ハッピー・ハンフリーは、92年初夏に弊社から発売されたオムニバスCD「愛欲人民バトルロイヤル」に「逆光線」で参加したのが実質的なデビューである。このユニットは、70年代後半から80年代初頭に活動していた女性シンガー・森田童子の曲をノイジーにカヴァーする、というものだった。当時は森田童子の作品はアナログ、CD共に廃盤で、名前すら口にする人もいなかったと思う。ところが翌年のテレビ番組・高校教師で主題歌に使用されるやいなや「ぼくたちの失敗」が80万枚を超える大ヒット、過去のアルバムの全てがCD化されるという、意外な展開になってしまったのである。スラップ・ハッピー・ハンフリーとして92年の秋には、米・パブリックバスから7インチ盤をリリースするために「地平線」「センチメンタル通り」のレコーディングを済ませていたし（このEPは94年4月に発売）、93年初頭にはこのようなフルサイズCDのリリースを予定していたものの、空前の森田童子ブームさなかにリリースするのはあまりにやりきれず、1年数カ月待って、この94年の秋に発売する運びとなったのである。

森田童子のカヴァーをノイズの中で演奏するというコンセプトは、実は70年代末、実際に森田童子が活動していた頃に、私がすでにあたためていた企画である。京都に住む高校生であった私は、その頃学生街にはいくらでもあったロック喫茶、フォーク喫茶で森田童子の歌を知った。当時すでにインプロビゼーションを始めていたこともあって、自分なりの森田童子の曲の解釈として、ノイズの中からもれ聞こえる（彼女の）歌というスタイルをイメージしていたのである。

90年になってエンジェリン・ヘヴィ・シロップのミネコというボーカリストと出会った時、やがてこのコンセプトがが自分の内側で甦ってくるのを押さえることが出来なくなった。もちろん彼女の声質が森田童子と似ているというのも一つのきっかけだが、エンジェリンでのボーカリストとしての繊細な資質、彼女のステージでの幻想的なムードに魅せられた私は、エンジェリン・ヘヴィ・シロップというバンドをプロデュースするとともに、このスラップ・ハッピー・ハンフリーのプランをすすめるという、長年の夢を実現する幸運に恵まれたのである。

もうすでに音楽が終わっているという考え方がある。すでに良い音楽というのは過去に存在していて、現在にある音楽というのは過去の焼き直しにすぎないものであるという、かなり絶望的観測である。私自身、アルケミーレコードのプロデューサーとしての立場もあって言動不一致になってしまうが、もう良い音楽は過去に十分にある、とは思う。まるっきりオリジナルな音楽というのは、私が1979年に始めた「ノイズ」というスタイル以降、出ていない。私がソロユニットとして西陣三郎名義で歌を歌うときも、曲はともかく歌詞を他人の作品から引用するのは、自分の言葉を使うより素晴らしい歌が過去にあるからである。

ならば私が日本人の歌として、最も思い入れを持った森田童子の歌を使って、自分の表現をすることも許されるであろうか。歌の中にある絶望も諦観も郷愁も哀愁も寂念も空漠も抱擁も、私のノイズと混交し、そして別次元の歌へと変成する。これは愛情を込めたカヴァーソングではなく、新しい表現のスタイルである。

森田童子が今、歌を歌わない理由はよくわかる。しかし今を生きるわれわれが彼女の歌を歌う理由もあるのだ、と思いたい。このアルバムが私にとっての私家盤で終わるなら、意味がない以上に意味がないはずである。

1994．9．8．　JOJO広重

P．S．

「スラップ・ハッピー・ハンフリー」という名前は、イギリスの70年代のバンド「スラップ・ハッピー」と、巨漢プロレスラー「ハッピー・ハンフリー」の合成語である。意味はない。

佐井好子と私

私が佐井好子の音楽を初めて聴いたのは１９７７年だった。

当時私は高校生3年生で、後輩部員の女性が貸してくれたＬＰレコードが佐井好子のセカンドアルバム「密航」だったのである。その頃の私は洋楽のプログレッシブロックに傾倒していて、どちらかと言えば日本のニューミュージックやフォーク系には食傷気味であったが、この「密航」はまさに衝撃であった。

シルクロードをベースにしたトータルアルバムという構成、まさにプログレッシブな楽曲、聴くほどにどんどん引き込まれていく幻想絵巻のような歌、歌、歌。こんな世界観を見事に歌にできる女性シンガーが日本にいたのかと、今まで気がつかなかった自分の見識の狭さを恥じたほどだった。

ジャケット画も佐井好子自身による絵画だが、これがまたなんとも艶美な裸体をさらす少女が描かれており、その世界観がアルバムに収録された神秘的な楽曲とみごとにシンクロしている。音楽がイメージを音で具現化する芸術であるなら、このアルバムは一級品であることは間違いなかったし、ポピュラーミュージックという枠も軽々と超えて、音と歌で構築された最高級の芸術の極みに佐井好子は達していたと思う。私は感服し、何度も何度もこのアルバムを聴いた。

１９７５年に発売されていたファーストアルバム「萬花鏡」も後日入手し、「密航」に至る前夜のような生々しい歌の数々に、佐井好子に内在する女性自身への視点を中心に、女性だからこその生命の重さ、残酷さ、尊さを垣間見ることになる。

〝青ざめた夜の精〟〝したたりおちる空の赤み〟〝揺れる血の海〟〝魔性の女〟〝死の淵〟など、歌詞に一見おどろおどろしい言葉を巧みに用いながら、その言葉通りの意味に拘束されることなく夢幻の世界を想像させる歌世界は佐井好子の真骨頂だろう。まさに原石、まさにルーツ・オブ・ルーツがこの「萬花鏡」に封じ込められていた。

個人的にはシングルカットされた収録曲「二十才になれば」が好きだった。〝二十才になれば／タバコをやめて／結婚するの〟※という、なんとも逆説的な歌詞が、屈折した10代を過ごしていた私自身にとって目の覚めるような気持ちにさせられたものだったのを記憶している。

※ 佐井好子「二十才になれば」
テイチク／Black／1975

サードアルバムの「胎児の夢」、1970年代の最後の作品となる「蝶のすむ部屋」は発売日にレコードショップ店頭で購入した。どちらのレコードも佐井好子の新作アルバムとあって、気分も高揚してお店に向かったことをよく覚えている。

「胎児の夢」は1977年9月25日発売で、このアルバムも「密航」と同等かそれ以上の衝撃的な作品だった。音楽的にはジャズ的要素が強まり、より深い混沌やダークネスを漂わせながらも佐井好子ワールドを再び幻想的に具現化している。この「胎児の夢」を佐井好子のベストアルバムとするファンも多いのは当然で、楽曲・歌詞・歌唱・アレンジ・構成・ジャケットアートのすべてが融合して、日本の音楽シーンの最も重要なレコードアルバムとして21世紀の今も君臨しているではないか。こんなにものすごい作品には滅多に出会えるものではない。楽曲のダイナミズムはアルバム最後の曲「胎児の夢」のカオスに向かって上昇するが、その2曲手前の「遍路」は佐井好子の本質を垣間見る小曲だ。〝闇から生まれて／闇へとかえる〟※と歌われる歌詞に何度も何度も耽溺してしまう。私は佐井好子が音楽を通して別の世界との架け橋

※ 佐井好子「遍路」
〝胎児の夢〟

日本コロムビア／BlowUp／1977

へといざなう巫女であるとコラムに書いたことがあるが、こんなにもイメージの世界の素晴らしさを感じさせられる音楽に誘う彼女が巫女でなくてなんだろうか。

フォースアルバム「蝶のすむ部屋」は1978年12月25日発売である。前作でジャジーな展開になった楽曲はさらにジャズに傾倒し、ついにバッキング全てを山本剛トリオが演奏する構成となった。佐井好子ワールドはそのままに、より歌に親近感を漂わせることに成功している。曲名にも「母さまへ」といういつもの佐井ワードが登場するし、「ねこのこねこ」はとてもシュールな童謡のようだ。最後の楽曲「白い鳥」には佐井好子のひとつの歌の終わりが可視化されている。〝だから　ねえ／空をとぶだけの／白い鳥に　なりたい〟※という歌詞は、音楽のその先を見ているような、大きな惜別の情すら感じてしまう。そして実際にこのアルバムを最後に佐井好子は歌手活動をいったん終了してしまうのだった。

※佐井好子「白い鳥」
〝蝶のすむ部屋〟
日本コロムビア／
BlowUp／1978

私、JOJO広重にとって人生を決定づけるような音楽との出会いはいくつもあった。様々なインタビューでも公言しているように、佐井好子を筆頭に頭脳警察、早川義夫、森田童子、山下洋輔トリオ、ホークウインド、クラウス・シュルツ、ギャビン・ブライアーズ、ピーター・ハミルなど、多くのミュージシャンが残した楽曲や歌に心の底まで影響を受けてきて今のJOJO広重が存在している。しかしその中で一番愛したのは間違いなく佐井好子の歌と音楽であると断言できる。自分が17歳から19歳の時代にリアルタイムに聴いた歌であるのも重要な事項だろう。「人のいない島」は自分の聴いてきた何万曲もの楽曲の中でも最高の一曲だし、「遍路」は40年以上の間に何度聴いてもその先の答えを見つけられない永遠の迷宮曲である。

私は音楽活動を継続する傍ら、雑誌の記事やインタビュー、コラムなどで佐井好子の素晴らしさを語った。１９８０年代、１９９０年代は長く佐井好子の作品は廃盤のままであり、自分こそがその楽曲の素晴らしさを語り続けるべきだ、伝承していくべきだという自負もあったように思う。その甲斐あってか、１９９９年に佐井好子作品が初めてＣＤ化される時にライナーノーツの執筆を発売元のレコード会社から依頼される機会を得た。このタイミングで本人にインタビューを申し込み、そしてコンタクトに成功、以降個人的に連絡を取り合うことができるようになった。

１９７０年代に佐井好子の音楽をレコードで聴きながらも、ライブ演奏を見に行く機会はなかった。自分自身の情報収集能力のなさか、ネットなどない時代のライブスケジュールの把握は10代の高校生には難しかったのかもしれないが、生涯における悔恨のひとつであった。活動休止から20年後、もちろん音楽からは身を引いておられる本人に再活動される気持ちはなく、私の思いを伝えるだけの手段しかなかったが、しかしもしかすればまた歌を歌ってもらえるかもしれない、ライブで「人のいない島」や「遍路」を目の前で聴くことができるかもしれないという夢を持つことはできたのである。

そして2年後、アルケミーレコードから「クリムゾン・ボヤージ／ＪＯＪＯ広重 featuring 佐井好子」というインスト作品をリリース。歌詞はなくスキャットのみの参加ではあったが、二十数年ぶりの歌声を聴けたことは感無量であった。

２００３年にはこれも絶版だった佐井好子唯一の詩集「青いガラス玉」をアルケミーレコードで復刻、付録ＣＤには映画挿入歌、未発表スタジオトラック、ライブトラックも収録できた。同年大阪のギャラリーで個展「詩集・青いガラス玉復刻記念・佐井好子レトロスペクティブ」を開催、絵の展示や即売も行われた。

過去作品もCD化され、書籍も復刊、新しい歌声も記録できたことで、佐井好子のアーカイブ的な事業に携わることができたことは、JOJO広重としてするべき仕事を遂行した気持ちでいたのである。

しかし奇跡はまだ続きがあった。

2006年、本人から新曲ができたという連絡があった。デモテープを聴いただけでも、そのままでもリリースできるような内容であったが、どうせならスタジオできちんと録音をしてリリースしたいという流れになり、Pヴァインで新作アルバムを録音発売することになった。2007年1月、都内のスタジオで新作のレコーディング。JOJO広重、山本精一、柴山伸二、早川岳晴、芳垣安洋らがバックをつとめ、2008年2月2日、新作アルバム「タクラマカン」リリース。このタイミングで旧作4作品も紙ジャケットで再発。未発表ライブ音源によるライブアルバムもリリースされた。

「タクラマカン」はまさにアルバム「蝶のすむ部屋」の最後の曲「白い鳥」のその先を歌ったアルバムであった。佐井好子は帰ってきたのではない。彼女の旅はまだ続いており、佐井好子ワールドの未来を見せてくれたのである。やはりシルクロードであるタクラマカン砂漠をテーマにしながら、砂に埋もれた魚や白い鳥がやはりそのままなのか、まだまだ先があるのか、現役最後から30年近い後とは思えない美麗な歌声があまりにも叙情的な幻想絵巻としてここに展開されている。本当に見事な復帰作であった。

では、ライブである。しかし佐井好子ライブが実現するのは「タクラマカン」発売後から7年後である。2014年9月、渋谷で開催された「第弐回 真夜中のヘヴィロック・パーティー」のステージに登場。「人のいない島」をライブで聴きたいという私の夢はここで実現された。もういつ死んでもかまわないと思った。さすがにＪＯＪＯ広重の佐井好子に対する仕事はここで完結したか、と、思ったが、なんとまたもや本人から連絡があり、さらに新曲ができたという。そしてついに２０１５年5月29日、渋谷Ｏ‐Ｎｅｓｔで佐井好子ワンマンライブが実現。新曲「日本一小さな村」も披露された。

２０２１年、佐井好子アナログＢＯＸの発売に合わせて「日本一小さな村」も山本精一をバックにレコーディングされた。作曲されて6年後の録音ということになるが、もう私も佐井好子も60代となり、時間の流れが緩やかになるのはご容赦いただきたい。45年前からの佐井好子ファンもおられるだろうし、「タクラマカン」以降のファンでこのＢＯＸを手にしておられる方もいるだろう。ここに佐井好子の全てがある。存分に楽しんでもらいたい。

佐井好子を後世に残すことは私の人生をかけた仕事のひとつであった。

今でも「密航」を初めて聴いた時の感動は薄れていないし、「日本一小さな村」に至った気持ちもわかりすぎるくらいわかる。この「佐井好子特別限定アナログＢＯＸ」も大きな記録であり、ファンの永遠のコレクションになることを希望する。

そしてまだ〝その先の佐井好子〟があるなら、それこそ死ぬまでおつきあいする覚悟は出来ている。

山本精一さんのこと、小谷さんのこと

ＦＭＮサウンドファクトリー石橋くんが、想い出波止場についてブログに書いてくれていた。

「広重君のブログで知ったけど、想い出波止場の再発、水中ＪＯＥが飛び抜けて売れているらしい。そりゃそうだろう。傑作揃いの想い出波止場の諸作の中でも水中ＪＯＥはずば抜けた傑作だ。山本、津山の両氏からもそれぞれ『あれだけのものはもう二度と作れない』と聞いたことがある。何というか、隅から隅まで緻密に狂ってる。気を抜いたところが一瞬もない。狂ってるとは言ったけどあそこまで緻密に密度の濃い音だと普通の神経では狂ってるとしか受け取れないくらいだ、と言う意味だ。」

はい、本当にそのとおり。

アルケミーレコードからリリースの想い出波止場「水中ＪＯＥ」は間違いなく山本精一全作品の中でもトップクラスの出来の良いアルバムだ。

想い出波止場のレコーディングのほとんどを担当されたエンジニアは、オメガサウンドの小谷さんという方だった。小谷さんは山本精一さんの同級生だった。小谷さんの人生そのものが山本精一さんに激しく影響されているわけで、山本・小谷コンビの傑作が想い出波止場の作品群ということになると思う。

小谷さんは本当に変わったエンジニアだった。いや、録音技術はまるっきりクオリティの高い、普通のエンジニア技術者だった。ただ、スタジオの外ではいくつかのおもしろい逸話のある方だった。

一番記憶に残っているのは、小谷さんが「高くてまずい店」が好きだったことだ。居酒屋でも定食屋でもレストランでもいいのだが、その料理がまずい上に、支払いの時に「ええ！　この味でこの値段⁉」と絶句するようなお店に出会った時、えも言われぬ感動につつまれるというのだ。そしてさらにたちの悪いのは、そのお店に知り合いを連れて行き、「ね、まずいでしょ」と言うのが好きときている。こんな人には小谷さん以外会ったことがない。

何かのマスタリングをしている時にこんなことを言われたことがある。「この間、渋谷で久しぶりにひどい店に出会いました。ボアダムスのマスタリングが終わって、知り合いのエンジニアと夜の渋谷にでかけたんですよ。ライブハウスのクラブクアトロの近くのお店で、ビール2本とつまみを少し、おでんをちょっと食べましてね。会計しようとレジに行ったら、2万何千円とか言われましてね。思わず吹いてしまいました」

私は「広重さん、今度ご一緒に」と誘われなかったので、ほっとしたことを覚えている。

石橋くんのブログには、想い出波止場の信じられないようなレコーディングのことが少し書かれているが、私はあえて小谷さんに想い出波止場の録音の秘密はきかなかった。もう今は小谷さんと会うことはほとんどないので、この秘密は永久にとかれることがないのかもしれない。

そういえば山本精一さんから想い出波止場のレコーディングの時には私にスタジオに来ないよう釘を刺されていた。なぜ？と訊くと「広重くん、絶対怒るから」というのが返答だった。

いったいなにが行われていたのか、今となっては知る由もない。

これも私の知っている小谷さんのレコーディングのエピソード。

1992年か1993年くらいの全力オナニーズの「奴隷復活」というアルバムの録音の時だったと思う。なにやら録音をしている時に、SMの音を入れようということになった。その頃、ランコさんは大阪のSMクラブで働いていたので、本職の風俗のSM嬢にスタジオに来てもらい、全力オナニーズのメンバーを鞭で叩いたり、ロウソクを素肌にたらしたりして、レコーディングした。

しかしよく考えてみれば、鞭で叩く音は、本当にSM嬢に鞭で叩いてもらわなくても、何か紐状のもので何かを叩けばそのような音は出るものだし、ロウソクをたらす音（そんな音はそもそもない）は結局録音できなかった。

小谷さんの数々のレコーディングの伝説の中で、この全力オナニーズのSM嬢による録音が成功だったのか、失敗だったのか、今となってはもうわからない。


しかし山本精一さんは、私が知る限り世界中で最も凄いギタリストである。

テクニック、構成力、アイデア、引き出しの多さ、感性、センス、どれをとっても凄い。いや、技術的なテクニックについてはもっと上手な人はいるだろうが、山本精一さんのように凄いギタリストは、世界のどこを探してもいない。

例えば「わけがわからないということは、われわれの中では最高の褒め言葉だ」と三上寛さんがおっしゃっていたが、まさにわけのわからなさという点では山本精一さんは、世界で最もわけのわからない演奏をするギタリストだと思う。天才だ、キチガイだ、超人だ。いや、いくらその凄さを言葉で飾り立てても、山本精一さんの前では全てが霞んでしまう。山本精一さんはもうそれだけで、凄い。

その山本精一さんの作品の中でアルケミーレコードからリリースした「NOA」「NOA2」は、飛びっ切りのわけのわからない凄いアルバムだと思う。ボアダムス、想い出波止場、ROVOなどの流れにおけるギター演奏、ソロの歌ものでの演奏とはまるで違っている。まさにギター〝ノイズ〟サウンドのコラージュ集なのである。

山本精一さんのギターの音は、もう一音聴いただけで「あ、山本精一さんのギターだ」とわかる。繊細、切れがいい、トーン、フレーズ、そのすべてが山本精一さんにしか出せない音になっている。こんなギタリストはそうそういない。

そんな個性的なギターの音が、万華鏡のように、床にぶちまけたガラス片のように、宇宙の星空のように、絶妙にコラージュして配置されたのが、この2枚のアルバムである。美しい、そして不思議、不可思議、幻想、アヴァンギャルド、叙情、暴力、狂気、そういったものがバラバラに分解されて凝縮している。そういった音の集合体である。こんなアルバムは、世界中を探しても滅多にない。そう、奇跡のようなアルバムだと思う。

私はアルケミーレコードで活発にCDリリースを行っていた時期に、この2枚のアルバムをリリースした。覚えているのは、そのスタジオ代の請求額である。

え、こんなに。

そう目を剥くような金額だったのを覚えている。

後年、このCD再発の話を山本精一さんにした時にこのエピソードをお話ししたら、「広重くん、それはその当時スタジオエンジニアの小谷さんがお金がなかったから、ボラれたんやわ。そんな金額かかっているわけないもん」と、いつもの山本節で語られて腰が抜けるような思いをした。

どちらにせよ、まあ、なんにせよ。凄いアルバムがここにある。

蔦木さんのことと、「不備」再発のこと

突然段ボールの名前を知ったのは、私が京都のロック喫茶「どらっぐすとぅあ」に入り浸っていたころだったと思う。1978年ころ、東京在住のアンダーグラウンドなミュージシャンだった工藤冬里くんが吉祥寺マイナーと京都のどらっぐすとぅあを結ぶように頻繁に関西に来ていた時期があり、彼が持ち込んだポスターの中に突然段ボールの名前があった。なんとも変わったバンド名だと思ったのが第一印象である。

突然段ボールはトリオ傘下のPASSレーベルからEPが出たのだが、いわゆる〝パンク〟というイメージとはほど遠いルックスのジャケットに、驚いたと共に強烈にシンパシーを感じた。ファッションではない、言葉のパンク。こっちのほうがわれわれにはパンクだった。

インディーズ・レーベルのアンバランスレコードを運営していた林直人くんは後にアルケミーレコードのスタッフとなるが、彼は突然段ボールの熱心なファンだった。突然段ボールが大阪でライブをやる時に、たいがい林くんのバンドが対バンを務めた。

1989年、アルケミーレコードで突然段ボールのCDアルバムを出そうという話になった。直前の大阪エッグプラントでの突然段ボールのライブがあまりにも素晴らしく、この歌をレコーディングして世に残さなくては、と思ったのだ。

蔦木栄一さんにアルバムリリースの話を持ちかけたところ、丁度今、徳間ジャパンからアルバムを出さないかという話がある、今の曲はレコーディングしてそちらで出したい。そのアルバムから漏れた曲や未発表トラックをアルケミーから出すというのはどうか、という返答だった。

正直、私も林くんもショックだった。当時の彼らのキラーチューン「夢の成る丘」は、林くんと私が大好きだった作家・アーサー・マッケンの名作「夢の丘」とイメージがだぶっており、この曲をアルケミーから出せたら、という気持ちだった。しかし相手がメジャーレーベルでは勝ち目がないし、蔦木さんに徳間ジャパンから出さずにアルケミーから出してくれとはこちらも言えない。われわれの大好きな曲はメジャー盤に収録されることになった。

結果、アルケミーからは未発表トラック集である「不備」というアルバムがリリースされた。もちろん突然段ボールの曲は全部大好きであるから、「不備」のリリースはわれわれにとっても誇りであり、嬉しい出来事だった。特に私はこのアルバム収録の「そのままでいいよ」という短い曲が好きで好きでたまらなかった。

徳間ジャパンからは「抑止音力」というアルバムが同時期にリリースされ、これはもちろん素晴らしいアルバムで、われわれにとっても愛聴盤となった。

数年後、この徳間ジャパンの「抑止音力」は絶版となり、世間に流通しなくなった。アルケミーの「不備」は売れ行きがスローだったこともあり、長く流通していた。

後年蔦木栄一さんが「抑止音力はあの時に迷って徳間ジャパンから出したけど、アルケミーから出しておけばこんなふうに絶版にならず、たくさん流通したかもしれないねえ」と私におっしゃた時、私がどんなにうれしい気持ちだったかはここに書かなくてもわかってもらえるだろうか。

21世紀の今はPヴァインから「抑止音力」は再発され、いつでも購入できる状態になっている。逆にアルケミー盤の「不備」はテイチクエンタテインメントから2014年に再発されるまでは絶版状態であった。この再発CDがメジャーから出たことで、私はようやく名盤「抑止音力」と肩を並べたと思えた。私が突然段ボールの作品をアルケミーレコードから出したことが間違ってなかったことを証明できたような、なんだか小さな勲章をもらったような、ちょっと嬉しい気持ちがしたのである。


蔦木さん、どちらから出しても結果は一緒だったよ。良い音楽は、残る。

蔦木さんは2003年8月25日に亡くなった。亡くなる少し前、私は突然段ボールと阿佐ヶ谷のライブハウスで共演した。その夜の少額のギャラを大事そうに渡してくれた蔦木さんの笑顔が忘れられない。ギャラの金額に意味はないことを、お互いがよくよくわかっていた気がする。

日本のパンクを語るヤツで、突然段ボールを聴いていないヤツの言うことは信じないし、認めない。蔦木栄一は世界最高の芸術家だったし、世界最高のパンクロッカーだったからだ。
そしてこの「不備」が２０２４年にアナログレコード盤で再発になることで、この素晴らしいジャケットアートが大型になり、レコード屋さんの店頭に並ぶことは、やっぱり突然段ボールがパンクであることを証明することになると思っている。

林直人と私

林直人は１９６１年3月3日、大阪に生まれた。

私が林の名前を初めて目にしたのは、１９７８年に彼が発行したパンク・ファンジン「アウトサイダー」を手に取った時のことだったと思う。その後、大阪で１９７８年12月30日にアウトサイダー主催で行われたライブイベント「神経切断ＧＩＧ」に、私がベーシストとして所属していたウルトラビデが出演、その時に林直人という、そのミニコミでの文筆家であり、主催者である男として彼に初めて出会ったのである。初見の印象は「若いのに老けて見える、ヤクザ風の男」である。その後、彼は町田町蔵（現・町田康）と共にＩＮＵを結成。ＩＮＵは１９７９年にウルトラビデやアーント・サリーなどと一緒に東京ツアーを行ったが、その時に私は林と話らしい話をした記憶はほとんどない。

実際林はＩＮＵも数カ月の在籍で辞めてしまうので、その後に彼と再び出会うには１９８０年まで待たねばならなかった。林は同年アンバランスという自主制作レーベルを立ち上げ、そのレーベルの第一作であるEP「YOU / OUT」の納品に、心斎橋にあったレコードショップ「ウッドストック」に来ていた時に、私は偶然再会したのである。ウッドストックの当時の店長は現「マルかバツ」の吉本氏だったと思う。林は、金銭的な問題もあり、このEPは50枚しか作れなかったこと、しかしどうせすぐになくなってしまうだろうこと、プレス工場が奈良にあることなど、久々の再会の時に屈託なく話をしてくれた。その時に私が非常階段の作品をアンバランスから出したいという話をしたかどうかは記憶がさだかではないが、どうも後日のことだったような気がする。とにかく、同年の非常階段の東京でのライブ録音テープをLPにして出したいという提案は、故・猪狩亘とのユニット「BAUHAUS」で関西で活動していた林直樹が新たに結成した「NG」というユニットと、京都のロック喫茶&フリースペース「どらっぐすとぅあ」のメンバーでもあった、シンセサイザー奏者の八太尚彦のユニット「ジュラジューム」と共に、アンバランスよりコンピレーションLP「終末処理場」をリリースする形で結実する。

そのリリースにあたって、林直人、林直樹、八太、そして私で、大阪のどこかの喫茶店でミーティングをした。林とじっくり話をしたのはその時が最初だと思う。そして「神経切断GIG」での第一印象や「アウトサイダー」などの内容から、すっかり林をパンクの人だと思っていたが、実はプログレッシブやジャーマンロックなどにも詳しいことを知り、意外に思った記憶がある。そして彼がわれわれ3人に対して「音だけ聴いていたら普通に会話ができる人たちとは思えなかったけれど、話が通じてよかった」と、ずいぶんホッとしたような言葉をかけてくれたことが印象に残っている。

1980年半ば、林はライブハウス・マントヒヒのマスターであった中島景造（ドラムス）と今西（ベース）とのトリオバンドを結成。そのバンドは「NO MUSIC」というユニット名であったが、1981年9月4日、大阪科学技術センターでサイレント映画「吸血鬼ノスフェラトゥ」に上映中に即興で伴奏するというライブを行い、それがバンド名「アウシュビッツ」名義の最初の演奏となった。

私が実際にアウシュビッツを見たのは1981年1月に大阪のライブハウス・スタジオあひるで行われた林主催のライブイベント「アンサー81」で、非常階段で共演した時である。その日の演奏はビデオ録画が残っており今でも確認できるが、アウシュビッツはノイジーなインプロバンドの印象が強い。1981年以降、林はアウシュビッツを軸にライブ活動を、そして自らのレーベル・アンバランスを運営する。そして私が1982年より東京在住となったこともあって、アンバランスの作品の東京方面での流通を手伝ったり、私のアパートが林や大阪のバンド仲間が東京に来る時の宿泊場所、連絡場所となることから、急速に林との仲は密度が濃くなっていった。しかしながら1982年秋、アンバランスは財政難から運営が継続出来なくなる。

翌1983年、私は東京でロックビデオ輸入、販売、上映会の仕事をしていた。日本ではまだビデオ普及期であったこともあり、洋楽ロックバンドのライブコンサートのビデオなどはまだ物珍しい時代であった。いわゆる〝フィルムコンサート〟が成り立っていた時期で、私が仕入れたレッド・ツェッペリンやローリング・ストーンズ、セックス・ピストルズなどのビデオをライブハウスや貸し会場などで上映、けっこうな数の来場者があり、そこから入場料をとって商売にしていたのである。

そのビデオを林に貸し出し、売り上げの何割かを私がもらう条件で、林は大阪版ロックビデオ上映会を開催したのである。この上映会は盛況で、京都などでも開催され、最後には通称中之島公会堂で大規模なフィルムコンサートを行うまでに至った。

アンバランスの借金や、つぶれかかっていたライブハウス・マントヒヒなど、当時の赤字はこの上映会の売り上げでずいぶん解消されたそうだ。この件は私にとってはビジネスの一環であったが、林はずいぶん恩義に感じてくれていたようで、後年まで「あの時は世話になった」と話してくれていた。

バンド面では1982年にバンド「ネオマチス」のメンバーだった斉藤トオルがキーボード奏者としてアウシュビッツに参加している。


林は東京に来る度に私の住居に泊まりに来た。その時はいつもわが家で音楽を聴き、映画やロックのビデオを見たり、バンドや生活のこと、小説や音楽シーンについて毎晩明け方までいろいろな話をした。林は酒が好きだったので、どこかで飲んできてわが家に深夜に転がり込み、大声で話したり踊り出したりした時はたいへん困ったものだが、不思議とケンカをした記憶はない。

1984年6月、当時目黒に住んでいた私のアパートで、林とアルケミーレコードを立ち上げる話をした。アンバランスでやり残したこと、できなかったことを二人でやろうということになった。1984年8月、アルケミーレコードの第1弾リリースはウルトラビデのLPとなった。私と林が最初に出会った1978年「神経切断ＧＩＧ」のライブ演奏もそこに収録された。

1985年、林は電動マリオネットというバンドをしていた森田と、新レーベル「ナイトギャラリー」をスタートさせる。アルケミーレコードというレーベルがありながら、ナイトギャラリー立ち上げに関わった理由に「7インチレコードをリリースしたい」という気持ちが林にあったのだと思う。当時アルケミーレコードでは7インチレコードをリリースする予定はなかったからだ。そのナイトギャラリーからの初のリリースとなったのが2曲入りEP「アウシュビッツ」である。録音は大阪の北浜にあった伝説のレコーディングスタジオ「ゴリラ」で、もちろんエンジニアは初期大阪インディーズのほとんどの作品を録音したであろう村川大介氏である。録音終了後も林は幾度かスタジオに足を運び、マスタリングに時間をかけたと記憶している。

この7インチ盤リリース時には、ベーシストに〝けーやん〟こと坂田敬子に、キーボードは元リフォーム、ほぶらきんの〝杉作〟こと杉本祐一にチェンジしていた。ノイジーなインプロバンドとしてアウシュビッツを認識していた私には、ちゃんとした歌を歌う林の演奏スタイルの成長ぶりにずいぶん驚いた。その歌詞には彼が好きだったポーやブラックウッド、マッケンなどの怪奇小説からの影響も随所に見られ、とても嬉しく感じたものだった。林はアーサー・マッケンが格別にお気に入りの作家だった。二人して「パンの大神」「夢の丘」「生活の欠片」などについて語り合ったのが懐かしい。

ただこの7インチ盤はセールス的には厳しいものだったし、メディアでの正当な評価を受けたとは言いがたい結果に終わった。1985年12月15日、大阪扇町ミュージアムスクエアでのナイトギャラリー主催ライブイベント「南海ホークウインド」は残酷なまでに凄惨な崩壊的ライブに終わり、それを機会にナイトギャラリーは森田の個人レーベルへと変化していく。そしてそのことが結果的にナイトギャラリーをヘヴィメタルのレーベルとして再生させ、成功を収めることに繋がったのである。

1985年の後半にはアウシュビッツはベースを通称〝ミツさん〟こと小川光明にチェンジ。

キーボードの杉本も脱退する。いわゆるプロのミュージシャン畑出身であるミツさんの加入により、急速にバンドは音楽的成長の速度を増していった。ギターには林の友人であった徳山喬一が1986年に参加。「あいついいでしょ、隠し球でしてん」と徳山のことを嬉しそうに語ってくれたことを思い出す。ドラムもミツさん人脈で新たに通称〝オレンジ〟こと杉本が参加、アウシュビッツは当時の大阪でも珍しいツインドラムのバンドとなった。

このメンバーで1987年6月3日から5日までの3日間、大阪西成のライブハウス・エッグプラントを借り切って、3曲入り12インチEP「RULE OF SPIRIT」をレコーディングした。ステージにツインドラムを積み上げ、ライブハウス入り口に機材車を横付けしての録音。一見豪華なレコーディングのようだが、実際はこういった録音に慣れているスタッフがおらず、精神的な負担と体力的な疲労は演奏メンバーであるアウシュビッツのメンバー全員にのしかかってきていた。演奏に神経が集中するあまり、メンバー同士が神経質になる。林は気をつかって自分のボーカルを録音する時間をどんどん削ることになる。メンバーもスタッフも全員がイライラとしたストレスのたまる録音になってしまっていた。出来に満足していたメンバーはひとりもいなかったのではないかと思う。しかし仕上がった音源は、アウシュビッツの野太いロックサウンドを正確に記録している。後年のスタジオ録音よりもこのミニアルバムの3曲をアウシュビッツの最高傑作に上げる人も多い。客演の新町利明がブルースハープの好演奏を聴かせてくれている。

1987年にはドラムの中島が脱退。もうひとりのドラマー・杉本も失踪するように脱退する。林は元スターリンのドラマーであった乾ジュンをメンバーに迎えた。同年秋、このメンバーでアルケミーレコードのサイケデリックバンド・コンピレーションLP「WEST

PSYCHEDELIA」のレコーディングに挑む。ここではスタジオゴリラで村川大介氏の元、3曲がレコーディングされた。

今にして思うに、何度か行われたアウシュビッツのスタジオ録音の中でも、この日のレコーディングが一番楽しくメンバーも和気あいあいとしたムードであった。「NO NEW YORK」のオマージュとなったLPジャケット裏面のメンバーの茶目っ気もたっぷりで、その犯罪者然とした写真にもその雰囲気は表れている。このアルバムは1988年初頭にリリースされた。

しかし数カ月後には乾も脱退。ドラマーがヘルプの時期が続いた後、1989年にマニッシュトーンというバンドにいた島田浩平が正式メンバーとなった。1990年に林、徳山、ミツさん、島田のラインアップで、バンド結成10年目にして初のフルアルバム「Destiny Moon」をアルケミーレコードから発表。同年、アルケミーレコードとWAX／徳間ジャパンとの共同企画「TASTE OF WILD WEST 2」というコンピレーションアルバムにアウシュビッツは2曲参加している。この録音は山梨県河口湖スタジオで合宿形式で行われた。レコーディングではメンバー間の意見のぶつかりもあり、険悪な雰囲気もあった思い出がある。ただここに録音された2曲は、アウシュビッツの曲としては実質的に最後の録音となった。1991年にアルケミーレコードより発売されたセカンドアルバム「SONGS」は過去発表曲の再録音テイク集だからである。

1991年以降、アウシュビッツの中で新曲が作られたかどうかはあまり記憶がない。最後の追加メンバーとなったサクラがメインボーカルをとるテイクがあったように思うが、それが彼女の曲だったか、アウシュビッツの曲であったかどうか。どちらにせよスタジオ録音はされなかった。

1993年、バンドの行き場のなさはメンバー間の不信感にまで達する。ギターの徳山の脱退。そして6月6日にアウシュビッツは正式に解散した。「13年目の6月6日というのが、らしいやろ」という林のコメントが途方もなく切ない。アウシュビッツ解散とともに林はアルケミーレコードからも離れることになる。

1993年6月以降、私はほとんど林と会うことはなかった。彼は結婚し、家庭の人となり、1児をもうけた。その後、アルケミーレコードは私の個人レーベルとなり現在に至っている。

私が再び林と接触するのは2001年に彼の喉頭癌が発覚してからである。すでに林はABMというノイズユニットをスタートさせていたが、そのことよりも残りの時間があまりないことを自覚する林がライブハウスに足を運ぶ回数が急速に多くなり、何かをしようとあせっているような雰囲気が伝わってくることが私を不安にさせた。曰く、ライブハウスに出演するバンドをつかまえては説教をしている、相手が林だけに若い連中は戸惑っているという噂もあった。10年近い現場からのブランク、その間にますます理想とはかけ離れた惨状を示している関西の音楽状況。そこに出戻ってきた林の方こそ何かにせっつかれながら、そして戸惑っていたのかもしれない。

私は林に歌って欲しかった。歴戦の勇者でもある林の説教など理解するには難しすぎて、今の若いバンド連中にわかってもらえるわけがない。林の歌があれば、彼の思いは多くの現代の人々に伝わる。私はそう思った。林の親友である北嶋建也を介して、2003年1月19日、大阪心斎橋クラブクアトロでのウルトラビデ再結成ライブへの出演を林にお願いした。無論、無理は承知の上である。彼は快諾してくれた。１９７８年「神経切断ＧＩＧ」の共演者だったＰｈｅｗや町田、ＨＩＤＥ、そして私の前で林はアウシュビッツ時代の曲「TOO LATE」を枯れ果てた地声を活かして精一杯に歌ってくれたのであった。あの歌を私は一生忘れない。

林直人、２００3年7月25日没、享年42歳。質素な葬儀の後、私は挨拶をし、棺桶を担ぎ、火葬場まで同行して骨を拾った。

何かが終わったとは少しも思わない。アルケミーレコードは記録するレーベルである。林の残した歌や音楽を整理して記録し、後に残す作業は今も行っている。そういった音源は林を想う人の手に届き、そして林を知らない世代に聴き継がれていく。歌とはそういうものである。林の歌は林の死後も残るし、いつでも聴くことができる。

もう一度言う。歌とはそういうものである。

頭脳警察、そして頭脳階段

私がノイズという音楽表現に向かうようになったのは私が13歳の時の出来事がきっかけである。１９７2年、京都の同志社中学に入学した私は演劇部に入部した。そこには音楽好きで2歳年上の先輩が3人いたが、中でも森本さんという先輩が私をかわいがってくれた。10月のある日、彼が当時発売されたばかりという日本のバンドのＬＰレコードをたまたま部室に持ってきていた。その帯に記されている見知らぬバンド名が私の目に飛び込んでくる。

「頭脳警察」

なんという奇っ怪なバンド名。その名前はフランク・ザッパのバンド、ザ・マザーズ・オブ・インヴェンションの曲「フー・アー・ザ・ブレイン・ポリス」に由来するということは後年知ることになるが、中学1年生の私には意味深で尖ったそのバンド名の漢字の並びと響きだけでも充分なインパクトだった。私のそれまでの音楽嗜好と言えば姉の影響でビートルズ、ローリング・ストーンズ、ショッキング・ブルーなどのシングル盤を、わけもわからないまま聴いていた程度である。日本のアンダーグラウンドの匂いのするバンドなど当然知る由もない。私は先輩にその初めて見る頭脳警察のアルバムについて尋ねた。

「先輩、頭脳警察ってなんですか」
「お前は頭脳警察も知らないのか！　これは聴いておかないとダメだよ」

と、言われた。そこでLPの歌詞カードを見せてもらい、さらにそこにある歌詞に驚くことになる。

「ふざけるんじゃねえよ」※
「やられる前にやるさ」※

そんな言葉が自分の体のなかにある何か複雑なエネルギーにタッチしていくようであった。興味を持って見ている私の態度に先輩がじれてきたのだろう。

「そんなに気になるなら、お前にそのレコード貸してやるよ」
「え！　本当ですか」
「ああ、いいよ。あーあ、なんで買ったばっかりのレコードを自分も聴いていないのに、後輩に貸さなくちゃいけないんだ⁉」

先輩が貸さざるを得ないぐらい、私の引きつけられ方はよほどのテンションであったのだろう。家に帰りさっそくレコードプレイヤーにレコードのA面をかけた。

「まわりを気にして　生きるよりゃひとりで／勝手気ままにグラスでもキメてる方がいいのさ／だけどみんな俺に　手錠をかけたがるのさ／ふざけるんじゃねえよ　動物じゃねえんだぜ」※

先に歌詞を読んで目を見張ったその世界観と、寸分たがわない激しさでPANTAさんが歌い疾走する1曲目の「ふざけるんじゃねえよ」。13歳の自分が初めて出会う、その凄まじい反逆心。今にして思うとその数年後におこるパンク・ムーブメントのようなショックを自分は受けたのではなかったろうかと思う。さらに「頭脳警察3」には、その後の私にとって決定的と言える衝撃曲があとに控えていた。「前衛劇団〝モーター・プール〟」である。レコードのA面最後に入っているこの曲は、頭脳警察のステージで寸劇を演じる集団として構想された〝モーター・プール〟のテーマ・ソングという設定だったらしいが、他の楽曲と違い、歌詞も曲構成もあってないように思えるような自由度の高いトラックだった。軽快で明るいビートではじま

※
頭脳警察
「ふざけるんじゃねえよ」
〝頭脳警察3〟
ビクター／ビクター／1972

るロックチューンを追っていると、あっという間に別の曲に変わったと思うほど展開が次々に変わる。そして中盤になり曲がブレイクしたあとに一気にインプロがはじまるのだ。皆が一斉にグシャグシャと音を鳴らしていく、その凄い熱量に猛烈に感動した。強烈だった。はじめて聴いた、演奏とも何ともつかないなだれを打つように放たれる音のエネルギー。衝撃を受けた私は「このグシャグシャした部分がずっと続くような音楽はないのか」と思い描いたのだった。


翌日、森本先輩にレコードを返すときに、私は訊いた。

「ああいう部分だけを演奏しているようなバンドはないんですか？」

当然だが森本先輩は
「そんなのあるかい！」

という、極めて素っ気ない答えだった。

しかし私はその後、さっそくレコード店で自分用に「頭脳警察3」のLPレコードを購入、もちろん愛聴盤となった。そして「前衛劇団〝モーター・プール〟」はお気に入りの1曲となり、何度も何度も繰り返して聴いた。

その数年後、高校時代に山下洋輔トリオのレコードを聴いた時に「こういうグシャグシャした部分だけを演奏しているバンドはあるじゃないか！」と狂喜することになるのだが、中学1年生、13歳の私が出会った「前衛劇団〝モーター・プール〟」は今に続く非常階段の表現のルーツとなり、私の決定曲になったのである。この曲との邂逅がなかったら、現在のＪＯＪＯ広重は生まれていなかった。そう断言できる。


初めて聴いた頭脳警察のアルバムタイトルが「3」だったので、当然ファースト、セカンドもあるだろうと思い、レコード店を複数軒まわったが、どこにも売っていない。あるレコード店の店員さんに聞いて調べてもらったところ、その過激な歌詞が問題となってファーストは発売中止、セカンドも発売後すぐに回収になったのだと教えてもらった。そんな情報は中学生の私の心を一層、掻き立てた。発売中止、回収って、どんな凄い歌詞なんだろう。妄想が広がった。

頭脳警察はこのように私の思春期に影響を与えたバンドであり、ノイズという今に続く私の人生の中での最大の出発点をも与えてくれた存在であった。

頭脳警察は１９７５年に解散。１９９０年の一時的再結成を経て２０００年代に頭脳警察の中枢、ＰＡＮＴＡさんとトシさんを中心に再始動することになる。

この頭脳警察と非常階段との共演の話が持ち上がったのは２０１３年4月のことだった。２０１２年、ご縁があってメジャー・レコード会社であるテイチクエンタテインメントから非常階段の復刻アルバムをリリースした経緯があり、２０１３年もその続編を発売する運びになっていた。その作業の中でライブイベントのことをテイチクのディレクターから聞かされたのである。会場は渋谷のマウントレーニアホールという、数年前まで映画館だったホールで、オールナイトで数バンド出演するロック・コンサートを来る5月31日の夜に企画している、ここに非常階段も出演してくれないかということだった。主催のイベンターも紹介され、出演を快諾した。

このコンサートの出演アーティストはわれわれのほかに外道、灰野敬二、ＲＯＬＬＹ、キノコホテル、騒音寺、ザ・シャロウズという新旧入り交じるラインナップ。そしてそこには〝頭脳警察〟の名前もあった。

実は頭脳警察のパーカッショニストであるトシさんとは、過去に不失者の故・小沢靖さんと私とのトリオでセッション演奏したり、非常階段にゲストドラマーとして出演していただいた経緯がある。トシさんはアヴァンギャルドな音楽にも造詣が深く、非常階段もおもしろいバンドだと思っていただいていたようだった。

　しかし非常階段がＰＡＮＴＡさんも含めた頭脳警察と同じコンサートに出演することは初めてだし、ＰＡＮＴＡさんとはライブハウスで少しお話はさせてもらったことはあるものの、共演は一度もない。だが今回、非常階段のルーツとなるバンドと実に40年の年月を経て、イベントを共にするのであれば、何とか1曲でも共演することはできないだろうか。そう考え、企画スタッフの方に相談した。共演できるのであれば一緒に演奏したい曲は決まっていた。もちろん、13歳の私が衝撃を受けた「前衛劇団〝モーター・プール〟」である。こちらからのこの我が儘な提案に、ＰＡＮＴＡさんからは「いいですよ！」と快諾をいただいた。あの「前衛劇団〝モーター・プール〟」を一緒に頭脳警察ご本人たちと一緒に演奏できるのだ。中学生のときに〝このグシャグシャしたところ〟に夢中になった、あのパートを一緒にライブ演奏できるのである。もうこれは感激以外のなにものでもない。

　頭脳警察からはＰＡＮＴＡさんとトシさん、非常階段からはＪＯＪＯ広重、Ｔ・美川、岡野太というメンバーが出演することになった。頭脳警察のライブのはじまりにわれわれが参加して「前衛劇団〝モーター・プール〟」を演奏すると決定した。しかも、この時にだけ何と夢のようなことだが、〝頭脳階段〟を名乗ることになった。頭脳警察と非常階段が合体する。あの衝撃を受けた曲がきっかけで自分の音楽表現を始めることになり作ったバンド・非常階段が、正にあの衝撃曲のバンド、頭脳警察と合体する。私は最早、中学生時代の自分に戻るような気分であった。

ついに当日、5月31日。全8組の長丁場のコンサートである。頭脳警察の出番は22時40分、非常階段は夜中の3時からとなった。リハーサルは夕方だ。まずは会場に機材を搬入する時に、ビルの搬入口に車を横付けされているPANTAさんとトシさんにお会いした。「今日はよろしく」とニコニコしてお二人と握手。これで今日の演奏がうまくいく予感がした。

リハーサルはまず頭脳警察のセットがあり、その後に非常階段のセット、そしてPANTAさん、トシさんに入っていただいて頭脳階段のセットとなった。「前衛劇団〝モーター・プール〟」1曲のリハーサルだが、私も緊張してステージで音を合わせた。

リハーサルも終わり、お互い出番を待つ楽屋は、なごやかそのものだった。

特に非常階段の海外ツアーとして行った、2010年にスイスでのエピソードを、PANTAさんがとても面白がってくれたのが愉快だった。ノイズのライブにもそれぞれのお国柄ならではの出来事が起きてしまうという話だったが、スイスのローザンヌでのライブのとき、われわれが音を出しはじめてしばらくすると地元の警察が入ってきた。何でもローザンヌではライブハウスでの音量に対し厳しい条例があるという。ある一定のデシベル以上は取り締まりの対象となり、騒音取り締まり専門の警察も存在し、その名もなんと「ノイズ・ポリス」と言う。その日もこのノイズ・ポリスがガイガーカウンターのようなノイズ計測器を片手に、計測の針が早々に振り切れるようなわれわれの音量に今後のライブを中止するよう勧告したらしいのである。

この話にPANTAさんは、大ウケしながら、あることに気付いたようだった。頭脳警察はこの日、非常階段のほかに騒音寺という京都のブルース・ロックバンドとも共演することになっており、そのユニット名もなんと「騒音警察」。

「ちょっと、待って。じゃあ、そのノイズ・ポリスって、要は騒音警察ってこと？　そりゃ、いいや！」

ＰＡＮＴＡさんの思わぬ発見に楽屋は一同大爆笑。ＰＡＮＴＡさんが輪の中心になって、本番前から何ともいいムードである。きっと非常階段のことはＰＡＮＴＡさんはあまりご存じなかっただろう。もしかしたらなにやらステージで物を破壊するような乱暴な人たちだと思っておられたかもしれない。トシさんからある程度は聞いていたものの、不安な部分もあったのではないか。私はそんなふうに思っていた。それが楽屋で談笑したり、一緒に写真を撮ったりしているうちに、ずいぶん打ち解けた雰囲気になってきた。そして灰野敬二さんも来場され、非常階段＋頭脳警察＋灰野敬二という組み合わせの写真も撮った。本当に楽しいひとときだった。

イベントはつつがなく進行し頭脳階段の出番となった。中央にギター、ヴォーカルのＰＡＮＴＡさん、パーカッションのトシさん。二人をはさむようにＰＡＮＴＡさんの向かって左隣にＪＯＪＯ広重、トシさんの右隣に美川くんがステージ前方に並ぶ。実は美川くんも１９８１年に当時の自分のバンド・ＡＮＮＯＮで「銃をとれ」をカバーしている。頭脳警察は彼にとってもロック・ヒーローなのだ。まず、私が万感の思いでＭＣを行った。頭脳警察は私のノイズの源泉であること、「前衛劇団〝モーター・プール〟」がそのスタートだったことを話すと、

「えっ、そうなの⁉　そんな悪影響を与えてすみません！」

とＰＡＮＴＡさんが茶目っ気たっぷりに返答くださり会場も大いに沸く。そしてついに頭脳階段のライブはスタートした。

※

キャベツの皮をむかないで
バナナを食べたい
でも石が欲しかったから
医者の薬は飾り物
お母さんが
いつもくれる

※
頭脳警察
「前衛劇団〝モーター・プール〟」
〝頭脳警察3〟
ビクター／ビクター／1972

ＰＡＮＴＡさんは私が初めて聴いた「頭脳警察3」の収録と全く変わらぬ声で、いやそれ以上にパワフルに歌いはじめる。トシさんのコンガがこれまたグルービーで力強くて素晴らしい。めくるめく曲展開もそのままについにインプロ部分、あの〝グシャグシャ〟のパートである。私は渾身のギターノイズを轟かせた。皆で一斉に、ＰＡＮＴＡさんもトシさんも美川くんも岡野くんも自分自身の音を轟かせている。あのとき聴いた音の空間のなかにわれわれがいるのだ。至高の瞬間である。私は轟音を鳴らしながら、顔がなんともいえないほころび方になっていくのが分かる。時間にしてたった数十秒の瞬間だが、私には40年の道筋と今が凄まじい濃度でつながっていくのを感じた。それは永遠とも思えるような瞬間であった。

非常階段のライブ終了後、その後の出番を待っておられた外道の加納秀人さんが「いやー、非常階段、よかったよ！ 君たち、ロックだね」と、これまた嬉しい言葉をかけてくださった。外道もわれわれにとってはロックの神様のような存在のバンドだ。非常階段は、方向は違ったかもしれないが、彼らの背中を追いかけていたはずだ。そして今夜、ようやく背中にタッチできる距離に追いついたのかもしれない。

何だかわからないまま衝撃を受け、自分の奥底にあるエネルギーがうごめきはじめた13歳のあの日。そこで私は音楽を自分から選び、探りはじめた。こんな衝撃を受ける自分は一体何者なのか。この衝撃を形にした先には一体何があるのか。その答えが知りたくて歩んだ先に新たに人が現れ、合体し、また次の流れが押し寄せ、また合体する。人との出会い、音楽との出会いに逆らわず、その先にあったものは予測もつかない歓びだ。そしてそれは今だけではなく、過去の自分ともつながっていく。

頭脳警察とは2014年に「非常階段ｗｉｔｈ ＰＡＮＴＡ（頭脳警察）」として「前衛劇団〝モーター・プール〟」をスタジオ録音し、非常階段結成35周年記念アルバム「咲いた花がひとつになればよい」に収録した。また何度か頭脳警察のライブにＪＯＪＯ広重個人としてゲスト出演をさせていただいた。外道の加納秀人さんとも一緒になり、ＰＡＮＴＡさんとトリプルギターで共演したこともあった。またＢｉＳ階段経由で頭脳警察＋ＪＯＪＯ広重＋ファーストサマーウイカというステージも行った。すべて夢のようなひとときであった。

この文章を書いている2024年、PANTAさんももう鬼籍である。過去は変わらない。そして私はもう少し先を歩こうとしている。

非常階段のメンバーたち

非常階段は1979年結成で、なんと1970年代のバンドである。45年間の歴史の中で、唯一のオリジナルメンバーは私一人だが、1980年からのメンバーであり、現在も私の相棒であるT・美川こと美川俊治くんが一番長いつきあいとなる。

美川くんと初めて会ったのは京都のロック喫茶「どらっぐすとぅあ」である。1979年4月、彼は京都大学法学部の学生となり、京都に下宿していたはずで、最も尖っていた音楽スペースでもあったどらっぐすとぅあに足を運んだのであろう。当日は私が運営スタッフとして店番をしていて、彼の方から話しかけてきたのを覚えている。

美川くんは当時私が所属していたバンド〝ウルトラビデ〟の追っかけとなってくれて、ほとんどのライブをカセットレコーダーで録音してくれていた。私はウルトラビデの音楽性にやや疑問を持ち始めて、1979年夏には当時別のバンド・螺旋階段のギタリストだった頭士奈生樹くんと非常階段を結成、同年秋の学園祭出演時には〝ジュラジューム〟というエレクトロニック・ノイズを演奏していた八田尚彦さんをゲストに入れて演奏していた。しかし美川くんはこの時に非常階段のメンバーとして誘われなかったことがショックだったようで、それが林直人くんとのユニット〝ANNON〟結成に繋がっていったということらしい。結局1980年に私は美川くんと一緒に演奏することになる。そして40年以上の共演者となるのだから、運命はおもしろいものだ。

美川くんは当初は「ザ・ミカワ」と命名された自作の発信器を演奏していた。とにかく耳の鼓膜に悪影響を及ぼすのは必至の強烈で凶悪なノイズを平然と演奏していた姿は、まさにノイズの権化であった。彼が演奏する楽器（のような電子ノイズ発信装置）は長いミュージシャン経歴の中で変遷していくが、ノイズ以外のものを演奏することはない。そう、美川くんそのものがノイズであり、日本の音楽史においてノイズというものを代表するのは彼以外になかろう。実際、「私はノイズ」というCD2枚組作品をメジャーのレコード会社であるテイチクエンタテインメントから2014年にリリースしている。自主制作やマイナーレーベルからノイズ作品を出しているアーティストはごまんといるが、メジャーから2枚組を出しているのは美川くんとルー・リード（「メタル・マシーン・ミュージック」）くらいしかいないのではないか。

美川くんの演奏はノイズのみだが、プライベートではロックを中心に幅広く音楽を聴いているリスナーである。ジャッキー・レヴィン、ピーター・ハミルなどは私と同じ趣向で話が合う。彼がまだ大学生のころ、大阪の自宅を訪問したことがあるが、イアン・ロイド・アンド・ストーリーズのレコードを聴かせてくれたことをよく覚えている。

ボーカリゼーションのJUNKOさんは私の妻であり、非常階段の重要なメンバーである。彼女のボーカルが生み出す「無意味性」は圧倒的だ。「わけがわからないということは、われわれの中では最高の褒め言葉だ」という三上寛さんの名言を体現している唯一無二な存在と思う。彼女もテイチクエンタテインメントからアルバムをリリースしており、一切意味のない声のパフォーマンスをCD2枚組に収めている。

JUNKOさんと演奏や音楽について打ち合わせしたり意見を交わしたことはほとんどな

い。彼女はいつも自然体で声を出しているだけである。非常階段の時だけでなく、B・i・S階段、初音階段など他のユニットに参加する時もなにも変わらない。他のアーティストとのセッションにおいても同様である。ある意味、無敵の人だと思う。

　ドラムを担当している岡野太くんは、元々は彼がリーダーだったサバート・ブレイズというサイケデリック・ロック・バンドの作品をアルケミーレコードから1990年あたりにリリースするようになった経緯で知り合ったミュージシャンである。非常階段のメンバーになってもらってからももう15年以上になるが、過去にメンバーだったパーカッション担当者と比較しても最高のドラマーだ。非常階段を単なるノイズバンドではなくロックの中のロックたらしめているのは、彼の存在だと思っている。最高のロッカー、最高のドラマーだ。

　この3人に私を加えた合計4人が非常階段なのだが、サブメンバーとしてナスカ・カーの中屋浩市くんも確固たる存在として控えてくれている。楽器はエレクトロニクス、テルミン、シンセサイザーなどを駆使しているが、私はテルミンを演奏している中屋くんが一番好きだ。B・i・S階段、戸川階段、畑中階段などでは何度もお世話になった。kishidashinという私と中屋くんのデュオ・ユニットもある。またどこかで彼とライブをできる日を楽しみにしている。

FOR SALE

第四章　本

本章欄外には比較的アクセスし易い最新の刊行情報を掲載しております。

上を見れば雲下を見れば霧　倉多江美著・1979年

倉多江美は70年代から80年代にかけて好きな漫画家だった。

いくつか好きな作品があるが「上を見れば雲下を見れば霧」は彼女が絶頂期を過ぎてややおとなしくなっていく時期の1978年の作品で、短編だが非常に心をうつ佳作。

失恋して自殺しようとしている女の子に偶然であった男の子が話しかけるシーンから始まる。

その男の子と女の子を中心に、男の子の家庭教師、失恋した相手の男性、男の子の母親などでストーリーは静かに展開する。

そして目の見えないヒバリの気持ちをうたった詩が、象徴的に何度も登場する。

終盤登場する詩にこういう一説がある。

昨日の愛が
今日の憎悪にかわるなら
人を好きにならないほうがいい

上を見れば雲下を見れば霧
倉多江美 著
主婦の友社 1979年

今日の憎悪が
明日の愛にかわるなら
人を好きになったほうがいい
目のみえないヒバリは
人間の魂がいたましくてなりません

主婦の友社　倉多江美著・上を見れば雲下を見れば霧「上を見れば雲下を見れば霧」より

目のみえないヒバリ、か。

アーサー・マッケン

アーサー・マッケンは19世紀の末から20世紀初頭に執筆活動を行っていたイギリスの小説家で、怪奇幻想文学のルーツのような人物だ。日本ではそれほど有名な作家ではないのかもしれない。文庫や全集なども時折発売されるが、短期間で絶版になることが多い。

この作家のことは林直人くんから教えてもらったが、彼の１８９４年の作品「パンの大神」

を読んだ時の衝撃は忘れられない。恐ろしいまでの禍々しさ。私は最も恐怖を感じる小説家としてはいつもこのアーサー・マッケンを挙げる。

代表作は東京創元社から文庫で出ていた「怪奇クラブ」になるのだろう。これは「三人の詐欺師」というのが正式なタイトルで、1895年の作品だ。今読んでも非常に怖い、ゾッとする怪奇幻想小説である。この「三人の詐欺師」はなぜか子ども向けの装幀で「ゆうれい屋敷のなぞ」というタイトルでポプラ社から出版されていて、こんな禍々しい小説を子供に読ませていいのかなと思ってしまったこともある。子供向けに少し内容を編集されているものの、「暗黒の谷」の怖いリンチ事件、「兄の失踪」の壮絶に怖いセリフ、「黒い石印のはなし」「白い粉薬のはなし」のゾッとするエピソードもきちんと書かれていて、これを読んだ子供は人生の道を誤るかもしれないとすら感じてしまうほどだ。

自伝的小説「夢の丘」は、私にとって生涯忘れることのない重要な書物である。この本に若い頃に出会えたことは非常に有益であった。

マッケンの全集は沖積舎からの復刻版を購入したが、1980年代の末頃、オリジナルの牧神社版を数冊、「マルかバツ」の吉本さんからもらった記憶がある。これらは今も大切に書架の中に鎮座している。

夢の丘
アーサー・マッケン 著
平井呈一 訳
東京創元社 1984年

怪奇クラブ
アーサー・マッケン 著
平井呈一 訳
東京創元社 1970年

阿佐田哲也

阿佐田哲也の小説で有名なのは「麻雀放浪記」だが、本名の色川武大では「離婚」で直木賞、「狂人日記」で読売文学賞なども受賞しており、そちらのほうが評価されるべきかもしれない。つまりは娯楽小説は阿佐田哲也、文学作品は色川武大という使い分けなのだろう。

しかし私は阿佐田哲也名義の小説に出てくるキャラクター、セリフ、作者のちょっとしたコメントなどに心を奪われることが多い。

阿佐田哲也名義の作品はおそらくほとんど読んでいるが、一番好きなのは「ドサ健ばくち地獄」と「ヤバ市ヤバ町雀鬼伝」か。

> 「昔のように儲かったから成功する訳じゃない。借りられたから、生きて行けるのです。だから返すのはやめましょう。返金は自殺行為です。ただ無限に借りていって、できれば利子だけを払って、ああだこうだいっていれば、そのうち年をとって死んじまう。生きるとはそういうことなのです。」

小学館　阿佐田哲也著・ヤバ市ヤバ町雀鬼伝「魔人ドラキラー」より

ゴールドラッシュ：ヤバ市ヤバ町雀鬼伝
三〇〇分一本勝負：ヤバ市ヤバ町雀鬼伝
阿佐田哲也 著
小学館 2008年

生きるとはそういうことなのです、と言いきられてしまうと、もう感動すらしてしまいますね。

> 黒手袋の李億春という男の特徴は、生きるということに関してまったく無責任であり、自分の生に意味づけや値定めをして、みずから慰めようとしないことである。
>
> 角川書店　阿佐田哲也著・麻雀放浪記４番外編「関東対関西」より

この指が8本ない李億春の生きざまがなんともすさまじい。

もちろんピカレスク小説ならではのお話で、こんな男は実在はしないかもしれないが、自分の生に意味や価値を一切見いだささないだけでなく、みずから慰めようとしないで生きるヤツが、もう少し世の中にいてもいい気がする。

生きてる価値などあるじゃなしとは、そういうことなのかな、きっと。

麻雀放浪記４番外編
阿佐田哲也 著
双葉社 2022年

ドサ健ばくち地獄　阿佐田哲也著・1984年

この本は20代を少し過ぎた頃に読んだが、その後の私の人生に少なからず影をおとした小説であるように思う。無人島に持っていく1冊と言われれば、実際この本をあげるかもしれない。誰にでもおもしろい小説であるとは言い難いし、思想的にも純文学ほど深いわけではないから、まあ一般には薦めないが。

麻雀放浪記という阿佐田哲也の代表作があるが、その作品のサブキャラであるドサ健を主人公にした、言ってみれば麻雀放浪記のスピンオフ作品である。ばくちの世界に生きるチンピラのコロし合いを描いた一本であるが、主人公のドサ健はもとより、出てくるキャラクターが実によく描かれている。グラマーだがばくちと縁の切れない殿下、殿下のかつてのスポンサーだった葬儀屋、落語家の花スケ、御曹司の春木、医者の息子の四郎、その恋人のミミー、選挙違反で関西から逃れてきたおかっぱの堤、バーテンの滝……。

こういった、結局はコロされると知りながらも、やはりばくちからは逃げられず、そしてある者は無惨に消えてゆき、ある者はうまくスリぬけ、最終的に残っていくヤツにはさらに厳しい勝負が待っている。

つまりは麻雀小説であるが、これはだれの人生にもあてはまるような、日本という世の中の裏側にきっちりと筋道が通っている、ひとつの縮図であった。そう思える理由に、年月を経て読み返すと、そこまでの間に出会った人物がこの小説の登場人物に微妙に当てはまっていくことにいつも気がつく、ということがある。

表があるからには裏があり、裏を知らない表は表でしかなく、裏を知っているつもりでも徹底していかなければ裏に飲み込まれてしまう。ばくちはばくちであるけれど、人生など誰にとってもばくちであろう。ばくちというものは主催者が儲かるものであるという大原則がありながら、まぬけな主催者を喰ったり、また大原則を重々知りながらも、子が親を喰い、そしてばくちで食っていけると信じているものである。

そして勝ち逃げする以外に儲ける手段はないが、勝ち逃げしたヤツも結局は賭場に戻ってきて、どうせスッテンテンになる。金を取られないヤツは健康を取られる。金も健康も取られないヤツは、もっと大事なもの、つまり心を取られるのである。

「もう、破滅しかかってるんです」
「他人はそう無条件にこっちの思うようになってくれん。また、こっちが他人に血を吸われたら、仕返しにまた執着が増してくる。そんなふうにならずに、おのれ一人で、無人島に居るようなつもりで遊べるなら、それは面白く遊べるだろうが、まずおまえごときじゃむずかしいね。やめなさい」
「へえ」
「いうことはそれだけだよ。金は貸さない。たんとお苦しみよ。そんな苦しみはまだ序の口でね。やってる以上、まだこれからたくさん地獄の気分を味わうようになる。そ

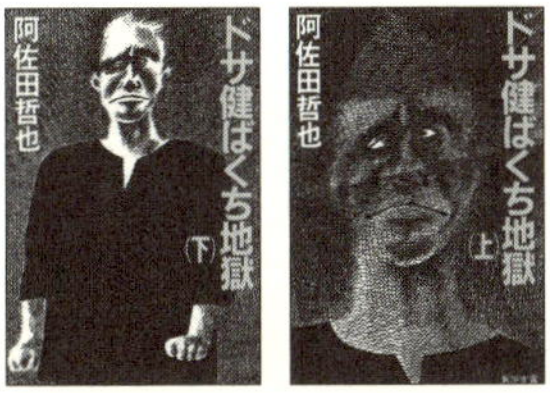

ドサ健ばくち地獄 上下
阿佐田哲也 著
角川書店 1984年

れでも皆やめないんだ。おまえもやめないだろうよ。だから今、俺が銭を貸しても、なんの薬にもならないのだよ」

角川書店　阿佐田哲也著・ドサ健ばくち地獄（上）「天下一」より

やめずに生きているのはオレかオマエか。

スッテンテンになったのは誰だったか。

そしてコロされたのは？　……？

スペアーズ　マイケル・マーシャル・スミス著・1997年

クローン技術は今はどうなっているんだろう。

クローン技術で思い出すのはマイケル・マーシャル・スミス著「スペアーズ」という小説である。

人間のクローン。自分のクローンを作ろうと思っても、大人になってからクローンを作っても生まれてくるのは赤ちゃんのクローンである。

なので、赤ちゃんが生まれた時に本人のクローンを作っておく。クローンは人の目の届かないところで飼育される。もし本人がけがをしたり、病気をしたりすれば、そのクローンからパーツ、すなわちスペアを持ってくればよい。例えば肺ガンになれば、クローンであらかじめ作っておいた「自分」の肺を切り取って、ガンに侵された肺と取り換えればよいのだ。

こんな不気味な設定がベースの小説がこの「スペアーズ」だが、小説自体はもっともっと不可思議な近未来ＳＦに仕上がっている。

かなりグロテスクなホラーっぽいシーンもあるので、女性にはちょっとすすめない。

この話の中で「エベレスト山より高い山が発見された」というニュースが流れるシーンがあって、この小説を印象深いものにしている。エベレストより高い山が今まで発見されなかったというシチュエーションに、どこかぞっとする。

しかしクローン技術で食料問題が解決したり、マンモスが現代に復活したり、本当に現実になるのか？そんな時代は来ない気がする。

アーサー・Ｃ・クラークの小説だったと思うが、未来の食事は肉や野菜など生きていたものの死骸を食べるという習慣はなくなっているという設定があった。こちらのほうが実際の近未来に近い気がする。

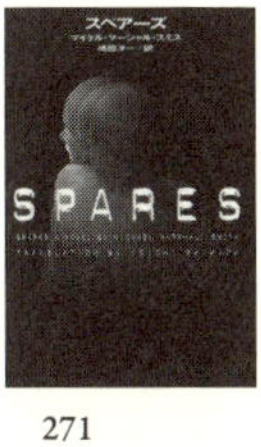

スペアーズ
マイケル・マーシャル・スミス 著
嶋田洋一 訳
ソニー・マガジンズ 2001年

火焔つつじ　平山蘆江著・1934年

平山蘆江・幻の一冊「蘆江怪談集」が2009年に復刊された。

「蘆江怪談集」は昭和9年に発行されて以来、実に75年ぶりの復刊らしい。私ももちろんそのオリジナル本を見たことはない。いわゆる稀覯本というヤツだ。

私はこの「蘆江怪談集」からの一編、「火焔つつじ」を「現代怪奇小説集」というアンソロジー本で読んだことがあるが、それ以外の作品はもちろん初見のものばかり。どの作品もとても興味深く、面白く、時には涙し、ぞっとしながら堪能できる。

最近の超残酷描写に慣れた現代人にはものたりないかもしれないが、情念、男女の思い、生き霊、死霊など、人の思いがこの蘆江の怪談話の主人公である。

もちろん怖いが、そこはかとなく悲しい。

「火焔つつじ」はもちろんこの本収録の全タイトルの中でも一、二をあらそう素晴らしいエピソードだが、ほかの話も無駄のない秀逸な短編怪異談ばかりである。

「火焔つつじ」は和田誠監督によって映像化されている。映画は「怖がる人々」というアンソロジーもので、その中の一話だった。この映画はなぜかDVD化されていない。この映画には日影丈吉の「吉備津の釜」も収録されている。残念ながらこのエピソードは映画化された実写ドラマよりも、小説のほうがより怖い。

しかし「火焔つつじ」は和田監督によって見事に映像化に成功していると思う。

この文庫本、その和田誠が装丁を行っている。これも素晴らしい縁だ。

紀田順一郎氏が古い書物からきちんと平山蘆江の作品を選んで「現代怪奇小説集」に収録してくれたこと、それを和田誠監督が映像化したこと、本が出て75年もたっても平山蘆江を覚えている人が何人かいて、その思いがいつしかつながって復刊になったこと。

たとえ少数でも、いいものを伝えていこうという人がひとりでもいる限り、なにかの思いは引き継がれていくということ。

大切なのはこういうことだと思う。

蘆江怪談集
平山蘆江 著
ウェッジ 2009年

小さい魔女　オトフリート・プロイスラー著・1965年

おそらく死ぬまで忘れない楽しかった思い出だが、小学校1年生の時に講堂で見せられた影絵劇「小さい魔女」は衝撃だった。

当時は学研が「科学」「学習」といった雑誌を学校内で毎月販売していたこと、学研からこのドイツの作家・プロイスラーが書いた児童書「小さい魔女」が単行本として刊行されることから、書籍の営業の流れでこの影絵劇が企画されたのかもしれない。

私は幼少のころから、ストーリーを楽しむことが何より好きだった。寝る前には必ず父に何かお話をしてもらい、それを聞いてから寝るのが通常だった。日本の昔話やイソップ童話、はたまた父親の奇想天外な創作童話まで、毎夜何かしらのストーリーを楽しんでいた。

空想するのもなにより好きだったから、当時見ていたアニメや漫画に自分が登場するストーリーを考えて、寝る前にイメージしていたことは今でも覚えている。

こういったイメージングは、今にして思っても、非常に有効な脳のトレーニングであった。想像力というものが自分にあるとすれば、それはこの時期に基礎が組み立てられたのだと思う。

そんな子供にとってこの「小さな魔女」のストーリーは、もう完璧なほどにハマるような最高の出来栄えだった。魔女というちょっと怪しいシチュエーション、次々と出てくる不思議な魔法、魅力的な異国の人々、厳しくも暖かい風景や季節、そして意外な展開と、さらに意外なエンディング。

もちろん影絵劇が終了した後、会場では出版されたばかりの「小さな魔女」の単行本が販売された。現代にこういった販売方法をとれば問題になりそうな囲い込み商法かもしれないが、会場ではかなりの数の親が子供にせがまれてこの本を買わされたに違いない。私はその当日買ったかどうかは記憶がない。わが家は当時はそんなに裕福ではなかったからその場所では購入せず、おそらく後日この本を親戚のおばさんか誰かにねだって買ってきてもらったような気がする。

　おおよそ自分で選んだ最初の書籍は、親が買ってきた学習誌や漫画本をはぶけば、この「小さい魔女」だと思う。

　もちろん手にしたこの本は私の愛読書となった。何度か紛失したが、学研がこの本を絶版にしなかったことから、何度も買い直した。今自分で持っているのは１９９３年の第91版だ。

　後年ドイツに旅行した時、玩具と絵本の店に寄って原書版の「小さい魔女」を見つけた時は嬉しかった。朗読のＣＤも発見し、今も自分の大事なコレクションになっている。

　こういった、良い本が絶版になることもなく、いつでも手に入ること。これはすごく大切なことだと思う。一見単純なことのようだが実は難しいことだからだ。

　「安売りのヤーコプ」のマッチ、紙でできた花を売っていた寂しげな娘、雪に覆われた街の片隅に置かれたストーブの前で鼻水を凍らせていたマロニ（栗）売り、ボーリングマニアの夫に悩む妻……。こういった登場人物のことは、あまりにも魅力的で、おそらく一生忘れられないだろう。特に印象的なのは、トーマスのセリフだった。

　子供達がかわいがっていた牛が射撃大会の賞品に出されてしまった。落ち込んでいる子供達

小さい魔女
オトフリート・プロイスラー 著
大塚勇三 訳
学習研究社 1994年

のために、小さな魔女は魔法をかける。そして射撃の名手の弾はみんなはずれるのに、この牛の持ち主の息子で、だれよりもその牛を愛していたトーマスの弾が的に命中、優勝するのである。


……しんぶん記者「ウシのにくをやくのは、いつにしますかね」

「このウシはやいたりはしないんです」とトーマスはこたえました。「このウシは、ウシ小屋にいって、いつまでもそこにいるんです」

学習研究社　オトフリート・プロイスラー著・小さい魔女　「小さな射撃の王様」より

「いつまでもそこにいる」

こんなに単純で、そして気持ちにのこる、言葉。

「小さな魔女」よりも小さな子供だった私には、大好きな人やものがいつまでもそばにいる喜びをこの本から学んだのだと今でも思っている。

小川未明

小川未明の童話は、不思議である。

ひとつはその内容だ。幻想というよりは、なにか怖い心霊体験談の秀逸な一遍の読後のような、不思議でありながらリアルな印象をうけるストーリーが多い。現実にこのような世界を見てきたのではないかと思わせるような、われわれの生きるこの世界とその隣にあるミステリアスな世界との接点のような、そういった位置の作品である気がしてならない。

童話である以上、教育的な教訓や道徳が織り込まれた作品もあるが、むしろそういったものが感じられない、センチメンタルとファンタジックを融合させ、意味性を持たない作品の方が、読後にとてつもなく深い印象が残る。

もうひとつは、その終わりの唐突さ。「え？　これで終わるの？」というインパクトだろう。ストーリーが中途で尻切れトンボに終わるようなエンディングについては、小川未明の右に出るものはないのではないか。

例えば小川未明の作品では「赤いろうそくと人魚」が有名だが、このお話はエンディングが〝ちゃんとある〟からこそ、絵本で再構成されたり他の作品集にも取り上げられることが多いのであって、小川未明の書いた他の童話と比較すると、むしろ異色作であるように思う。

つまり、小川未明の童話は、本当のところは〝よくわからない〟。そこが何度読んでも新鮮

小川未明童話集
小川未明 著
角川春樹事務所 2013年

であり、そしてどうしてこんな話が書けるのかがまた不思議であり、読み手側の空想力や想像力を試されているような、そんな気がしてならないのである。

現代の世の中は本当にわかりやすくなり、隅々まで明るくなり、あたりまえでなかったものもあたりまえになり、つまらないものしか産出されなくなり、作り手も受け手もつまらなくなることを強制されているのではないかと思う時がある。

そして小川未明の書く話のように、中途で意識をブッッと切られた時、そのあたりまえの連鎖にいる自分に気がついて、ようやくその流れから脱却できる気がするのである。

「日本幻想文学集成」で最も心に残る小川未明の作品は「金の輪」という、わずか4ページの短編である。

病気でふせっていた太郎が、ようやく起きられるようになり、まだ早い春の日、外で誰もいない往来を見ていると、遠方から金の輪をふたつ転がしながら駆けてくる少年がやってくる。その少年は太郎の前を通り過ぎるが、通り過ぎる時に懐かしい微笑を見せる。太郎はその金の輪を転がす遊びをとてもうらやましく思う。次の日も同じ時間に、太郎は同じく金の輪を転がす少年に再会し、また微笑をもらうのであるが、その少年はなにか言いたげな表情で、少し首をかしげながら通り過ぎるだけである。帰ってから太郎は母親に2日続けて金の輪を転がす少年に会ったことを話すが、母親は取り合わない。太郎はその少年と友達になり、金の輪をひとつ譲ってもらい、ふたりして金の輪を転がしながら走る姿を夢想する。

ここまでの解説で勘の良い方ならストーリーの最後を予測できるだろうが、実際はもっと唐突である。

> 明くる日から、太郎はまた熱が出ました。そして、二、三日目に七つで亡くなりました。
>
> 国書刊行会　小川未明著・日本幻想文学集成13小川未明「金の輪」より

「金の輪」の話は、これで終わりである。

金の輪がいったい何であったのか、そもそもこのお話が、いったい何であるのかは、読者の想像力にかかっている。

21世紀に生きる凡なわれわれには、この大正8年に書かれた非凡な秀作は永久に理解できないのかもしれない。

ピカピカのぎろちょん　佐野美津男著・1968年

小学生向けに書かれた児童書としては、最もカルトな作品である。

と言ってしまっては作者・佐野美津男にとっては心外であろう。本当に子供を愛し、子供の未来に対して真摯な思いを常に抱いていたであろう作者は、やはり重大な思いを持ってこの作品を書いたに違いないからである。

おそらく、この作品を幼少時に読んだ者なら、一生涯忘れない、まさにトラウマのような不可思議な読後感を刻み込まれたはずである。もしくは「なんだかよくわからなかった」と理解を放棄してしまったかもしれないが、それでもなにかゾッとするような、読んではいけないような世界を読んでしまったような、一種の染みのようなものを心に残しているはずだ。それほどにこの作品は不思議な魅力に満ちている。

つまりは戒厳令の話なのである。それを頭から最後まで、子供の視点で描いた作品なのだ。ある日の朝、いままで通っていた歩道橋が渡れなくなる。警察官が入り口に立っていて、歩道橋の真ん中に穴があいてしまったからだと言う。道にはいつもより車が少ない。その日は新聞が配達されなかった。そして学校が休みだというアナウンスが流れる。仕事に行ったはずのお父さんも鉄道が止まったと言って帰ってきた。商店街にはバリケードが築かれた。いつも遊んでいた公園は立ち入り禁止になった。

そこで子供たちは自分たちで調査を始める。主人公の少女・アタイは、偶然商店街のアーケードによじ登ることを思いつく。そして公園にピカピカと光るギロチンを発見する……。

その後のストーリーは未読の方のために書かないでおく。この本は2014年に再販されたが、現在は絶版である。入手はかなり難しい。しかし東京なら国会図書館、大阪なら国際児童文学館に所蔵されており、誰でも無料で読める。足を運ぶ価値のある一冊であるとだけ、記しておこう。

「課題図書にも選ばれている創作児童文学選」としてオビに書かれた宣伝文は以下の通りである。

> 学校がとつぜんお休みになった……
> テレビも新聞もストップ。事件だ！
> あ、あれは何？　ピカピカ光る機械。
> 子どもたちもまねして作ってみたが……
>
> カラリとした現代っ子の共感をよぶ快作
> 小学3〜4年生向
>
> あかね書房　佐野美津男著・ピカピカのぎろちょん　帯紹介文より

〝カラリとした現代っ子の共感をよぶ〟かどうかは別として、「怪作」であることは私が保証する。

ピカピカのぎろちょん
佐野美津男 著
復刊ドットコム 2014年

仮面舞踏会　横溝正史著・１９７４年

横溝正史の魅力はもちろんミステリーならではの謎解きにあるのだろうが、私はやはり日本特有の、陰惨な人間関係や因習、過度の妬み嫉み、あまりにも深い人間の業といった部分の表現力こそ、その真骨頂であると思っている。

その根底にあるのが人間への哀しみなのか憎悪なのか、はたまた絶望や厭世観であるのかはわからないが、どうもどの言葉も当てはまらない気がしてならない。むしろ愛情とか幸せとか、人の目指す幸福感の否定はもとより、人間の怨念や絶望感、安易な生き方や死に方すらもさっさと否定している気がする。

だからこそ、こんなにも陰鬱な重い人間関係を、エンターテインメントとして書くことに成功したのではないか。もちろん１９７０年代の角川文庫や映画の後押しも大きいものではあったが、そもそもの作品ですでに勝利している気がする。

横溝正史の長編作品はほぼどの作品も優れているが、私はこの「仮面舞踏会」が一番好きである。推理小説としては他の著名な横溝作品と比べてツメが甘いとしてあまり評価されていないのであるが、犯人の人物設定や描写には心底ゾッとする部分があり、またその結末の哀しさも格別である。

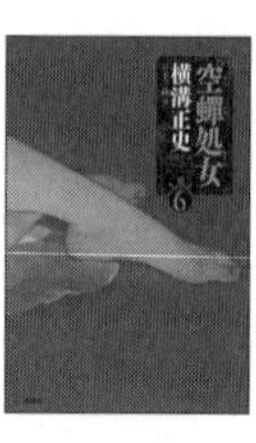

横溝正史ミステリ短編コレクション６
横溝正史 著
柏書房 2018年

……あたしいつかなにかで読んだんだけど、人世は仮面舞踏会みたいなもんだ、男も女もみんな仮面をかぶって生きているって、あちらのえらい人がいったんだって。あたしいまつくづくその言葉に感心してんのよ

角川書店　横溝正史著・仮面舞踏会「エピローグ」より

さて、自分は三文役者か道化師か、はたまた悪役か善玉か、それとも実行犯か確信犯か、さてさて……。

オコナー短編集　フラナリー・オコナー著・1974年

ただでさえ息の詰まる救いのない現実に生活していながら、なぜにさらに救いのない音楽や小説、映画、芸術をむさぼるように探して摂取するのか。その答えはいくら自問しても出てはこないけれど、そういった作品の中の優れたものには、確実にその絶望的なシチュエーションの「その先」があることは信じられる。そうでなければ、あまりにも悲惨な現実をグロテスクに露出するだけで、どんなアンダーグラウンドな芸術も太刀打ちできないほどの、陰惨な作品が一丁上がりとばかりに露呈されるばかりである。

オコナーの小説は、ほとんどの場合救いがないまま、絶望的に終わる。もしくは主人公はとんでもない目にあい、そして結果は最悪である。主人公はもとより、読者も、そして作者も傷ついているような登場人物のセリフには、その現場に立ち会わずにすんだ自分の生活に感謝するほどである。こういった小説を書く作家はいくつかいるが、私はオコナーが最も優秀であるように思う。

生きていてもしかたがないと思う人には、親愛なる思いをこめて死を勧めたい。しかし死ぬ前に言っておくが、生きていてしかたがある人間など、いない。だから生きていてしかたがないことで、死ぬ必要はないのである。現実に絶望的になることより、「その向こう側」は存在するし、「その先」も存在する。

> ポインター「おれは生れたときから、なんにも信じていねえんだ！」

新潮社　フラナリー・オコナー著・オコナー短編集「善良な田舎者」より

善人はなかなかいない。

けだし、明言ではないか。

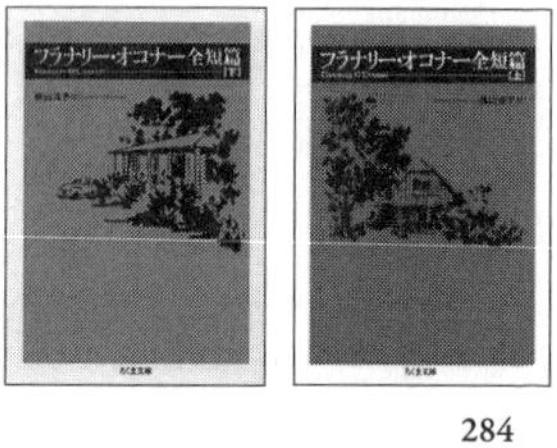

フラナリー・オコナー全短編 上下

フラナリー・オコナー 著
横山貞子 訳
筑摩書房 2009年

潜在光景　松本清張著・1961年

松本清張と言えば、芥川賞作家でありながら推理小説作家であり、歴史もの、時代小説、ノンフィクションなど、実に多様な文学を生み出した巨匠である。それでいて庶民的な人気のある、不思議な作家だ。「点と線」「ゼロの焦点」「砂の器」「鬼畜」など、映像化された作品も多いので、おおよそ日本人の読書家で、清張の名前を知らない人はいないだろう。

もちろん名作は多数あるが、私はミステリーの短編「潜在光景」が大好きだ。中年のサラリーマンが、毎日帰途につく夕方のバスの中で、幼なじみだった婦人と偶然再会。現在は未亡人の彼女と不倫へと展開するのだが、彼女の息子の不審な目に怯えはじめて……というストーリー。やがて意外な結末が待っている。

もちろんブラックな顛末になるのは当然といえば当然。そこへの展開も見事だが、私がひかれるのはその部分ではなく、男と女が徐々にだが不倫に至るまでの、心理描写、情景描写である。その描き方がなんとも生々しく、それでいて俗っぽくない。男とはこういうものだし、女もある意味こういうものだろう。そう思わされる。そして子供を巻き込んでのことになるのだが、「現実は繰り返す」ということの、なにかとほうもない暗黒がそこに見え隠れする。こういう小説はありそうでなかなかないのではないか。

そう、運命とはちょっとしたボタンの掛け違えである。

影の車　松本清張プレミアム・ミステリー
松本清張 著
光文社 2018年

二度目に彼女とバスの中で遇ったのは、それから一週間あとだった。

「お遇いすると、つづけてお目にかかれますのね」

彼女は笑った。この前の話で、私たちの間はかなり遠慮が取れていた。それはお互いがいい加減年をくっていたせいでもあり、彼女が人妻だったからであろう。

角川書店　松本清張著・潜在光景「第2章」より

悪い方向。そこに行くのに決まっているのに、人はわざわざそれを選ぶ。

カーテン　アガサ・クリスティー著・1975年

アガサ・クリスティーの作品はほとんど読んだ気がする。おもしろくて、ハラハラして、そして少し哀しいからだ。

最も好きなのはポワロもので、「スタイルズ荘の怪事件」「アクロイド殺し」「オリエント急行殺人事件」「ABC殺人事件」などがお気に入りだ。

しかしベストをあげれば「カーテン」と「愛国殺人」になるし、どちらかを選べと言われれば「カーテン」を選ぶ。

「カーテン」の好きなところをひとつあげれば、ポワロをして「完全犯罪者と出会った」と言わしめるテクニックだろうか。つまり、犯罪者は実際に手をくださない。そして狙った人物を殺すのである。これはやはり完全犯罪だろう。

どんな犯罪も、罪も、やはり実際に行為をしたもの、発言をしたものが罰せられるからだ。もちろん幇助という罪もあるが、その幇助も曖昧にすることができたなら、罪をかぶる可能性はかなり少ない。


心のどこかを押すことで、人が死ぬことがある。

この小説が書かれた1942年や実際に本が刊行された1975年に、実際に心理への影響を用いた犯罪がどの程度あったのかはわからないが、おおよそこんなストーリーを考えた作家はほとんどいなかったのではないかと思ってしまう。

> わかるかね、ヘイスティングズ、このような発見は権力意識をはぐくむ場合があるものだよ。みんなに好かれ、同時に軽視された○○○○という男。―彼は人々をして本人が望んでいない行動―あるいは（この点に留意）望んでいないと思いこんでいる行動に駆り立てることができた。

早川書房　アガサ・クリスティー著・カーテン「後記」より

カーテン
アガサ・クリスティー 著
田口俊樹 訳
早川書房 2011年

ネットの時代になりSNS上で匿名で言いたい放題をして、学校でも社会でもネット上でも他人を言葉や態度で傷つけることの罪を感じないような時代になった。
こころが悲鳴をあげていても聞こえにくい、そんな時代になった。

代書人バートルビー　ハーマン・メルヴィル著・1853年

故・林直人くんにはいろいろな音楽や書物をおしえてもらったが（おそらく彼も私から多くを学んだのだろうが）、彼からおしえてもらった重要な書物の中の1冊が、この「代書人バートルビー」である。

「白鯨」という超有名な作品で知られるメルヴィルという作家。いや、この書物でしか知られていない作家であったのだが、実はこの「代書人バートルビー」も20世紀後半に評価はされていたようだが、実際に私や林くんが読んだのは1980年代初頭だったと思う。国書刊行会版が発売されたのが1988年で、その後まともに発売されているのかどうかはわからない。でも古書で容易に手に入るはずである。

ウォール街に弁護士事務所を構える主人公「わたし」は、バートルビーという男を雇う。最初はマジメに仕事に励んでいたバートルビーは、ある日突然、頼んだ仕事を「せずにすむとありがたいのですが」という台詞とともに、拒否するようになる。そして数日後、一切の仕事をしないようになる。

バートルビーは会社に誰よりも早く出社し、誰よりも遅くまで仕事をしている、と思われていたが、実は会社に寝泊まりしていたこともわかる。「わたし」は最大限の気遣いをもって穏便にバートルビーに退社してもらおうとするが、バートルビーは会社になにもせずに、ただ、居続ける。理由は一切語らない。話すことは「せずにすむとありがたいのですが」という言葉のみである。

結局「わたし」はバートルビーを追い出すことはできず、自分が出ていく。つまり弁護士事務所を引っ越してしまうのだ。しかしそれでもバートルビーはその建物にい続け、ビルの大家から「わたし」に苦情がいく。最後に雇っていたのはあなただからなんとかせよ、というわけだ。再三の説得にもかかわらず、バートルビーは建物から出ていかない。そしてついに刑務所に連れていかれ、そこで食べることも拒否し、死んでいく。

> ここに一人でいるのがありがたいのですが
>
> 国書刊行会　ハーマン・メルヴィル著・代書人バートルビー「代書人バートルビー」より

物語の最後に、バートルビーに関するひとつの逸話が語られ、少しだけのヒントが与えられ

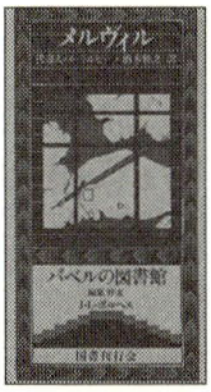

代書人バートルビー
ハーマン・メルヴィル 著
酒本雅之 訳
国書刊行会 1988年

て、この不条理な小説は終わる。なにもせず、ただ、そこにいることを望む男。理由は最後まで語られない。

中山双葉の曲の歌詞にあるような「ここにいる意味はない／だけどいる／ずっといる」※という、つまりは生きていたいわけではないが生きている、というような不条理感が答えでもかまわない。しかしそれよりももう少し重い絶望感が、この小説の読後に襲ってくる。

ここにいる意味はない、か。

※
中山双葉
「ここにいる意味はない」
〝友だちは犬だけ〟
アルケミーレコード／
アルケミーレコード／2006

富士に立つ影　白井喬二著・1925年

長編の小説というものに最近はめったに出会わなくなった。長編小説自体が世の中から必要とされていないのだろう。私が読んだ最長の小説は中里介山の「大菩薩峠」で、これも非常におもしろい小説ではあったが、中弛みがあること、未完であることが少々残念なところである。それでも傑作であることは間違いないので、こちらも読書の時間がある方には読んで欲しいところだ。

この「富士に立つ影」もかなりの長編で、文庫で10冊程度。しかし中弛みがなく、日数さえあれば一気に読める〝超〟のつくおもしろい作品である。娯楽時代小説と言ってしまえばそれまでだが、登場人物のキャラクター設定が見事で、全編を通して飽きさせない。

登場人物は3代にわたる。徳川幕府が富士山の裾野に練兵のための訓練城を建設するにあたり、その責任者を決める問答が行われ、佐藤菊太郎と熊木伯典が争ったのがこの大長編の始まりで、この二人、息子、孫、その妻や家族が敵討ちをベースにドラマを重ねていくストーリーである。

菊太郎は善人、伯典は大悪人なのだが、菊太郎の息子の佐藤兵之助は悪人、伯典の息子の熊木公太郎は超善人と、まるで逆の設定がおもしろさを加速させる。そして公太郎の妹のお園と兵之助は、父の敵討ちの相手の子供同士と知りながら恋に落ちる。しかし出世欲にかられた兵之助は、後にお園を捨てて政略結婚をしてしまう。

私がこの小説で一番好きなのは、さらに時代が過ぎ、もう老人となった兵之助が若き日のあやまちを悔い、お園を探し出して詫びに行くシーンである。老婆となったお園の姿に驚きながらも、若き日の非礼を詫び、本当に愛していたのはお園だったと告白する兵之助。その告白を聞きながらも一言も発さないお園。くっくっく、とふるえるお園を見て、感動して泣いているのかと思った兵之助の意図に反し、実はお園は笑っていたのである。ついにがまんしきれなくて笑い出す、お園。その笑い声に傷つき、呆然とする兵之助。

そういうお答えをいただいても、どうにもこのお婆さんでは使い用がないじゃありませんか。ですからあの時はやっぱりあの時、今はやっぱり今、それよりか人間はどう

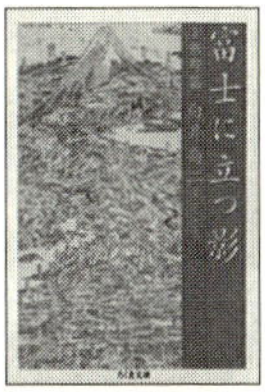

富士に立つ影１裾野篇
白井喬二 著
筑摩書房 1998年

することもできないのですよ……。

沖積舎　白井喬二著・富士に立つ影「幕末篇・尋ね行く第11章」より

時は取り戻せない。どんな思いも、気持ちも、真実も「あの時はやっぱりあの時、今はやっぱり今」なのだ。

本当の愛、本物の恋、それはその時にこそ輝くものであり、その後の思いが時間に費やされた後の悲惨な姿を知る小説はいくつかあるが、この「富士に立つ影」もその中の秀逸な一編である。

いつまでも想っているのは、やっぱり男のほうかもしれない。

違うかな？　どうだろう。

ジョナサンと宇宙クジラ　ロバート・F・ヤング著・1977年

アンソロジー「時の娘」に収録されていた、ロバート・F・ヤングの作品「時が新しかったころ」は、例えば萩尾望都が漫画にしてもよさそうな、とてもファンタスティックでロマンティックなSFの短編小説だった。

もちろんこの「ジョナサンと宇宙クジラ」も〝当たり〟で「時が新しかったころ」を「こんな甘い話は好きじゃない」という硬派ＳＦ好きな人には薦めないけれども、例えば10～20代に悲しい失恋をしてしまった人、懐かしい気分にひたれるようなＳＦ小説を探している人には一読をお勧めしたい。

表題作「ジョナサンと宇宙クジラ」はヤングにしては規模の大きな宇宙ロマン小説で、逆にちょっと意外な感じ。悪くはないけれども、小さきものへの愛情に涙が出る佳作「ピネロピへの贈り物」、自分の一番大切なものを見つける「リトル・ドッグ・ゴーン」、妻が巨人になっていくという異色の発想の「いかなる海の洞に」の3編がこの短編集中の白眉だと思う。特にイヌを飼っておられる読書好きの方には、まよわず「リトル・ドッグ・ゴーン」をお薦めする。そして愛とはなにかを探している人にも。

ヤングという作家は、いわゆる大作家ではない。賞とも無縁だろう。映画化されて大ヒットして、というよりは、一般週刊誌の中の、読み捨てられるような短編小説を２００本程度書いた作家のようだ。それでもこの心打つ、徹底した優しさ、ロマンティックでフェミニスティクなタッチには、一定の強い意志を感じとれる気がする。

「たんぽぽ娘」という、やはり短編小説がこのヤングの最高傑作だ。こころ優しき男性に、薦める。

ジョナサンと宇宙クジラ
ロバート・F・ヤング 著
伊藤典夫 編訳
早川書房 1977年

日本語ということば　赤木かん子編・著・２００２年

この本は新潟在住の私のファンの女の子に教えてもらった。

ここには橋本治、鴨下信一、久世光彦、寺山修司などといったプロの作家の日本語に関する考察を書いた小エッセイが7編、そして小学校２年生の女の子が書いた作文が１編収録されている。

どのエピソードもそれなりにおもしろいが、ダントツに素晴らしいのはその無名の小学校２年生の女の子が書いた作文「『あまえる』ということについて」(第47回全国小・中学校作文コンクール／作文優秀作品)である。

私はこの本のことを知らなかったし、教えてくれた彼女がどうしてこの本を知ったのはわからないが、おそらく優良な児童書の紹介者であり、児童文学のプロである赤木かん子さんがこの本をプロデュースされている関係で知ったのではないかと思う。私も赤木さんの本は数冊持っている。

「『あまえる』ということについて」は小学校2年生の女の子が「セロ弾きのゴーシュ」を題材に、自分の幼稚園時代のことを振り返りながら、自分がどうして素直に親に甘えられなかったのかを考察している、ものすごい文章である。小学校低学年の女児がここまで物事を冷静にとらえ、人の気持ちをくみとりながら自分の生き方に照らし合わせているかなど、誰が気づくだろうか。

わたしは、まい日、ようちえんのもんをくぐる時、おかあさんとわかれのあく手をして、「がんばるぞ」と思いました。それは、元気な「がんばるぞ」じゃなくて、心の中でなきながら言う「がんばるぞ」です。わたしは、いえにかえってきても、うーんとがんばっていて、おとうさんにもおかあさんにもあまえることができなかったのだとおもいます。

今考えると、わたしの「がんばるぞ」は、本当の「がんばるぞ」ではなかったと思います。「つらいのがんばってがまんするぞ」の「がんばるぞ」だったのです。わたしは、へんなものがいっぱいで、じぶんじしんもまわりの人も、何もかもちゃあんと見ることができなかったのだと思います。わたしは、だれにもあまえないで、心をきつくしてぼろぼろないていただけだったのかもしれません。だから、いくらがんばっても、つらいことばっかりだったのだと思います。わたしのがんばりは、がまんするだけで、本当のがんばりにつながらなかったのです。

ポプラ社　赤木かん子編・著・日本語ということば　「中村咲紀著・『あまえる』ということについて」より

生きるのに悩んでいる諸君、ぜひどこかでこの本を手にとってほしい。

赤木さんの解説がいかしていた。

日本語ということば
赤木かん子 編・著
ポプラ社 2002年

「ただひとついまだにわからないのは、この作品がなぜ〝最優秀〟ではなく〝優秀作品〟にしかならなかったのか、である」

私もそう思います。

ひげよ、さらば　上野瞭著・1982年

この大長編、単行本で778ページ、文庫版では1000ページを超える小説は児童文学とされているが、立派なオトナ向けの文学作品である。かなりハードな内容でおおよそ小学生が読むには過激過ぎるような残酷描写や絶望的なシーンが多数登場する。もちろんだからといって有害であるわけではなく、私がオトナとすれば子供にこそ読ませたいと思う作品である。しかしそれにしても、内容はハードだ。

記憶喪失の猫・ヨゴロウザが主人公で、ふと目をさましたのがナナツカマツカという寺の境内の近くの場所だ。その付近一帯に住むノラ猫たちとの交流、ネズミ、野良犬たちとの攻防を描いたのがこの「ひげよ、さらば」という小説である。

登場する猫や犬が魅力的だ。文字通りの「片目」、歌ばかり歌っている「歌い猫」、気どったシャムネコの「オトシダネ」、ほかにも、うらない猫、かけごと猫、さがし猫、星から来た猫

など、名前を聞いただけでもワクワクするようなキャラクターである。しかしそれらがみな個性的、言い換えれば自分勝手な性格で、おおよそまとまりがつかない。その中でやがてヨゴロウザがリーダーになり、野良犬の大将・タレミミと生死をかけた対決をする展開となる。

人間を猫と犬に例えたありきたりの友情と団結を描いた児童文学と思われがちだが、とてもとてもそんな甘っちょろい作品ではない。同じようなシチュエーションのネズミとイタチとの決闘を描いた楽しい小説「冒険者たち ガンバと15ひきの仲間」とはまるで様相が異なる。血生臭く陰惨な決闘、成就しない恋、絶望感と失望感、心の葛藤、死、自殺、崩壊する組織など暗い展開が多く、全体を通して希望を持てるシーンはかなり少ない小説である。エンディングがまた壮絶だ。まるで映画「ホーリー・マウンテン」のように読者をつきはなす魅力がある。つまりはとんでもない作品だ。

この作品が秀逸なのは、おおよそ読者のほとんどが、自分が生きてきた社会に実在する人物とこの小説に登場する猫や犬やネズミをリンクすることができることである。それは経済でもあり、政治でもあり、家族でもあり、友人や恋人でもあるかもしれない。そしていつの間にか読者が「生きるとはなにか」という大きな命題に対峙させられるところに、この小説「ひげよ、さらば」の真骨頂があるように思う。

ヨゴロウザよ。今の歌は失敗じゃ。どうも調子が暗すぎるよ。わしはな、もうちっとましな、今の猫どもが耳をかすような歌を作らにゃならん、そう思っておるのよ。もちろん、歌の題名だけは決まっておるぞ。そいつはな、〈ひげよ、さらば〉という歌な

ひげよ、さらば 上中下
上野瞭 著
町田尚子 絵
理論社 2023年

んじゃ。

理論社　上野瞭著・ひげよ、さらば「エピローグ」より

意味がありそうで意味がない、役に立たない、そんな歌と歌を歌い続ける猫。最後の最後にこの作品タイトル「ひげよ、さらば」自体が歌のタイトルだということを思い知る。

われわれインディーズ・ミュージシャンは、この小説においてはこのセリフを吐く「歌い猫」のような存在でしかないと痛感する。私と同じくミュージシャンのみんなよ、歌でなにかを表現することの素晴らしさと無力さを、この猫に見ることができるだろうか。さらば、おまえ自身よ、いつかはそう言えるのだろうかね。私はどうかな。君はどうだね？

しかしドラッグにおぼれるネコを「くずれ」と称するシーンには笑った。こりゃあ子供の教育にはちょっとまずいかもね……。

でも、死ぬまでに読んだほうがいい一冊ということは保証します。

あの空の下で　吉田修一著・2008年

ANAの機内誌「翼の王国」で2007〜2008年に連載された、小説&エッセイ集。吉田修一の単行本をたくさん読んだわけではないが、この「あの空の下で」が一番好きだ。

どのエピソードもまるで映像を見ているようにその光景が目に浮かぶ。あっさりとした内容で、しかし心の奥底に少しだけ思いを残していく、そんな小説とエッセイだと思う。こんな秀逸な本はめったにない。

小説が12編、旅にまつわるエッセイが6編という構成で、小説には映画のタイトルが冠されている。「モダンタイムス」「小さな恋のメロディ」「流されて」といった具合である。小説の内容はその映画とは関係がないが、どこか映画が伝えたかったことやスクリーンの1シーンとシンクロする。市井の人が生活する中でのちょっとした出来事、そして優しさが染みるエピソードばかりだ。

私はANAの飛行機に搭乗していた時、機内誌で「自転車泥棒」を読んで落涙した。独身女性、仕事がうまくいかずへこんでいる時に風邪をひいてしまい、ドラッグストアに自転車で出かけて薬を買って店を出ると、自分の自転車が盗まれている。弱り目に祟り目でヘトヘトになりながら徒歩で帰宅。すると自分のアパートの郵便受けに別の階に住む男性宛の手紙が紛れ込んでいる。ムシャクシャしてその郵便を自室に持ち帰り、封を切って中の手紙を読むと……。という展開である。この単行本は現在は集英社文庫から再版されているので、入手も簡単である。未読の方はぜひこのお話の続きを読んでいただきたい。

エッセイは旅の思い出を書いたものだが、ラオスのルアンパバンのエピソードに登場する八百屋の少女姉妹についての描写があまりにも美しく、心に残る。こんな旅なら私もしてみたい、何度もそう思わせる筆力はさすがである。

あの空の下で
吉田修一 著
集英社 2011年

なんでもない言葉にも言霊がこもっている。なにげない一言が相手の一生に影響することもある。短い文章にこそ、多くの意味がこめられている。

おべんとうの時間　全4巻　写真：阿部了　文：阿部直美・2010年〜2018年

これもANAの機内誌「翼の王国」に連載されていた写真＋エッセイ作品。いや、エッセイというよりは、ルポタージュに近いかもしれない。市井の人を取材し、生き方や仕事をインタビューして、そしてその方のおべんとうを見せてもらう。仕事場でのワンショット、おべんとうの写真、そして1ページの文章。これだけの内容なのだが、読んでいくうちに心が和み、癒やされ、時には泣かされてしまう。

写真はもちろん秀逸だが、文章がいい。きちんと取材して外連味のないその人物の素顔をとらえている。そしてエピソードがどれも心に響く。なんでもない日常の幸せ、小さな夢の清らかさ、普通であることの素晴らしさ。そう、幸福とは普通の日常にあるという真実を、この写真と文章はさりげなく表出させることに成功している。

世の中には本当にたくさんの人が生活していて、それぞれの人生がある。自分のことや、自

おべんとうの時間
おべんとうの時間（2）
おべんとうの時間（3）
おべんとうの時間（4）
阿部了 写真
阿部直美 文
木楽舎 2010年〜2018年

分が生きている生活圏のことばかり考えていると、そういったことを忘れてしまう。毎日に生きづらさを感じている人には特にこの本はおすすめだ。おべんとうの写真1枚が無限の星空のように見えてくる。なんでもない一般人のお父さんが、おばさんが、まるで神様のように思えてくる。文章からにじみ出てくる〝人間っていいな〟という感情のなんと尊いことか。まるで魔法のような書籍である。

スキャンダルや憎悪に満ちたニュースやSNSから目をそらせて、こういう本を読むといいよ。人はそんなに素晴らしくはないが、そんなに悪くない。そう思えてくるから。

橋ものがたり　藤沢周平著・1980年

市井人情もの、なんて俗っぽい書評は無視していい。藤沢周平の作品はたくさん読んだが、この「橋ものがたり」は最高の一冊だと思う。こんなに人の思いの交錯する時代小説はそうそうないだろう。確かに江戸の一般町民の俗な世界を描いてはいるが、子供でも大人でも老人でも男でも女でも、みんなが一生懸命考えて精いっぱいに日常を生きていることをこの小説は教えてくれる。〝最も崇高なる精神は最も卑俗なものに宿る〟とは誰の言葉だったかは忘れたが、まさにこの10編の小説にそのことを知らしめているではないか。

タイトルのとおり、すべてのエピソードに「橋」が登場する。橋はあちら側とこちら側をつなぐ一本の道でしかないが、そのあちら側はもう二度と行くことのできない場所かもしれないし、希望の未来かもしれない。出会いであり、別れである。橋があってよかったのか、いや、よくなかったのか。その先にあるものは闇かもしれない。

でも実はわれわれは毎日なにかの橋を渡っているのだ。本当に二度と会うことのない出会いかもしれないのに、じゃあまたとクルリと後ろを向いて橋を渡っているのは自分なのだ。その橋は見えないが、明日に向かっているのか、はたまた地獄への道か……。

私はこの一冊の中でも子供の心情を扱っている作品が好きだ。子供だって一生懸命に考えている。くやしさ、うれしさ、ほんの少しの思いやりがあればと思うようなストーリーの展開に、未来のある彼らに対してなにがしかの感情移入をしてしまうのである。

愛蔵版　橋ものがたり
藤沢周平 著
実業之日本社 2017年

稲川淳二

稲川淳二さんは今では怪談の語り部として誰もが知る存在だが、バラエティ番組に登場して「悲惨だなあ」と語る姿をさらしている時代から好きなタレントだった。その稲川さんの怪談本が書店に並ぶようになり、随時購入。ビデオテープやCD、そしてDVDも購入。毎年行われる怪談トークのミステリーツアーも毎回のように足を運ぶようになった。本は数十冊、DVDは50本以上所蔵していると思う。2010年代、非常階段はテイチクエンタテインメントから作品を発売していた時期があって、担当ディレクターが稲川さんのCD作品をリリースする部署にいらっしゃった関係で、私と稲川さんを結びつけてくださった経緯がある。2014年にリリースした非常階段の結成35周年記念アルバム「咲いた花がひとつになればよい」では非常階段with稲川淳二としてコラボさせていただいた。

稲川さんの怪談話で好きなエピソードはいくつもあるが、私が一番怖いと思ったのは「死の旅館」である。私が最初にこの話を読んだのは朝日ソノラマから1993年に発売された「稲川淳二のここがコワインですよ」という文庫本だった。もしかしたらこの本以前に掲載された書籍があるのかもしれないが、私はこの本を愛読して何度も繰り返して読んでいる。

「死の旅館」は旅行好きの2人の女子大生が田舎の旅館に宿泊する話だが、宿泊どころかチェックインして数時間後にたいへんな出来事に巻き込まれてしまう。スマホやメールどころか携帯電話もない時代だからこその展開ではあるのだが、あの世との境目をくぐってしまったトラベルミステリーというにはあまりにも残酷である。

もうひとつ好きなエピソードは「森末さんから貰った話（彼女たちの修学旅行）」で、修学旅行の代わりに数名の学友たちとグループで小旅行に出かける話。話の中盤、バンガローに到着して固定電話で家族に電話をするが通じないシチュエーションがなんとも怖い。こういった小さな不思議な出来事が怪談の真実味を増す。その後は海外のテレビドラマ「トワイライトゾーン」にありそうな展開でもあるが、まあとにかく怖い。これもあの世とこの世の境目を体験する話である。

稲川淳二の怖い話 ザ・ベスト
稲川淳二 著
竹書房 2007年

稲川さんの怪談といえば極めつけはもちろん「生き人形」だが、人形のエピソードはもちろん怖いのだけれども、私はこの話の別のところが一番気に入っている。大阪のテレビ局に稲川さんと人形師の方が〝生き人形〟を連れて出演、生放送中に心霊現象が起こってしまい大パニックになってしまう。その後稲川さんと人形師の方は静岡の伊東に向かうため夕方に新大阪から新幹線に乗車。そして三島駅で下車するのだが、この三島到着が真夜中になってしまうのである。2時間程度の乗車時間のはずが8時間もかかってしまうのだ。このタイムスリップにぞっとする。書籍だと数行、トークでも数十秒の部分なのだが、この時間の段差に紛れ込む出来事がなにひとつ解説されずに話が進んでいくことに、稲川さんの末恐ろしさを感じてしまう。

あなたを想う花　ヴァレリー・ペラン著・2023年

フランスでは過去に何度もライブ演奏したし友人もたくさんいるが、すごく好きな国かというとそうでもない気がする。なにも悪くないのだけれど、どこかしっくりこない感触があるのだ。言葉で表現するのは少し難しい。

フランスの音楽に興味を持ったきっかけはミッシェル・ポルナレフである。ラジオで聴いた「シェリーに口づけ」が気に入り、ファンになった。1972年の初来日公演も見に行っているしアルバムも購入した。フランスのロックバンドはマグマやエルドン、モナ・リザも好きになったが、パンクとして紹介されたプラスティック・ベルトランを聴いてまたなにか違和感を感じて、フランスとの間には隙間風があることを自認することになった。

しかしフランス映画は違う。「天井桟敷の人々」「勝手にしやがれ」「冒険者たち」「男と女」「緑の光線」「グラン・ブルー」「アメリ」「レオン」など、大好きな作品をいくつもあげることができる。おそらくは作品を創造する人の根底に流れる気持ちは国を超えて不変のものがある。そういう意味では当然フランスの文化にも敬意を抱いているし、人の営みはなにも変わらないのだろう。

この「あなたを想う花」の作者は映画監督クロード・ルルーシュの現在のパートナーで、映画「男と女 人生最良の日々」の脚本にも関わっているということから、この小説を読むことにした。読み始めてすぐにこのフランス特有のまだるさを実感する。そうそう、フランスってこんな感じだった！とすぐに少し後悔したのだけれども、そういえば自分が好きだったカミュやジュール・ヴェルヌも最初はこういう印象だったとすぐに思い出した。そして上下巻のこの長編を一晩で読み上げてしまった。

日本とは社会的事情は違う国の話ではあるけれども、それを差し引いてもダメな人がたくさん出てきてとにかくおもしろい。特に主人公の夫がイケメンクズ男の代表みたいな輩なのだが、この忌み嫌うべき人物が実は……というストーリー展開と、心の中の葛藤から最後に選択する結末があまりにも切ない。そして物語の最後は大きな映画館で見ているスクリーンのラストシーンのようで見事だった。

あなたを想う花 上下
ヴァレリー・ペラン 著
高野優、三本松里佳 訳
早川書房 2023年

そう、この話は映画的だ。作者が映画人だからということもあるのだろうが、小説を読みながら映像をイメージ出来る作品は一級品であると思っているので、もう一度最初から読み返してみることが何度でもできる小説だと思う。

昔に抱いていた私の中のフランスへの違和感は、今は少し尊敬の気持ちに変わってきている。

第五章　映画

本章欄外には日本公開時の情報を掲載しております。

高校教師～もうひとつの繭の物語　吉田健監督・１９９３年　日本

映画版「高校教師」はテレビ版「高校教師」の人気をバックに制作され、１９９３年11月6日に劇場公開された。テレビドラマは同年3月に放映終了しており、やや遅れての劇場版の登場はむしろベストなタイミングだったように思われる。映画のキャッチコピーは「少女の胸で僕はやさしく発狂する」で、森田童子の楽曲「逆光線」の歌詞の一節を引用している。

男性高校教師と女子高生〝繭〟との禁断の恋愛。このシチュエーションと森田童子の歌を主題歌・挿入歌として使用する部分を継承し、他はテレビドラマ版「高校教師」とは一切別物の映画作品として制作された。ヒロインの名前は同じ〝繭〟だが別人として登場し、テレビ版とストーリーのつながりはない。

主人公の高校教師・羽野一樹役は唐沢寿明、ヒロインの女子高生・柏木繭役は遠山景織子である。遠山景織子はモデルから役者へのチャレンジをしていた１９９３年、この映画版「高校教師」のオーディションで３５０人の中から選ばれる。この映画の出演によって日本アカデミー賞、ブルーリボン賞の新人賞に輝いている。

物語は体育教師・羽野を中心に展開していく。ラグビーの次期日本代表と目されていた羽野は試合中の事故で親友・牧野武志を植物人間にしてしまい、ラグビーをやめて高校の体育教師となって生活しているが、心の闇を払拭出来ないでいる。コンビニで万引きをしていた繭と出会うが、咎めることもなく自分も万引きをして共犯者となり逃げるという行動に出る。自分を

高校教師
監督:吉田健
東宝 1993年

庇ってくれた羽野を追いかけるうちに愛情を高めていく繭は、教師と生徒という一線を越えて破滅的なエンディングに突き進んでいく。

親からの虐待を受けていた女子高生が自分を優しく扱ってくれる教師に恋愛感情を持つようになり、被虐待者特有の執着と愛情と性欲が入り交じる言動に、やはり闇の部分を抱える大人の高校教師が巻き込まれていくという展開はテレビ版と同じである。微妙な精神バランスと依存愛を描いたラブストーリーでもありながら、10代の女子高生に母のような温もりと抱擁力を感じていく男性の悲哀を見事に描いている。テレビ版よりさらに死の香りは映像の節々に色濃く描かれており、104分という短い尺の映像の中に凝縮されていくことになる。

この作品の成功の要因はヒロインに遠山景織子を起用したことにつきる。闇を感じさせる迫真の演技は、森田童子の歌に抱く美しくもダークなイメージを十二分に反映している。そして少女から大人になるほんの短い時期にしか現れない透明感に溢れる儚さが遠山景織子演じる繭の姿に満ちていて、その映像はあまりにも美しい。

テレビ版が東京の冬というシチュエーションだったのに対し、映画は夏の湘南を舞台にしており、夏の日のジリジリとした焦燥感も効果的で、森田童子の歌と〝夏〟というリンクもファンとしては嬉しいところだろう。

この作品はなぜか日本国内ではビデオテープのみの発売で、DVDは販売されていない。海外では中国の金港國際影業有限公司の今文堂というレーベルから1995年にDVDがリリースされたが、現在は廃盤である。

スターダスト・メモリー（原題：Stardust Memories）
ウディ・アレン監督・１９８０年　アメリカ

ウディ・アレンの映画「スターダスト・メモリー」が劇場公開からずいぶん年月が過ぎて、ようやく国内版ＤＶＤの発売となった時は嬉しかった。

ウディ・アレンは日本でもファンの多い映画監督だと思うが、多作ということもあるのか、この「スターダスト・メモリー」だけは字幕入りのＶＨＳビデオが発売になっただけで、レーザーディスクもＤＶＤも日本版は長く発売されていなかった。ウディ・アレンのＤＶＤ‐ＢＯＸが出た時にもこの映画は割愛されていたので、よほど人気がなかったのかもしれない。私はアメリカでは早々にＤＶＤが出ていたので輸入盤ＤＶＤを購入、日本のＢＳで放送した字幕版をＤＶＤ‐Ｒに焼いて、カップリングしてコレクションしていたくらいである。

映画マニアというほど映画の本数を見たわけではないが、映画館、テレビ放送、ビデオなどで、それなりの本数は映画を見てきたと思っている。で、映画の中で一番好きな作品は何ですかと訊かれることがあれば、まよわず「スターダスト・メモリー」をあげてきた。そう答えると、たいがいの質問者はこの映画を見ていない。

ウディ・アレンといえば「アニーホール」「マンハッタン」「ハンナとその姉妹」が代表作で、しかし初期のドタバタコメディ好きな方も多い。「ブロードウェイのダニー・ローズ」

スターダスト・メモリー
監督:ウディ・アレン
ユナイト映画 1981年

「カメレオンマン」「カイロの紫のバラ」あたりのセンチメンタリズム作品も映画通には評価が高いと思う。「スターダスト・メモリー」はウディ・アレンの個人的な作品という見方が多い。そのため、どうしても他の作品のレベルの高さと比較されると、いまひとつ何を言いたいのかわからないと見られるのだろう。

いや、違う。

シニカルなのだ。

そしてそのシニカルにこそ、ウディ・アレンのセンチメンタリズムの極みが封じこめられている。

サッチモの「スターダスト」、最高に眩しいシャーロット・ランプリング、最高の幸せとは大好きな女性と過ごすなにげない時間なのだという真実。

私は劇場公開の間、3度映画館に足を運んだ。同じ映画を複数回映画館に見に行ったのはこの「スターダスト・メモリー」が最初だろう。おそらく自分の生涯にとって最も大切な映画、かな。

早口で難解なセリフも多く、時系列も入れ代わり立ち代わりなので、DVDで見るにはよい映画だと思います。

一番好きなシーン？

浜辺の象のところです。

博奕打ち　総長賭博　山下耕作監督・1968年　日本

「任侠の道なんて俺はしらねえ。俺はただのケチな人殺しよ！」

東映任侠映画の最高傑作。どんなにヤクザ映画をたくさん見た映画通がやってきたって、オレは一歩も譲らない。鶴田浩二主演のこの「博奕打ち　総長賭博」こそが究極のヤクザ映画であり、邦画を語るものなら、いや映画を語るものなら絶対に見ておかなくてはならない作品だ。

義理と人情と日本人は簡単に口にするが、義理と人情は決して同じ心情ではないことを、この映画は如実に描ききっている。義理を通せば非情になり、人情をとれば不義理をすることになる。徹底して筋と義理をとる中井こと鶴田浩二と、人の情を裏切ることを許せず男として引き下がれないとする松田こと若山富三郎、その間の女や子分の生き方を速いテンポで、それでいて矛盾もなく一気に最後まで見せるほぼ完璧な映画である。

脚本の笠原和夫は後に「仁義なき戦い」シリーズを執筆するが、個人的にはこの「博奕打ち　総長賭博」の方をとりたい。三島由紀夫がこの映画を絶賛した意味も、わかる。

主人公も、敵役も、脇役も、誰も悪くない。唯一悪いのは金子信雄演ずる仙波のみ。それな

博奕打ち 総長賭博
監督:山下耕作
東映 1968年

のに、義理と筋を守った者、深い人情に支えられた者、愛する者と愛された者が次々と死んでゆく様は、神も仏もないような地獄絵図だ。それなのにこの清々しいまでの、人が人であろうとすることの美しさと哀しさ。それがラストのなにもかもを捨てきって〝ケチな人殺し〟にたどり着く、いや登り詰める壮絶な絶望感に言いしれぬ感動を覚えるのである。

この映画の存在を私に教えてくれたモダンビートの鈴木くんは、最後の判決文が〝死刑〟ではなく〝無期懲役〟であるところに裁判官の情を見たと解釈していた。私もそのように思いたいところである。

「芸術なんて高尚なものはオレはしらねえ。オレはただのケチな雑音屋さ！」

いつか、オレだってこう言い放ちたい。

チャンス（原題：Being There）　ハル・アシュビー監督・1979年　アメリカ

「そろそろわしも譲り渡そう。豊穣の角をガブリエルの角に」

ピーター・セラーズ晩年の名作として、また現代版わらしべ長者的に純粋無垢な無名の男が偶然からアメリカ大統領候補にまで登り詰める不思議なストーリーとして知られる映画。

しかし少し角度を変えて見れば、フリーメイソンやキリスト教の怪しげなサインがあちこちに仕込まれた、かなり〝やばい〟映画であることがわかる。例えば大富豪のベンの葬儀には具体的なフリーメイソンのシンボルが描かれている。

この映画、映画そのもののエンディングがきちんと語られていない映画でもある。主人公のチャンスは水上を歩く。この象徴的なシーンはイエスの水上歩行の奇蹟を表現しているのではないか。アメリカ大統領になることは世界のトップになることであって、善悪を判断する存在になるという象徴であるともとれる。

そもそも「Being There」とは、この映画が日本で公開された時に語られた「あるがままに」といったチャンスの純粋無垢な生き方を表現したものではなく、むしろ「（神は）そこにおられます」と解釈したほうがいいように思う。

チャンス
監督:ハル・アシュビー
松竹=富士映画 1981年

まあ、そんなうがった見方をしなくても、単純にこの映画はおもしろい。ただ、ずいぶんオカルティックな映画だし、そう解釈しないと説明のつかない部分の多い映画である。

まぼろしの市街戦（原題：Le roi de coeur）
フィリップ・ド・ブロカ監督・1966年　フランス

「あんたの言っていることはよく分からん。おかしいんじゃないのか」

本当に正しいのはどっちだ？
正常者が異常で、異常者こそが正常ではないのか。

反戦。
恋愛。
人間。
宗教。
人生。

自由。

無垢。


それらの全てがこの映画にぶち込まれ、それでいながら細部に比喩や皮肉まで細工され、美しく、そして、せつない。

この映画を見る男性で、ヒロインのコクリコ（ジュヌヴィエーヴ・ビジョルド）に気持ちをひかれない者はいないのではないか。彼女の魅力は、底なしに深い。


舞台は第1次世界大戦末期、フランス。時限爆弾をしかけられ、町民すべてが逃げだした町。精神科病院のみが放置され、入院していた患者たちが町に出て、自由に生きる。そこに斥候として、またただ一人送り込まれたプランピック2等兵と、患者たちとの掛け合いがこの映画の大半をしめる。

笑わされ、胸をしめつけられ、泣かされ、そして、考えさせられる。


こんなに素晴らしい映画は、そんなに多くない。

そしていまだに無名に近いほど、この映画は多くの人には知られていない。

まぼろしの市街戦
監督:フィリップ・ド・ブロカ
パンドラ 1967年

悪魔のいけにえ（原題：The Texas Chain Saw Massacre）
トビー・フーパー監督・1974年　アメリカ

この映画のストーリー、ホラー映画としての位置づけは存分に語られているが、なお、われわれはこの映画の本当の恐怖を理解していないのではないかと何度も考えさせられる作品である。もちろん公開当時の1974年、観客を恐怖のどん底に陥れたことは容易に想像できるが、モラルが著しく低下してこの映画よりも劣悪な事件が続発する現代においてすら、この映画の方が現実よりも本当の意味で〝恐ろしい〟のではないか。

どんなに残酷描写が過激になったスプラッター映画が登場しても私は微塵も驚かないが、この「悪魔のいけにえ」のように映画を数分見るだけで心の底から陰鬱な気分にさせられるような、そんな作品にはそうそう巡り合えていない。

つまりは狂気であり、不条理である。結論はそれであることもわかっている。それが、恐ろしいまでの疾走感をともなうフィルム編集のマジックによって、見ている側までも血みどろになるまで引きずりまわされるような印象を心に刻むことになる。どこまで行っても救いはないことを、思い知らされる。

「死んだほうがマシ」という、生きるということの本質をここに見るからだろうか。それとも、「そんなに簡単に死なせはしない」という、最悪に意地悪な神の視線を感じるからか。「オレモオマエモ、リョウホウトモ、クルッテイルノダ！」という真実を見せつけられるからか。

悪魔のいけにえ
監督:トビー・フーパー
ヘラルド 1975年

大阪で知り合ったパンクロッカーのほぼ全員がこの映画を愛していた。死と狂気が充満しているこの作品に興奮し、そして絶望の果ての絶望のその先のわずかな光を見ていたに違いない。この映画を見た後、誰もが心の中で狂ったようにチェーンソーを振り回すのだ。だからこの映画はすごいのだ。

アメリカの夜（原題：La Nuit americaine）

フランソワ・トリュフォー監督・１９７３年　フランス・イタリア

トリュフォー監督のフランス映画作品。

私は１９７４年に京都の映画館でロードショーで鑑賞している。映画の中で映画制作を描いたロマンス&コメディの傑作である。

私は60歳になった時に、過去に鑑賞したことがあるが内容を忘れてしまっている映画をＤＶＤで再見する作業を行った。年間で１００本以上の作品を見たと思う。

この「アメリカの夜」もその流れをくんで家で一人でテレビ画面で見ていた。そうそうこういうストーリーだった、おもしろいなあ、そうだそうだ、主人公やヒロインではなく端役だけれどこのメイク係の女優さんが好きだったなあ、細くてお茶目でちょっと素っ頓狂なところがあって……。

映画に愛をこめて　アメリカの夜
監督:フランソワ・トリュフォー
ワーナー・ブラザース 1974年

と思ったところで赤面した。

この女優が自分の妻にそっくりだったからである。

１９７４年、私が15歳の時に自分の好きなタイプの女性像は決まっていたのだ。

ジョージ・ロイ・ヒル

ジョージ・ロイ・ヒルは好きな映画監督だ。

いつだったか、アルケミーレコードの作品のジャケットなどに使用するための写真をたくさん撮ってくれているカメラマンの山添くんに、確かライブハウス・ファンダンゴの楽屋の前で「広重さんの一番好きな映画監督は誰なんですか」と訊かれ、ジョージ・ロイ・ヒルの名前をあげたところ、山添くんがたいそう喜んでくれたことを覚えている。


山添くんにはアウシュビッツ、ダンスマカブラ、赤痢、S. O. B.、レイプス、ガーリックボーイズ、コンチネンタルキッズなど、１９９０年代前半にアルケミー関連アーティストのほとんどを写真に撮ってもらった。

その後彼は渡仏し、立派なＣＭカメラマンになった。帰国した時に「アルケミーレコードで写真を撮った経験がその後の自分の仕事に活きてきています」と語ってくれ、とても嬉しかっ

明日に向って撃て!
監督:ジョージ・ロイ・ヒル
20世紀フォックス 1970年

た。

山添くんは林直人くんの友人だった。林くんが亡くなったあと、林くんの写真をたくさん持ってきてくれたこと、その後、林くんの霊前にお線香をあげにいってお母さんと話をしたことを私に話してくれたこと。何年も前のことだけれど、ずいぶん鮮明に覚えている。

ジョージ・ロイ・ヒルの映画はとてもセンチメンタルだ。時代に取り残されたもの、なんともやりきれない人物を描かせたらこの人の右に出るものはなかなかいなかった。「明日に向って撃て!」「スティング」「華麗なるヒコーキ野郎」「スラップ・ショット」「ガープの世界」、そしてカート・ヴォネガットの傑作「スローターハウス5」。全部傑作だ。

私は「スティング」以降は映画館で見ていると思う。「明日に向って撃て!」の時は小学生だった。きっと後年テレビで見たはずだが、劇中のバカラックの「雨にぬれても」は今でも最高の映画のシーンのひとつだと思う。

今はジョージ・ロイ・ヒルの映画は、私にとっては山添くんとつながって、故・林直人くんやたくさんのバンド仲間の写真の思い出ともつながっている。素敵な記憶と少しセンチで悲しいような思い出もリンクしているところがジョージ・ロイ・ヒル的で、なんだかそれもいいなと思っている。

スティング
監督:ジョージ・ロイ・ヒル
CIC 1974年

スローターハウス5
監督:ジョージ・ロイ・ヒル
CIC 1975年

男と女（原題：Un homme et une femme）

クロード・ルルーシュ監督・１９６６年　フランス

映画「男と女」は誰しもが知っている名作だ。

男と女が少しずつ距離を縮めていく恋愛の流れを描写したタイムスケールは見事としか言いようがない。美しく、悲しく、切ない。

その二人の20年後を描いた「男と女Ⅱ」には、こんな素敵な後日談を映画で見られる幸せを感じたが、なんと53年後を描いた「男と女 人生最良の日々」という作品まで登場し、この時の流れを記録する映画を完成させたクロード・ルルーシュ監督には感謝しかないと思った。

星の数以上の恋愛が地球上にはあふれているが、その後の二人を結びつける恋はほとんど存在しないだろう。終わりのあった恋の、その先を垣間見るだけでも素晴らしい。まして奇跡的な再会ができることは、本当の意味での幸福ではないかと思う。

「男と女の詩」はこのシリーズとは関係のないクロード・ルルーシュ作品。本編の中で「男と女」が上映されるシーンがあることと、映画の宣伝のために関連付けようとしたこの邦題がついたのだと思うが、この作品単独で十分濃厚な映画作品である。

リノ・ヴァンチュラとかつての恋人とのラストシーンは、あらゆる恋愛映画の中でも最高のショットである。この「男と女の詩」の日本版ＤＶＤが発売されていないのが謎であり、たま

男と女
監督:クロード・ルルーシュ
UA 1966年

らなく残念に思っている。

ブロークン・フラワーズ（原題：Broken Flowers）
ジム・ジャームッシュ監督・2005年　アメリカ

財を成した独身貴族の主人公の元に一通の手紙が届けられる、その手紙は匿名ながら彼の元ガールフレンドからのもので、既に19歳になる息子がいると書いてある。かつてつきあった女性の4人に会いに行くというロードムービーである。

過去につきあった女性に会いに行く。
もうこのシチュエーションだけで私はノックアウトである。生きている間にしてみたいことであり、絶対にしてはいけないことだからだ。めめしい男の叶わぬ夢でしかない。しかしこの映画の中で主人公はそれを実行する。男という生き物はなんともなさけないものだ。

恋愛は感情と時間が凝縮した情念の塊である。まして過去の恋愛は恐ろしく濃縮してしまう。ある意味、ホラー映画以上にぞっとする映画作品だと思う。

ブロークン・フラワーズ
監督:ジム・ジャームッシュ
キネティック 2006年

ビヨンド（英題：The Beyond）ルチオ・フルチ監督・1981年　イタリア

ルチオ・フルチ監督作品は「サンゲリア」が一番有名だが、私は「ビヨンド」をフェイバリットに挙げている。ホラー映画はずいぶん本数を見ているが、このジャンルの中でも「ビヨンド」は常に上位にある。

映画としてはストーリーもむちゃくちゃで、残酷なシーンが意味もなく羅列されるだけの虚しい作品かもしれない。ただ、素晴らしいのはそのラストシーンなのである。

私の知人にはあの世に行ってしまった人物はたくさんいるけれども、行って帰ってきたヤツはいない。なのであの世はどんなところなのか、という幼い頃からの疑問はまだ明確な答えは出ていないけれども、もうこの年齢になっていろいろな話や占いや宗教や幻想文学やなんだかんだを総合すると、まあだいたいこんな感じなんだろうなということはわかってきた。完璧ではないけれど、そのイメージを映画「ビヨンド」のラストシーンはかなり近い線で具現化している。実際はもっと暗いかもしれないが。

「闇から生まれて闇へとかえる」とは佐井好子さんの歌詞だけれど、うまく言い得ているような気がする。そしてこの「ビヨンド」もあの世に一番近い映画だと思う。

ビヨンド＜4Kリマスター版＞
監督:ルチオ・フルチ
日本未公開
DVD キングレコード 2023年

恋恋風塵（原題：戀戀風塵）侯孝賢監督・1987年　台湾

もうタイトルを見ただけで胸がつまる映画は「恋恋風塵」である。

「広重さんが一番好きな映画はなんですか」と訊かれると、私は必ずウディ・アレンの「スターダスト・メモリー」をあげることにしている。たいがいの人はこの映画を見ていないが、ウディ・アレンの作品ときいただけで「あーあ」とわかったような顔をする。もう話はそこで終わるのが普通で、わかったふうな返事をした以上「それはどんな映画なんですか」とは訊いてこないし、私もどこがいいのかをその映画を見たことのない人に説明する苦労をしなくてすむからだ。

しかし本当は「一番好きな映画」はいくつもあって、ヴィム・ヴェンダースの「さすらい」や、ルチオ・フルチの「ビヨンド」、それに侯孝賢の「恋恋風塵」などは「スターダスト・メモリー」に匹敵するくらい好きな映画だ。しかしこのあたりの作品はウディ・アレンの映画と違って「見たことありません、どんな作品ですか」と訊かれることが圧倒的に多く、これまた見たことのない人に説明する苦労は並大抵のものではないので、これらが好きだという話はめったにしない。

「恋恋風塵」は1989年、日本で公開の時に映画館で見た。「冬冬の夏休み」という映画を偶然見た時に感動し、同じ監督の作品だと知って、映画館に足を運んだのである。

恋恋風塵
監督:侯孝賢（ホウ・シャオシェン）
熱帯美術館 1987年

映画を見ていて、座っている椅子に沈みこみそうになるほど、胸が痛くなる映画だった。純愛を描いた映画ではあると思うが、単に純愛というよりは、もっともっと奥の深い、人間の愛の本質にせまった映画だった。そして痛々しいほどに悲しく、そして懐かしい。そう、台湾の映画なのに自分の1970年代の青春を思い出すかのように懐かしいのだ。

台湾の田舎、そこで育った若者とその恋人、男が先に台北、つまり都会に出てきて、少し遅れて女も台北に出てくる。そこで起きる平凡な人生と平凡な出来事を追った映画だが、結末があまりにも鮮烈に悲しいだけに、平凡な日常や生活がいかに重い意味をもつことかということを痛烈に感じさせられる。

例えば、こんなエピソードが描かれる。主人公の男は女と町に買い物に出かける。そこで出かけてくるのに使ったバイクを盗まれてしまうのだ。彼女のせいではないとわかっているのに、彼女につらくあたってしまう男。とまどう女。そしておろおろする彼女を見張りに立てて、他のバイクを盗もうとする男……。

二人はどちらも悪くない、なのにどちらもが嫌な気持ちになってしまう。物質的な貧しさと、心の貧しさ。だからこその純粋な気持ちと相手を思う気持ち。そしてそのすれ違い。日本でもこういったシチュエーションは実生活でいくらでもあるにもかかわらず、日本の映画やテレビではこういったシーンはめったに描かれず、台湾の映画にきちんと描かれていることは、やはり不思議に思う。

単行本「あの空の下で」は吉田修一の短編小説とエッセイを集めたすてきな一冊だ。私の大好きな本でもある。この中に「恋恋風塵」というタイトルのエピソードが掲載されている。書いてある文章の内容は映画そのものとは一切関係がない。しかしストーリーの最後、「何が悪かったのではなく、何が良かったのかを考えながら、終わる関係というのもあるのだろう。」という言葉は、映画「恋恋風塵」のエンディングと見事にシンクロしている。

ジョン・カザール

42歳で亡くなった俳優、ジョン・カザール。

私にとっては岸田森と双璧をなす、存在するだけで人間の悲哀をにじませることのできる性格俳優である。

「ゴッドファーザー」「ゴッドファーザーPARTⅡ」「狼たちの午後」「ディア・ハンター」でのジョン・カザールは、虚勢を張ったりオドオドしたり不安な表情がたまらなく愛おしい演技の連続で、見ている観客があっという間に感情移入してしまう。男らしくない男の、しかし最も男であることの本質を一瞬で表現できる俳優であった。

ジョン・カザールがもしジョージ・ロイ・ヒル監督作品に出演していたらなどと、どんなことがあっても実現しないことを夢想してしまう。

ゴッドファーザー
監督:フランシス・フォード・コッポラ
パラマウント＝CIC 1972年

ディア・ハンター
監督:マイケル・チミノ
ユナイト映画 1979年

どの作品もお薦めだが、どうしても選ばなければいけないなら「狼たちの午後」かな。男が見る、男の映画だから。

ポストマン・ブルース　サブ監督・１９９７年　日本

映画「高校教師」出演で輝いていた女優・遠山景織子が出演していたから映画館に足を運んだのは間違いないが、予想以上に疾走感のある素晴らしい映画で心底感動した。素晴らしい作品だ。

郵便局員が殺し屋かつ運び屋だと誤解され、警察とやくざの双方から追われるコメディ作品だが、脇役の大杉漣が渋くて哀愁のある演技でなんとも泣かせる。

遠山景織子の登場する病院の屋上のシーンが、個人的には「みさちゃんのこと」の情景とダブって切ない。

私は子供の頃、切手を集めていて郵便局員には憧れていた。そういう意味でも、なんだか自分の青春時代と妙にシンクロする作品だった。

狼たちの午後
監督:シドニー・ルメット
ワーナー・ブラザース
1976年

ポストマン・ブルース
監督:SABU
日活 1997年

緑の光線（原題：Le Rayon vert）エリック・ロメール監督・１９８６年　フランス

夕日を見ると「緑の光線」のことを思い出す。

エリック・ロメールは、少女の細やかな心のゆらぎを描かせたらトップクラスの監督だが、中でも映画「緑の光線」はすてきな小品だ。

緑の光線を見たものは幸福になれる。そんな言葉に魅せられるロマンティックな恋に恋する少女の物語。

しかしジュール・ヴェルヌの原作では緑の光線を見ると「自分や他人のこころの中がはっきりわかるようになる」というものらしく、映画での取り扱いとは少し違う。しかし「幸せになれる」という、なんとも曖昧な表現がむしろ心に染みる。

どちらにせよ、夕焼けの最後、太陽が沈む刹那に見えるという「緑の光線」のエピソードを挿入した一級の恋愛映画であることは間違いない。

そう、最高の映画だ。

緑の光線
監督:エリック・ロメール
シネセゾン 1987年

君の名は。　新海誠監督・2016年　日本

新海監督の作品を最初に見たのは「秒速5センチメートル」だった。このラブストーリーがアンハッピーエンドに終わる結末、雪の景色を描く美しさと切なさにひかれた。遡って「雲のむこう、約束の場所」も鑑賞、これも気に入ったが「星を追う子ども」でがっかりしてしまった。なので「言の葉の庭」はロードショーはパスしてしまい、後年DVDで見て新海監督の再評価につながった。やはり恋愛アニメはアンハッピーエンドがいい。

で、「君の名は。」である。これはまいった。最後はハッピーエンド的なのでそこは不満が少しあるが、あの世とこの世の交錯する瞬間、主人公とヒロインが数分だけ会うことが出来るシーン、ここに感嘆した。ユキちゃん先生が黄昏時の解説をするシーンもいかしていて、この先生が「言の葉の庭」の先生と知った時も、このずっとなにかがつながっている流れに共感。雪のシーンもちゃんとありましたね。

そもそも恋愛はうまくいかないものだ。そして現実もあの世もあいまいになる時があっていいと思うよ。いい映画でした。

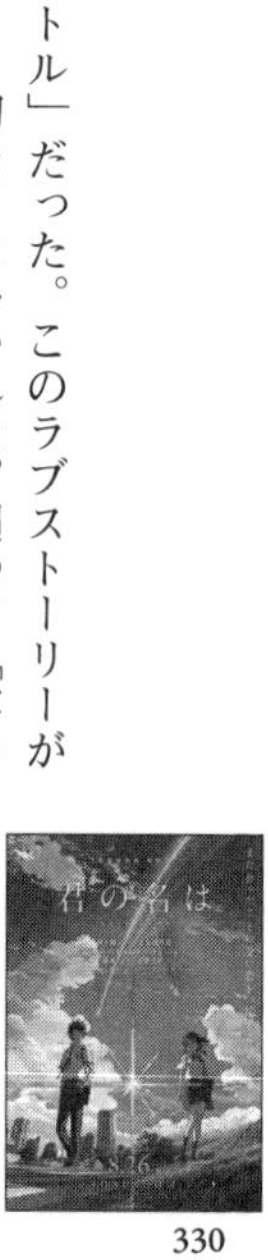

君の名は。
監督:新海誠
東宝 2016年

僕のワンダフル・ライフ（原題：A Dog's Purpose）

ラッセ・ハルストレム監督・２０１７年　アメリカ

私は猫を飼っていたことはあるが、犬を飼っていたことはない。それは住まいの環境が犬を飼育できる状態ではなかったからで、住宅事情が違っていたら犬を飼っていた可能性は高い。猫と犬のどちらが賢いかは私にはわからないが、情が深いのは犬のような気がする。

子供の頃は「名犬ラッシー」の再放送をテレビで見ていた。ディズニー映画の「わんわん物語」「１０１匹わんちゃん大行進」は映画館で家族で鑑賞した。「南極物語」は今でも名作だと思っているし、「刑事犬カール」は再放送をビデオ録画して妻と何度も見た記憶がある。

この「僕のワンダフル・ライフ」は劇場公開当時、見逃している。私の占いの弟子で、私より1歳年上の鈴木くんが「広重さん、『僕のワンダフル・ライフ』はいいですよ」と教えてくれたのである。そこでＤＶＤを購入して見たのが最初である。

この映画のストーリーの根幹にあるのが、犬の転生である。死んで、そしてその記憶を持ったまま生まれ変わる。映画の中では2回目にかわいがってくれた飼い主と5回目の命で再会する。この純真な犬の気持ちが、泣かせる。

どの登場人物も毎日の日常はすんなりとはいかない。悲喜こもごもの連続の中、登場する犬たちがまっすぐに各人の懐に、人生に飛び込んでくる。この素直さに涙するし、決してまっすぐではない自分自身の人生を振り返ることになる。

僕のワンダフル・ライフ
監督:ラッセ・ハルストレム
東宝東和 2017年

記憶を残したまま生き返る。もう一度人生を送る。これは人間の果たせぬ夢のひとつだろう。この映画は犬が転生する使命を担当し、人が人生においてやり残したことを修正したり、叶わなかった夢を別の形で成就させることを描きながら、転生しなくても人生をやり直せることを示している。

2019年のゲイル・マンキューソ監督作品「僕のワンダフル・ジャーニー（原題：A Dog's Journey）」は「僕のワンダフル・ライフ」の正当な続編映画であり、登場人物やシチュエーションなども完全に繋がっている。この作品でも犬は転生するが、今度は孫娘を守る役割として活躍する。そして前回同様、人と人の心を結びつける重要な仕事をする。

それぞれのタイプは違うけれど、この2本の映画に出てくる人たちの性格はみな臆病だ。誰かに対して強い言動をとっていても根底には臆病さがしっかりと根をはっている。しかしその臆病さが優しさや感謝心に変わっていく時、もう少し人を信じてもいいのかもしれないと思えるのである。臆病なのは悪くない。臆病な人は準備をするからだ。そして大難が小難になればいいのだ。この映画の登場人物はそうやって準備をし、少し遅れてもしっかり幸福を手に入れている。

「僕のワンダフル・ジャーニー」の終盤、「僕は大好きな人にずっと大好きだよって伝えてきた」という素敵なセリフがある。これは人ではなく犬のセリフである。こんなにシンプルでそのままの言葉はもう人間には口にできないかもしれない。そしてラストシーンは象徴的である。

死ぬことが怖くなくなる、そう思ってもいいかもしれない。

ぜひこの二人の監督のどちらかでかまわないので、ロバート・F・ヤングの「リトル・ドッグ・ゴーン」を映像化してほしい。犬好きにはたまらないお話だから。

ああ、しかしやはり人生をやりなおせるものなら、やりなおしたいね。

そう思いませんか。

第六章　FUTURE DAYS

易との出会い

1984年創業のインディーズレーベル・アルケミーレコードは儲からなかった。おそらく今も儲かっていない。ノイズやパンクやサイケで儲かるわけがない。もし利益が出たとしても経費や売れなかった作品の赤字で相殺されてしまう。自分たちがいいと思った音楽を残そうとして記録するためのレーベルなんて、自分たちがいいと思っているだけで多くの音楽リスナーがいいと思っているわけではない。だからたまに間違って採算ベースに乗ることがあっても、トータルすれば常に赤字である。こんな経済の基礎中の基礎もわかっていない経営者のレーベルがうまくいくはずがない。

今ならこういうロジックが理解できるが、若い頃は「こんなにいい音楽がなぜ売れないのだ」と思い込んでいる節もあって、また強引にどうにかこうにかしてしまうこともできたりして、結局長い年月を継続するレーベルとしていまだに存在している。

アルケミーレコードが最初に倒産の危機に至ったのは1986年である。制作経費が大きくなってしまった作品があり、そのタイトルが見込みを下回る初回受注となってしまい、経営を圧迫していた。

当時は流通会社を通して商品を扱ってもらっていたが、個人営業の小さなレコード店のようなところには直接商品を委託で納品し、後日売れた分の集金をしていた。

神田神保町にあったレコード店「モダンビート」もそういった店のひとつだった。経営者の鈴木くんがひとりで運営していた店で、中古盤とインディーズの委託商品を扱ってくれていた。

鈴木くんは私より5歳年上で、気さくに音楽の話をしてくれていた。店名の「モダンビート」は明大前のレコード店・モダーンミュージックの生悦住さんに命名してもらい、店のロゴはフジヤマの渡辺さんに描いてもらっていたことも、私との親和性に寄与していたのだと思う。

1986年、お金に行き詰まっていた私はアルケミーレコードの行く末の不安を鈴木くんに話していた。もう少し東京で頑張ろうか、それともいったん東京のオフィスはたたんで実家のある京都に帰ろうか、そんなふうに迷っている話をした。すると鈴木くんは「悩んでいるんだったら占いの先生に訊いてみたら？」と言う。「え？　占い？」私は思ってもみない返答に少し驚いた。

鈴木くんのお母さんがずっと観てもらっている占いの先生がいる。実際に占い師として営業している人がその先生に占いを習いにくるような、先生の先生みたいな人なんだ、自分が大学卒業が危うかった時や、この店を神保町に出す時も観てもらっていて、全部当たっていて凄い先生なんだと解説してくれた。

私は鈴木くんの紹介でその先生に鑑定してもらうことになった。電車とバスを乗り継いでたどり着いたのは普通の家で、看板も出ていない。紹介者のある客しか鑑定しないとのことだった。そこで鑑定してもらった女性の先生は、50代のごく普通の風貌だったこともあって、この先生は信用できると思った。私にとっても人生初の占い体験で、もしケバくて禍々しい先生なら信じていなかったかもしれない。自分のしてきたことを話し、都内での引っ越しの流れ、現在うまくいかないでいる事業のことを話した。先生から「その仕事はもう少し続けてもよかった」「その引っ越しはよくなかった」などと指摘され、いったん京都に戻るといい、この時期にね、でもあなたはまた東京に戻ってくると指導を受けた。最後に「あなた、易を勉強してみない？」

と言われた。26歳の私はこれから京都に引っ越してしまうので、ここに習いにくるのは難しいと伝えたと思う。今にして思えばこの時に先生にスカウトされたことは、自分にとってとても嬉しいプライドになっている。

東京の事務所はたたんで、先生のおっしゃったタイミングで京都の実家にいったん引っ越した。その6年後にまた東京に住むようになった時には、先生に「また東京に戻ってくるわよ」と言われたことはすっかり忘れていた。

その数年後、私は易を学ぶようになった。

FUTURE DAYS

占いは断易と九星気学を勉強した。お客さんを鑑定するだけでなく、弟子をとって教えることもするようになった。鑑定はどこでもできるが、やはり店舗があったほうがいいなと思った。大阪のアルケミーレコードの事務所を整理して、占いの仕事もできるスペースを作った。ここを店舗にしよう、さてお店の名前をどうしようか、と少し考えた。

悩みは今現在や過去にあることが多いが、易が示すものはどちらかと言えば未来のことである。過去は変えられないが、未来は自分で選択したり作っていくことができる。お店の名前には「FUTURE」という言葉を入れようと思った。

私はミュージシャンでもあり音楽から多大な影響を受けている。お店の名前にも音楽に関する言葉を入れたいと思った。

・カン「FUTURE DAYS」
・ピーター・ハミル「FUTURE NOW」
・T・レックス「FUTURISTIC DRAGON」

すぐにこの3タイトルが浮かんだが、未来の日々という意味でも「FUTURE DAYS」がいいなと思った。「FUTURE DAYS」は大好きなアルバムだ。

看板にこのLPレコードのジャケットを掲げようと思った。ドイツのオリジナル盤のジャケットを入手して、表ジャケットをよく見ると下部に易の「火風鼎」がデザインされている。

なぜ火風鼎なのかわからないが、易のお店を出す、看板には大好きなカンのアルバム「FUTURE DAYS」を使用する、するとそこには易の卦がデザインされている。〝縁〟とはこういうものだと実感した。

後年、音楽評論家で知り合いの松山晋也さんがカンを研究した書物「カン大全」が発売されたが、そこにはこの「FUTURE DAYS」のジャケットに描かれた火風鼎についての言及はなかった。増補版が出る時にはぜひこの謎を究明してもらいたいと思っている。

五黄土星

九星気学を学習した時、この九つの星のうちの8個は易の陰陽による三画小成卦から性質を読み取っていることを学び、たいへん勉強になった。併せて易を勉強したことで、自分にとって嫌いな人や苦手な人はほとんどいなくなった。簡単にいえば、生きやすくなった。ストレスは目に見えないが、健康に良くない。ストレスがなくなれば人生は生きやすい。

九星のうち「五黄土星」はこの易の三画小成卦で成立していない唯一の星である。私は1959年生まれで命星は五黄土星である。

五黄土星は三画小成卦でない分、非常にわかりにくい星である。唯一いえるのは「土」だということだけだ。同じ土でも「二黒土星」は田んぼの土、「八白土星」は山の土で岩だ。五黄土星の土はヘドロだ。24色の水彩絵の具を全部チューブから出してぐちゃぐちゃに混ぜると真っ黒ではなくなんともいえない汚い色になる。あれが五黄土星だ。

全部ある。でも裏返せばなにもない。

思えば非常階段の原初となるノイズを生成した時の私の考えていたことは、ロックの最もクライマックスになる部分の音源を複数同時に爆音で鳴らした時の音を目指していたわけで、まさに五黄土星らしい発想だったと思う。無意味性、破壊や破滅や死に対して突き進むことに興味や価値を見いだしたことも、非常に五黄土星っぽいではないか。

知り合いのミュージシャンで五黄土星の方を並べてみる。

・遠藤ミチロウ（1950年生）
・友川カズキ（1950年生）
・PANTA（1950年生）
・三上寛（1950年生）
・大友良英（1959年生）
・JOJO広重（1959年生）
・Phew（1959年生）
・不破大輔（1959年生）
・芳垣安洋（1959年生）

皆に共通していることがある。

・可憐なまでに繊細な部分と地獄のようなダークな部分が共存していること
・同じことを何十年も継続していること
・ともすれば異常なほどに個性的なこと

五黄土星はちょっとおもしろいなと思っている。

神様は公平かもしれないということ

Aさんが「そういえば」と話してくれたエピソードがある。

すごく細かいことをネチネチとこだわることで、仕事場で嫌われていた男がいたそうだ。その性格は重箱の隅をつつくという言葉がぴったりだったという。友人もなく彼女もおらず、社内の誰からも好かれてはいなかったらしい。

その男の唯一の友人らしい人物というのは、同じ会社に勤務してなおかつ同じ町内にすむAさんだけだったそうだ。しかしAさんも顔をあわせればあいさつをする程度で、特段親しいわけでもなかったらしい。

やがてその男は会社を辞めた。ああ、あんな男はどこへ行っても好かれないだろう、どこへ行ってもだめだろうなと同僚から言われていたそうだ。

しかしその男はある保険会社に就職、自動車保険の交通事故担当になった。細かいことにこだわる性格があっていたのだろう、事故後の保険金支払いの対応でどんどん成績をあげていった。事故についてあちこちを細かく粘り強くこだわって、被保険者に支払う額を少なくすませる、つまり会社にとって有利な仕事を積み重ねることができたのだ。彼の性格と仕事の相性がよかったのである。そして彼は順調に出世していったそうだ。成績が伸びれば自分もうれしい。給料も上がる。やがて性格も日常においては円満に変わり、結婚して、家も建て、子供もいるという。

Aさんは、人生というものはわからないものだと語っていた。

未来

お客さんから私とは別の占い師に鑑定してもらった時に「こんなことを言われたんですけど……」と聞かされて、世の中にはとんでもない占い師もいるんだなと思う時がある。曰く「私は30歳で死ぬと言われた」「婚期は60歳過ぎてからでそれまでは誰と結婚してもうまくいかない」「あなたには色情因縁があるから夫はみんな浮気します」等々。

その〝30歳で死ぬ〟と言われた女性は私のところに来た時点で34歳だったので「あれ？　じゃああなたは4年前にもう死んでますね！」とふたりで大笑いした。

特に生年月日で見る占いは運命論的になりがちである。生年月日は誰も変えることができない。じゃあ双子は同じ性格で同じような人生を歩むのかと言えばそうではない。だいたいこんな感じみたいな部分は一緒だろうけれども、すべてが同じではない。

占いの答えの多くは〝このままだとこういう感じになりますよ〟という近未来を示すものだと思う。つまりこのままではなく、自分が行動や気持ちを変えれば別の未来が待っている。そうでないと人生、おもしろくない。

例えば山手線にずっと乗っていても永遠に横浜には到着しないが、品川駅で乗り越えれば30分以内に横浜へ到着する。勉強しなければ試験に合格しないけれども、しっかり学習すれば難関の試験でも通ることがある。

行動する。動く。声に出して言う。心の中で思っているだけで何も言わず行動もしないから変わらないだけで、その気持ちを表に出せば今まで想像もしなかった未来にたどり着く。ほんの少し動けばいいし、たった一言を口にする、そのことで見える景色は変わってくる。

喫茶店

これは私の父のエピソード。もう50年くらい前の話だから父も40代だったろうか。その頃の父は京都で婦人服を中心とした洋品店を経営していた。店舗を週に6日間営業して定休日には商品の仕入れのため大阪・本町にある繊維問屋に行っていた。

その仕入れ先の同業者3人と父の計4人で心斎橋筋にある喫茶店に入った時のこと。その店のウェイトレスの接客態度が非常に悪かったそうだ。父以外の3人はあきれてしまい「こんな店、もう二度と来ないでおこうな」と話したところ、私の父は「ちょっと待って。1カ月後にまたこの4人でこの店に来よう。それまでにぼくがあのウェイトレスの性格を直しておくから」と言った。「広重さん、なに言っているの。そんなことできるわけないじゃない」と笑われたが、とにかく1カ月後にまた集まってこの喫茶店に来ることになった。

父は週に1回は大阪に来るので、1カ月後まで4週間あるから3回はこの喫茶店にひとりで来店することができる。その時に父はコーヒーや軽食を注文してこのウェイトレスに話しかけたそうだ。「今日は天気いいなあ」「このお店のコーヒーうまいな！」「京都から大阪に来て疲れているけど、このお店に来たらホッとするねん。いいお店やなあ」などと相手の反応などお構いなしに話しかける。ウェイトレスはきっと「なにこのおっさん！　気持ち悪い！」という反応だっただろうが、翌週になるとまた父は「昨日は阪神タイガース勝ったなあ」「どこかうどんのおいしいお店知らんか？」「お姉ちゃんの顔見ると元気になるからこの喫茶店に来てるねん」などとまたどんどん話しかける。そもそも性格がひん曲がっていて接客態度が悪いウェイトレスだから、店内スタッフやお客さんから親しげに話しかけるのは私の父だけだっただろう。3週目も父はガンガン話しかける。もうこれだけ彼女目当てに通い詰めて楽しげに話をする人物は父しかいないから、常連客の中でもそのウェイトレスとの距離は近くなり親しい関係になっている。

そして4週目、父が1カ月前に来店して気分が悪かった3人を連れてこの喫茶店に入り「よう！　今日も来たよ！」とウェイトレスに話しかけると、彼女は満面の笑顔で「いらっしゃーい！」と父を出迎えたそうだ。

3人の知人グループはびっくりする。そりゃそうだろう、1カ月前にあれだけ無愛想だったウェイトレスが笑顔で接客するようになっている。みんなが「広重さん、あの子になにをしたの？」と訊くと父は平然と「いや、単に話しかけただけだよ」と答えたという。

このエピソードはイソップ童話の「北風と太陽」を思い出させる。旅人のコートを脱がせようとして北風が猛烈に風を送ると、旅人はコートの前を閉じてしまってますます頑なになってしまう。そして太陽がポカポカと暖めると旅人は自分からコートを脱いだという短いお話だ。

君のことが好きだ、この場所が好きだ、このお店の料理が好きだ、そういう肯定的なメッセージが相手の気持ちを変化させている。相手に穏やかで暖かな感情で話しかけることが善への近道のような気がする。

言葉

自分が発した言葉は必ず自分に返ってくる。人の悪口や陰口を口にしていると、自分自身が悪口や陰口をたたかれることになる。そして運はおちる。運がいい人を妬んで陰口をたたいているとみるみるうちに運が落ちていく。

逆に人の喜ぶような言葉や元気が出る言葉を発すれば、自分にも良い言葉が返ってくる。そこに運が乗ってくる。

「大丈夫」と口にすれば大丈夫になるのだ。こう思えばどんな人も魔法をひとつ持っているようなものだ。自分を助けるのはいつだって自分である。なんでも自分から。そして思うだけでなく、発言し行動すること。

うまくいかない人は自分が人に対して発している言葉を振り返るといいよ。自分が正しい、お前が間違っていると思うから相手を否定する言葉が出ているのではないか。そうやって自分で自分自身の運をふさいでいる人は案外多いのかもしれない。

再度、喫茶店

運は見えない。その見えない運を可視化することはできないか、実験をした人がいる。運の悪い人と運のいい人を集めて多種多様な実験をするのだが、その結果はおもしろいものだった。

その中の一例。「あの喫茶店に行ってコーヒーを注文して飲んで帰ってきてください」というミッションがある。実はいろいろ仕掛けがしてあって、店の前の歩道には5ポンド札がわざと落としてあり、店内にはある実業家の社長が座っている。

運の悪い人は喫茶店に行ってコーヒーを飲んで帰ってきて「今日はなにかありましたか？」と訊くと「なにもなかった」と答えた。

運のいい人は喫茶店に入る前にお札に気がついて拾う。店内で隣に座る実業家に話しかけ、名刺を交換して帰ってきた。「今日はなにかありましたか？」と訊くと「お札を拾ったし著名な実業家と名刺交換できて充実した時間だった」と答えた。

このエピソードはいろいろなことを示唆している。「喫茶店に行ってコーヒーを飲んで帰ってくる」というミッションを真面目にこなしている人はもらい損ねていて、周囲に目をむけて気さくに知らない人とも話せる陽気キャラは運がいいという話にも見える。また実は世の中には運は誰でも拾えるようにたくさん落ちていたり仕掛けてあるのだけれど、拾い損ねる人としっかりゲットできる人がいるという教訓にも思えてくる。まあ真面目過ぎる人はあまり運がよくないことが多い。いいかげん過ぎてもだめだ。適度に真面目、適度にいいかげんなのがいいね。

私もこの世の中はおもしろいことに満ちていると思っている。一見つまらないことのように見えても、角度を変えればおもしろいことのように見えてくる。悲惨で嫌な思い出が後年笑い話になることはいくらでもある。人生は短い。どうせなら楽しんだほうがいいように思える。

神社とお墓

私は子供時代を京都で過ごしているので、多くの寺や神社が生活圏の周囲にあった。ほとんどの神社は鳥居や拝殿は南面している。参拝する人は北を向いて手を合わせる形になっている。君子南面とか天子南面と言われているように、立派な人は北を背にして南面する。その話を聞く人は北面することになる。だから神社の鳥居や拝殿は南面しているのだ。例えば京都市は地図で見ると右が左京区、左が右京区になっている。これも大昔に京都の都市計画をした人は北山から南面して都作りをしたからだと思う。

なので易者も北を世にして南面するし、占いに来たお客さんは北面して易者の言葉を聞くことになる。易者が立派だと言っているわけではない。易者は神様やご先祖様などの見えない人からの言葉をお客さんにわかるように話す通訳でしかない。易に出た卦を読んでお客さんに伝えるという仕事上、そういうことになるのだ。

お墓はほとんどが東面して建てられている。仏教には西方浄土という考え方があり、墓参する人が西面するからだ。神仏は午前中とも言われている。午前中の天気のよい日に墓参すると、背中が朝日に照らされてポカポカしてきてなんだか気持ちがいい。私の鑑定を受けて、墓参を勧められた人は多いと思う。運がいい人の多くはお墓参りをしっかりしている方が多い。

神社にしてもお墓にしても「いつもありがとうございます。がんばります」という気持ちだけでいい。もし神社に祈願してうまくいったのならお礼参りをしなくてはならない。だから普段は「いつもありがとうございます」だけでいい。

ひどい親だった、許せないという人もたまにいるけれど、私はもう死んでいるのだから許してあげればと言うことにしている。きちんと育ててはくれなかったかもしれないが、産んでくれなかったら自分自身がここに存在していない。産んでくれてありがとうだけでもいいと思う。

ありがとうございますというのは感謝心の表明だ。感謝心が運をよくするのだ。性格が悪い人や失礼な態度をとるような人の多くは、感謝心がない人が多い。そして愚痴や陰口が多いとなると、自分で自分の運を悪くしているようなものだ。墓参を回数多くして日常的に感謝の言葉を多く発すれば、運は好転すると思う。

仲良し

みんな仲良くしたらいいのに、と言っている人にかぎってその人のまわりはあまりうまくいっていない。その人が自分の都合のいいように仲良くすればいいと思っているからだ。

人はみんなひとり、それぞれだと相手を認めている人のまわりはたいがいみんな仲良くしている。

善

実は「易」は「占い」と少し違う。占いは当てることに比重が大きい部分があるが、易は啓蒙思想が根底にあり、人に道を説くということが重要な部分である。善に導く、つまり迷っている人に方向を示す術のひとつである。

正しいことが善なのではない。円満なことが善なのだ。

この思想を易に見いだせた時に腑に落ちた実感があった。正悪ではなく善悪で判断すると、今まで見えなかった道が見えてくることが多い。

死

ダンスマカブラという大阪のバンドに「Think About Death」という曲があり、愛聴している楽曲のひとつである。

死について考える。私にとって幼少の頃からの大きなテーマであった。小学生の時につくった小説にしても漫画にしても、最後は登場人物が全員死んでしまうストーリーばかりだった。命あるものは必ず死ぬ。なのにその死がいったいどういうものなのか、誰も知ることが出来ない。死を経験した時にはもう生きていないからだ。だからなおさら死について知りたい、そういう欲求が書物や音楽や芸術に対する関心の根底にある。だからどうしても暗いテーマの作品に惹かれることになる。

易を勉強する中で〝十二運〟を学んだ時、「衰」「病」「死」と来た後に「墓」「絶」と並ぶことを知った時は驚愕した。死が終わりではなかったのか、その後に来る墓と絶でようやく絶え果てるのか。もう少しその先があるのか、と。

「後生（ごしょう）」という言葉がある。後生とは死んだ後のことだ。この現世の人生は「今生（こんじょう）」であり、死は単に今生の終焉のことであり、その後に別の人生があることを示している。「後生が悪い」ということは、死んだ後の人生が悪いということだ。やはり今生と後生はつながっている。

朝が来て昼になり夜が来る、春・夏・秋・冬と季節が流れてまた春になる。一日の流れや季節の移り変わり。これは人の生き方を表している。

朝になり昼でピークを迎え、やがて夕方になるのは今生の流れだ。日が落ちることは死を表している。夜は後生だ。そして朝になる時にまた今生に生まれ変わる。

春から夏になり秋になって冬になるのも同様だ。また春は来る。春分・秋分はこの世とあの世の境目だ。だから彼岸なのだ。この意味もようやく理解できた時に、私も自分自身の死を受け入れる準備ができた気がする。

いつになるのかはまだわからないがお迎えが来た時にはためらわずに行こう、それまでにいくつかの帳尻を合わせておこう、そう思うことにした。死は、怖くない。秋の次に来る冬を楽しみにすればいい。

恋愛

恋愛はバーゲンセール会場から自分にあった「お買い得品」や「掘り出し物」を見つけるような作業ではない。

恋愛は将来ひとりで生きるのがさみしいからという理由で伴侶を見つけるものでもない。

かっこいいからとか、趣味や話があうとか、セクシーだからとか、お金や立派な仕事があるとか、そういった理由で恋におちても、必ず思っていた性格や心や態度や将来性ではない部分が〝お互いに〟見つかる。それを恋愛の破綻の理由にしている以上、同様の失恋をくりかえす。

恋と愛は、違う。
恋は愛に移行しなくてはならない。
愛することは自分より相手を思うこと、ゆるすこと、もしくは受け入れること、尊敬につながること、相手の幸せや成長を望むこと。

恋愛は非常に難易度の高いスポーツに似ている。ある程度は「技術」だけれども、高い技術があるからといっていつも勝てるわけではない。最終的には精神力が決め手となる。

あきらめるというのも、非常に有効な選択肢であるということ。

自分にとって損か得かでは、それは恋愛ではない。

いい人

人間は普段はみんないい人だ。

状況が悪い時に、いい人かどうか。

体調が悪い時、イライラしている時、お金がない時、物事がうまくいっていない時、トラブルの時。

そういう時に、いい人かどうか。

悪い時にいい人を、人生のパートナーにするといい。

形のあるものとないもの

この世には形のあるものとないものがある。見えるものと見えないものと言い換えてもいいかもしれない。

物体は見える。人間の姿形も見える。
心は見えない。感情は見えない。
自分の心は見えない。他人の心も見えない。
心や感情に形はない。

地面の上にあるものは見える。
地面の下にあるものは見えない。
空に浮かぶ太陽や月は見える。その裏側は見えない。

運は見えない。

絵や彫刻は見える。音楽は見えない。

過去は見える。未来は見えない。

私は形があるもの、見えるものよりも、形がないもの、見えないものを重要視してきた気がする。

形があるものや見えるものが崩れてきた時、見えない部分を整えると目に見える部分が修正されることがある。

易や占いは見えない部分を可視化する方法のひとつだ。

そこを修正して目に見える現実を修正し、善である未来に続く道筋を示す。

善導とはそういうことだと思う。

幸福

不幸せとは実際の現象ではなく、不幸せだと思う気分のことだ。気分は気持ちの一部分でしかない。

しかし〝気〟は〝鬼〟に通じる。気は確かにして生きていかなければならない。

感性を常に研ぎ澄ますこと。

運の幅は人それぞれで、その幅の上の方にいれば幸福感がある。真ん中より下だと不足を感じて苦しくなる。
〝中の上〟にいることができれば悪くない。
人生など悪くなければ御の字である。

腹八分目が正しい。満腹は苦しい。良すぎるのも良くない。

旅をするのに、荷物は軽い方がいい。

いいところ

だめな自分、どうしようもない自分、とか思っている人に限って、他の人から見れば「いいところ」を持っている人がほとんどである。

どんな人でも、たいがいはひとつは「いいところ」がある。

で、「いいところ」がひとつあれば十分で、ほかによくないところがあるからといって、そんなにへこむことはない。

「いいところ」はひとつあれば、それでいい。

ふたつあれば優秀だ。
みっつもあれば、もう聖人だと思っていい。
オレには「いいところ」なんてひとつもない、なんて、思わなくていい。
きっとひとつはあるから。
そして、ひとつあれば十分だから。

たりなかったら

たりなければ埋めよ、多ければ減らせよ。

しろ

真っ黒だったら、いったん白に戻すといい。
白くなれば、また新しい色を塗ることができる。
なにかを点や線で描くことができる。
頭が真っ白とか、白く燃え尽きたとか、言うじゃないか。

白は最初の色、リセットの色。
だから真っ黒なものは、真っ白にしてみるといい。
また、始まるから。

大丈夫！

いくつ

人のこころは、ひとつだろうか？
ひとつだけの人もいれば
ふたつやみっつ、こころがある人もあるのだろうか。

もしくは人には
さみしさの数だけ

喜びの数だけ
こころはあるのだろうか。
あなたはいくつ、こころを持っていますか。

いいこと、わるいこと

「ああ、今日もなにもいいことがなかった」

そうですか、それはよかった！

「悪いこと」がなかっただけ、いいじゃないですか。

だって、もし「とってもいいこと」があると、きっと同じだけの「とっても悪いこと」がやってくるから。

本当の幸せとは「いいこと」も「悪いこと」もなにもないこと。

「いいこと」だけがいっぱいあって、毎日楽しくて、自分のしたいことをしたいだけやって、やりたいことをやりたいようにやって、健康で毎日おもしろいことがいっぱいで、仕事も充実、夫も妻も子供もみんないい人・いい子ばっかり。友人もまわりの人もみんないい人。そんな人生、あるわけがない。


不幸も、とんでもない不幸も、あってもいい。

でも本当にとんでもない不幸は、めったにこない。

逆に高額な宝くじに当たったりしたら、どんな災難がやってくるかわからない。


いいことも悪いこともあって、まあ人生の終盤になって、自分の人生はいろいろあったけどおもしろかったなとか、プラスマイナスすれば少しは幸せだったかなとか、そう思えたならそれでいいのではないかな。

人生なんて、最終的にはみんなそれなりにおもしろいようにできているから。


だから、そんなに落ち込まなくていい。

悪いことが続いたら、それは今度いいことがくるための貯金をしていると思っていよう。そしてくさらず、ちょっとは人のためになにかいいことでもして、運の貯金でもしておこう。

たいしたことなんて、人生には実はなにもないから。

なーんもないからさ。

許すこと

許すことは難しいことだけれども、とても大切なことだ。

人を許すことで自分の器は大きくなり、自分自身を許すことで少しだけ生きやすくなる。

許さざるを許す。

これは一生の命題である。それを許すことができた時に、人はもう一歩成長できる。

本当の嘘

本当の話は嘘偽りに聞こえる。

しかし少しだけ嘘の入った本当の話は、本当に聞こえる。

全部が嘘の話はやっぱり嘘に聞こえるが、完璧に嘘の話は本当に聞こえる。

せかい

世界は、広い。

人は誰でもそのことを知っている。

そしていつも忘れてしまう。


自分が見ている世界、自分のまわりの世界。

それがすべてではないのに、それについてばかり考えてしまう。


明日を想像できる？

それは自分の想像できる明日だろう。

でも明日は、自分の想像できる明日ではないかもしれない。


世界は広い。

人はたくさんいる。

いろんなことを考えている人がいる。

だから明日は自分が想像できる明日だけではない。

明日は自分でつくるものだし、今日と変わらない明日しかこないなら、それは世界が変わらないのではなく自分が変わらないのだ。

毎日がつまらないなら、自分から変わればいい。
世界はなまけてなんかいない。
なまけているのはいつだって、自分だ。

世界は広い。本当に広い。
もっともっと目を開けて、自分のまわりを見る必要がある。

自殺

「自殺という考えは眠れぬ夜の大いなる慰めである。（ニーチェ）」

私は若い頃、このニーチェの言葉にずいぶん救われた。

自殺を考えることはかまわないが、実際に自殺はしなくていい。未来は残っているし、自分で選べる。

悪い時に後ろに下がるからやられるのだ。

悪い時にこそ、一歩前に出ること。

人はそれほど強くない。
でもそんなには弱くない。

運命は決まっているかもしれないが、努力の芽を摘むものではない。

否定ではなく

否定ではなく、肯定から入ること。

他人の性格を変えようなどと思わないこと。
自分が変わること。
自分が変われば相手も変わることがある。

楽しいことを考える。
実際に楽しむこと。
一見つまらなさそうな日常にでも、いくらでもおもしろいことは散らばっている。

未来はわからない。

だから絶望する理由なんかない。

今、自分が想像している以上の未来に遭遇すること。
こんなに楽しいことはないよ。

そのためにも相手を、他人を、自分を否定するなかれ。
どんな人間にもいいところはあるし、ダメなところもある。
笑いながら人間は変わっていく。成長する。

どんな人間にも生きてる価値などない。
価値はあとから他人がつけるものだ。
自分が自分であれば、それ以外はなんの価値もいらない。
意味も価値もない。だからいい。それでいい。

また逢う日まで

空はつながっている。
また、会えるさ。
どんなに遠く離れても、たとえ亡くなったとしても、それはしばしのお別れさ。
また会えるさ。

「内容を鑑み一部仮名といたしました」

解説

小野島 大

日本……というよりは世界を代表するノイズ・ミュージックのグループ、非常階段のＪＯＪＯ広重こと廣重嘉之。かれこれ40年以上も常軌を逸した爆音ノイズをやり続けてきた男の、これは集大成となるエッセイだ。

１９５９年9月9日京都に生まれた広重が、幼少期から青年期にかけての思い出や、交遊した人々、愛好した音楽・書物・映画などについてつれづれなるままに語った本だが、それが同時に彼の歩みをあらわす自叙伝のようになっている。だがその内容はただの懐古的な雑文集とはひと味違うことは、読んでいただければわかるはずだ。

非常階段結成以降の広重の歩みは「非常階段　A STORY OF THE KING OF NOISE」（２０１０年、Ｋ＆Ｂパブリッシャーズ）という本で、すでに詳細に記されている。私はその書評で「非常階段というバンドの歴史を記した唯一の書であると同時に、日本に於けるノイズ音楽の成り立ちから現在までを、観念的にではなく、あくまでも実証的に追った初めての本」とその重要性を評価したが、同時に「事実関係の検証を中心に描かれているぶん、首謀者である広重個人の思いや葛藤、感情の襞のようなものは、さほど語られない」と指摘した（「ミュージック・マガジン」２０１０年10月号）。広重は当時のブログでそれを認め、「『広重さんはなぜノイズに至ったのか？　なんのために演奏を続けているのか』は、実は書かれていない。（中略）正直１冊の単行本でそこまで（触れること）は無理だったと思う」と書いている。

つまりＪＯＪＯ広重が常軌を逸した爆音ノイズ表現に向かった内的動機が「非常階段　A STORY OF THE KING OF NOISE」では描ききれなかった。そして広重はそのことに気付いていたようだ。

音楽を作る動機はミュージシャンによってさまざまだろう。究極的には「この音を鳴らしたいから」の一言で済む話かもしれない。本書にもあるように、1972年、広重が中学1年生の時に、頭脳警察の「3」に収録されている楽曲「前衛劇団〝モーター・プール〟」を聞き、この曲で展開されるグシャグシャのノイズ部分に大きな刺激を受けたのが、その大きなきっかけだった。

「その凄い熱量に猛烈に感動した。強烈だった。はじめて聴いた、演奏とも何ともつかないないなだれを打つように放たれる音のエネルギー。衝撃を受けた私は『このグシャグシャした部分がずっと続くような音楽はないのか』」（本文より）と思い描いたのだった。その願いは数年後に山下洋輔トリオに出会って叶えられ、今日に至るノイズ音楽家としてのＪＯＪＯ広重が生まれた、という。私も同時期にこの「頭脳警察3」を聴いていたが、「前衛劇団〝モーター・プール〟」に特別な関心を持ったことはない。同じものに接していても、アーティストになるようなクリエイティヴな人間は物事を他人とは違う角度から見ている、という例である。

もちろんひとりの人間の人格、音楽家の背景が、たったひとつの要素に決定づけられることなどない。どんなに奇抜で斬新だと思われる表現でも、必ずなにかしらの影響を受けているし、その音楽家の背骨はさまざまな過去の知識や経験で出来上がっている。頭脳警察はひとつの大きなきっかけだったが、それだけではない。広重が過去に知見してきたあらゆる事象が、非常階段を始めとする彼の表現に影響を及ぼし、形作っている。彼の弾くグシャグシャのギター・ノイズも、そのノイズ成分を仔細に分析し腑分けすれば、源流となる事柄が複雑に絡み合って出来上がっているのがわかる。そうしたさまざまなエッセンスまで「非常階段　A STORY OF THE KING OF NOISE」に収めるのは無理だった、ということだ。だからこそ10年越しでこの「また逢う日まで」は書かれなければならなかった。

とはいえ一定の筋道立ったストーリーを追うようなものはなく、気軽で気まぐれなエッセイ集のような体裁をとったのは、あとから作られた言葉によって記憶の断片を無理やり系統立て整理するようなことをしたくなかったからだろう。ランダムに、まだら模様に、時間軸関係なく混ざり合った事象がＪＯＪＯ広重を作っている。とりわけ興味深いのは、本書の第一章「青春」だ。

ここでは広重の幼少期のおぼろげな記憶から、少年〜青年時代のさまざまなエピソード、「どらっぐすとぅあ」での、のちの彼の音楽活動に大きな役割を果たす面々と出会い、デレク・ベイリーのライヴで大きな衝撃を受け、ウルトラビデ、そして非常階段を結成して本格的に音楽活動に邁進するまでの広重の半生が描かれている。

私は広重の少し年上だが、学生時代なら大きかった2〜3年の差もこの歳になればほぼないに等しく、同世代と言ってよかろう。だからここで書かれているさまざまな広重の体験や記憶は、ごく自然に自分のものとしても共有できる。空想がちだった少年時代、本ばかり読んでいた学生時代。怪獣やテレビドラマやマンガ、プロレスごっこ。切手収集に凝ったのも同じだ。住んでいた土地や家庭環境は違うが、子供の生活などどこも同じようなものである。

しかし読み進めるうちに奇妙な考えにも取り憑かれる。

幼少期や少年期の記述。よく通った近所のお店。一緒に遊んだ友達。初恋。淡い思い出。「うさぎや」のおばさん。玉谷くん。増井くん。岡崎くん。村井くん。純子ちゃん。藤井くん。蒲生くん。美由記さん。まゆみさん。リカちゃん。みさちゃん。真理ちゃん。おジュン。とろけるような甘美な口づけ。そして別れ。何十年も前の学生時代のことをイキイキと語るその詳細な記述には驚かされるが、しかしこれらはすべて広重の記憶に基づいたものであり、客観的なデータや歴史的事実に裏付けられているわけではない。広重以外の証言者がいるわけでもない。ガキ大将だった「玉谷くん」、ヤクザの息子の「増井くん」、ファンタグレープを振る舞ってくれた「美由記さん」や交換日記をしていた「真理ちゃん」、夕暮れの川沿いを手を繋いで歩いた「みさちゃん」は本当に実在していたのか。「うさぎや」のおばさんとは本当にそんな会話をかわしたのか。もしかしたらすべてが広重の想像上の産物であり、いわば妄想なのかもしれない。さすがに私も知っている音楽関係者が何人も登場する後半部はそんなことはないだろうが、なんだかある種の寓話じみた昔語りを読んでいると、そんな奇妙な気分に囚われてくるのである。

だが、たとえそうであってもいいではないか。広重の本当の人物像はなにか、彼の実体はどこにあるのか。そんなことはどうでもいい。誰でも何かしらの演技をしている。真実を伝えるためにウソをつく必要がある、と私に語ったのはルー・リードだが、音楽家の作る作品だって大なり小なり虚構が混じっていて、それによってより大切なことを伝えることができる。さまざまに語られるエピソードは、彼の真実を伝えるために用意されたものなのだ。広重のこの書は彼の「作品」なのだから。

広重と初めて会ったのは1990年。本書でも触れられている徳間ジャパンからリリースされた関西アンダーグラウンド・シーンのオムニバス・アルバム・シリーズ「TASTE OF WILD WEST」のリリースの取材で関西を訪れたときだ。インターネットなど当然なく、メディアや音楽産業の中央一極集中で東京から地方に情報は流れても、その逆はなかった時代に、当時爆発的な興隆期を迎えていた関西アンダーグラウンド・シーンの美味しいところを、徳間ジャパンというメジャー・レーベルを通じて紹介しようという画期的な試みだった。ちょうどライター／音楽評論家2年目を迎えていた私は、まだサブカル誌だったころの「宝島」で、その関西シーンの現地取材を行い、長文レポートを執筆した。広重を始めボアダムスの山塚アイ、山本精一、アウシュビッツの林直人、S.O.B.のトッツァン、コンチネンタルキッズのランコなどに初めて会い、話を聞くことができたのである。もちろんこちらは「あの非常階段のJOJO広重」という先入観がたっぷりあるから、かなりビクビクしながら取材に臨んだはずだが、広重は知的で温厚で上品な印象すらある紳士であった。何かの原稿でそのときの印象を、「呉服屋の若旦那のような」と書いたことを覚えている。もちろん初対面の、しかも東京からやってきたジャーナリスト相手に猫を被っていた可能性は十分あるが、その後何度となく取材しライヴを見てイベントなどで話をしても、その印象は現在に至るまで全く変わらないのである。風貌も、体型も、温和な笑顔も話しぶりも全然変わらない。しかしまさかその後30年以上もの付き合いになるとは思わなかった。

こうして改めて文字になったものを読むと、広重と私の音楽的趣味にあまりに隔たりがあることに気付く。私はプログレはせいぜいクリムゾン、フロイド、イエスといった人気どころを齧ったぐらい、フリー・ジャズも疎かったし、ジャーマン・プログレに至ってはテクノ以降にようやくその真価を理解したぐらいだった。もちろん森田童子も佐井好子も広重の文章を読むまで全く関心がなかった。そんな私にこんな解説を書く資格があるかどうかわからないが、ノイズもプログレもフリー・ジャズも森田童子も佐井好子も、すべて広重の表現に養分として溶け込んでいるのだから、非常階段の諸作や、特に広重の一連のソロ作――「君が死ねって言えば死ぬから」（1997）「みんな死んでしまえばいいのに」（1999）「このまま死んでしまいたい」（2000）など――を一時取り憑かれたように聞きまくり、あまつさえDJでも頻繁にプレイしてダンス・フロアを凍り付かせた経験がある私は、きっと彼の音楽を通じて、森田や佐井の音楽の核を感じ取っていたのだと思う。音楽が、文化が継承されるとは、そういうことなのだ。

2024年9月　小野島 大

解説

高倉　美恵

誤解を恐れずに白状するが、ワタシはＪＯＪＯ広重氏の「日記」のファンだ。

出会いは、１９９4年に遡る。福岡市の中心街で、85坪弱の少々マニアックな書店の副店長だった時、スポーツカードの販売会の話が持ち上がった。話を持ってきたベースボールマガジン社Ｓ氏の言うことには、共催をしてくださるスポーツカード店の店主が「なんか僕はよく知らないのですが、音楽の方のすごい人らしいですよ。非常階段とか」ワタシはＳ氏を二度見した。二重三重の驚きだ。高校3年生の時に、区立図書館の棚で「ぼくは本屋のおやじさん」という本の背表紙に〈早川義夫〉という名前を見つけた時と同じくらいの二度見だ。え？　早川義夫？　ジャックスの？　本屋さん？　同姓同名？　なんで？

高校2年生の夏に、急に髪をツンツンさせるようになった友人の影響で、聞き始めたパンクロック。とりわけ衝撃を受けたのがＩＮＵの町田町蔵だった。こうしちゃおれん、バンドを組まなければ！と、それまで所属していた陸上部をやめた。走っとる場合やない。

「メシ喰うな！」を繰り返し聞き、女4人のパンクバンドを組んだ京都市のはずれの山科区に住む高校2年生は、お小遣いが貯まると五条坂を越えて、ライブを見に京大西部講堂やライブハウスに向かうようになった。「スターリンのミチロウは、ライブで脱ぐんやって」「臓物を撒きちらすらしいで」という話にビビりながら初めて見たミチロウは確かに全裸になったが、そんなことはどうでもいいくらいカッコよかった。誰かが撒いた消化器のせいで、むせかえり息が詰まる西部講堂の中で「あ、もしかしたら、こんな感じで死ぬんかもしれん」とは思った。

そのスターリンよりもはるかに過激なバンド、それが「非常階段」だった。と言っても雑誌やミニコミから得た情報だけで、実態は何も知らなかった。なにしろ、ＪＯＪＯ氏が非常階段を結成した1979年頃、私は中学2年生で、京都から北九州市まで家出したりするのに忙しく、パンクはおろかセックス・ピストルズの存在すら知らなかった。ロックとは矢沢永吉のことだと思っていた。そんな中学生が、高校2年になってから恐る恐るライブハウスに出入りするようになったのだが、ＩＮＵは既に解散し町田町蔵は東京に行ったあとだった。完全に出遅れている。出遅れたままバンドは尻すぼみに解散。ワタシは京都の家を出て、生まれ故郷の小倉（北九州市）に帰り書店に就職した。店頭で手にする雑誌に、ときおり非常階段の名前を見つけて、心の中で「あ、ライブで女の人がおしっこしたりする（という刷り込み）バンドだ」とつぶやいていた。本屋さんの仕事が面白すぎて、本が関係してこないことはだいぶどうでも良くなっていた。

本屋さんになりたかったのは、もちろん本が好きだったからだけど、図書館で二度見した早川義夫の本を読んだことが大きい。遠藤ミチロウが渋谷陽一のラジオで、大好きだと言っていたジャックス。そのヴォーカルが早川義夫だ。ミチロウの話では、ジャックスはとうに解散したバンドということだった。そんな人がなぜ本屋さんなんだ⁉と読み始めたら、早川義夫は本当に本屋さんになっていて、本を売る日々を綴ったのが「ぼくは本屋のおやじさん」（現・ちくま文庫）だった。「読書手帖」なるペーパーを発行してお客さんと交流を図ったりしているわりに、書かれていることはほぼ愚痴で、第1章から「ぼくは商売に向いていない」とか言っている。ジャックスの歌は、ラジオできいた「マリアンヌ」しか知らなかったが、この本を読んで早川義夫という人が大好きになった。ワタシも本屋さんで働いて、何かお客さんに向けてミニコミ的なものを発行してみたいと思うようになった。本が好きで、文章を書くことも好きだったからだ。

そして、本屋さんになって10年目、転勤先の福岡市内の書店で、出版社の営業氏の口から「非常階段」という言葉が出てきて目を丸くしたというワケだ。非常階段？　ノイズの？　過激なライブの？　なぜカード店？である。

カードの販売会というのは、スポーツのトレーディングカードを売るイベントで、今のようにインターネットも通販も普及していなかった時代、地方のスポーツカードファンにとっては貴重な機会とのことだった。書店のレジ脇で野球カードを販売し始めた頃で、お客さんが喜んでくれるなら、ぐらいの気持ちで共催を引き受けたのだが、スポーツカード店の店主が非常階段の人と聞いて、わけもわからぬまま販売会当日を迎えた。ひょっとすると地方の書店などで「非常階段」という言葉に反応する本屋の人は稀だったのかもしれない。最初にご挨拶した時に、「僕の別の仕事のこと知ってくださってるんですか?」と少し嬉しそうに話しかけていただいた(自分が嬉しかったから勝手にそう記憶してるだけかも)。カードはびっくりするくらい売れて、JO,sスポーツカード(JOJO氏のカード店)の用意した大リーグのカードや野球以外のスポーツのレアカードなどがバンバン売れていき、お客さんの熱気と嬉しそうな顔が忘れ難い。が、そんなワタシも、販売の合間に「あの非常階段の人と一緒にいるんだワタシ」などとミーハーにドキドキしていたのだった。JOJO氏とパートナーのJUNKO氏は、過激なライブをするようには全く見えず、丁寧で穏やかな話し方をするかたがただった。ワタシがINUのファンだと言うと、「あ、○○のとき、町田くんもいたよね」とJUNKOさんがささやくように JOJOさんに話しかけ、2人は過去のライブでの町蔵のエピソードなどを話してくれた。町蔵のことを「町田くん」って言ってる!と心の中で喜ぶワタシ。イベントは盛況に終わり、その後も何度か共催したが、私は1998年に書店をいったん退職したので、お会いすることはなくなった。ただ、この時の体験が嬉しすぎて、いただいた名刺の住所に、厚かましく年賀状を送るようになった。

最初の書店を退職してから、結婚した相手の転勤する先々でまた書店に勤めたが、第3子を死産したとき続けられなくなってやめた。アルケミーレコードのサイトで始まっていたJOJO氏の日記を読み始めたのはそんな時期だった。歌や本についてのコラムもあって、その文章も素晴らしいのだけど、なにより日々を綴った率直な文章に惹かれた。ミュージシャン、アルケミーレコードの社長、スポーツカード店主と、その活動は多岐に渡る。多忙な仕事の合間に読んだ本や見た映画の話が挟まれる。自分が知ってる本が出てくれれば嬉しいし、知らない本だと読みたくなる。カード店やレコード店での万引きに、ノイズの帝王が怒り心頭になってたりしてて、イメージのギャップに驚く。が、書店も万引きに悩ませられているナンバーワン業界と言ってもいいくらいなので、その怒り・悲しみがよくわかる。そう、怒りもあるけど悲しみが大きい。傷つくのだ。ＪＯＪＯ氏の文章は、怒る日も悲しむ日もその心を隠さない。ちょっと情けないこともどんどん書く。

２００５年4月9日（土）の日記のタイトルは「ガラス玉」、漫画家岡田史子の早過ぎる訃報を伝えている。１９７０年代後半に読んだ「ガラス玉」という作品集に衝撃を受けた。そんなふうに読んだり聞いたりした作品が、何かを自分に残し、その自分もまた何かを残しているはずだが、大切な人が亡くなると、＜自分なんかが生きていいのかと思ってしまう＞と深く沈み込んでいる。

ＪＯＪＯ氏ほどに、自分の表現を貫き、自分が良いと思う音楽を残し伝える活動をしている人が、そんなふうに思うのだ。本屋さんでなくなって1年以上たち、硬い繭にこもるように暮らしていたワタシが、どんよりしてることとなんて当たり前すぎてちゃんちゃらおかしくなってきた。ワタシはＪＯＪＯ広重氏や非常階段の音楽のことはあまりよくわかっていなかったのだけれど、このサイトでのＪＯＪＯ氏の、嘘くさくない飾らない本当の言葉たちに、驚き揺さぶられ大ファンになった。

本書は、これまでＪＯＪＯ氏が書いてきた日記やコラムを元に、幼少の頃のエピソードなどを加えた自叙伝的なエッセイ集だ。ＪＯＪＯ氏の思索の軌跡を、幼少期から順に辿ることができる。ネットの日記だけでは知り得なかった、広重少年が「非常階段」になるまでの重要な伏線があちこちに隠されている。例えば、切手コレクション。切手を集めるだけでは終わらず、小学生にして切手のミニコミを作る。そのミニコミで全国の会員と交流し、自分の興味が移り変わるにつれて切手の雑誌なのに音楽の記事などを書き始め、あげくは切手のミニコミを送ってくれた人に頭脳警察のカセットを送ったりして、お返しに「ピンク・フロイド」のカセットが来る。アルケミーレコードの萌芽だ。

「どんな人間にも生きてる価値などない」

ドキっとする言葉だが、ＪＯＪＯ氏の根底に川のように流れている言葉だと思う。価値などないからどうなってもいい、のではなく、生まれてきたことに意味などないけれど、せっかく生きてるんだったら自分でなんとか面白くしたほうがいいんじゃない。そう背中を押してくれる言葉だ。

本書を読んだ人は、すでにＪＯＪＯ氏の日記など全部追っかけてるさ！というファンの人ばかりかもしれないが、もしまだ読んだ人はいないという人がいたら、古くは２００４年からのものがネットには残っているので、ぜひ探し出して読んでみて欲しい。ワタシも大好きな作家テリー・ホワイトの作品が絶版になっていることを嘆いているページに遭遇したら、日記の中のＪＯＪＯさんに教えてあげて。「その後２０１４年に『真夜中の相棒』だけは復刊されたんだよ、でもまたいまは絶版になっちゃったけど」。

原稿初出

林直人と私
アウシュビッツ／ルール・オブ・スピリッツ
CD解説　ARCD-153
アルケミーレコード　2004年3月3日

複数エピソード
みさちゃんのこと　JOJO広重ブログ2008-2010
株式会社BCCKS　2012年8月29日

歌を超えるノイズ、ノイズを超える歌
たった1枚のレコードから広がる世界
非常階段　A STORY OF THE KING OF NOISE
K&Bパブリッシャーズ　2010年9月11日

蔦木さんのことと、「不備」再発のこと
突然段ボール／不備
CD解説　TECH-25373
テイチクエンタテインメント　2014年1月22日

ミチロウさんのこと
ユリイカ2019年9月臨時増刊号　総特集＝遠藤ミチロウ
青土社　2019年8月9日

BiS階段のこと
BiS BOOK -What is BiS ?-
オトトイ株式会社　2022年2月19日

佐井好子と私
佐井好子実況録音集　PLBX-2
株式会社Pヴァイン　2023年11月15日

また逢う日まで

２０２４年12月20日　初版第１刷発行

著者　ＪＯＪＯ広重
装丁　大野雅彦
表紙イラスト　佐井好子
企画構成　添谷麻央
　　　　　石丸洋平
発行者　平田崇人
発行所　ＴＡＮＧ ＤＥＮＧ株式会社
　　　　〒１５１・００６４
　　　　東京都渋谷区上原１・32・18 小林ビル３Ｆ
　　　　TEL：03-4405-9346
　　　　MAIL：mail@tangdeng.tokyo
印刷・製本　シナノ書籍印刷
協力　遠藤ミチロウオフィス
　　　Ｋ＆Ｂパブリッシャーズ
　　　株式会社Ｐヴァイン
　　　先鋭疾風社

ISBN：978-4-908749-50-6